法国社会保障制度

碎片化及改革：
以养老制度为例

彭姝祎 著

中国社会科学出版社

图书在版编目（CIP）数据

法国社会保障制度：碎片化及改革：以养老制度为例／彭姝祎著.
—北京：中国社会科学出版社，2022.6
ISBN 978 - 7 - 5161 - 7667 - 2

Ⅰ.①法… Ⅱ.①彭… Ⅲ.①社会保障制度—研究—法国
Ⅳ.①D756.57

中国版本图书馆 CIP 数据核字（2016）第 037631 号

出 版 人	赵剑英	
责任编辑	冯 斌	
责任校对	王新乐	
责任印制	戴 宽	

出　　版	中国社会科学出版社	
社　　址	北京鼓楼西大街甲 158 号	
邮　　编	100720	
网　　址	http://www.csspw.cn	
发 行 部	010 - 84083685	
门 市 部	010 - 84029450	
经　　销	新华书店及其他书店	

印　　刷	北京明恒达印务有限公司	
装　　订	廊坊市广阳区广增装订厂	
版　　次	2022 年 6 月第 1 版	
印　　次	2022 年 6 月第 1 次印刷	

开　　本	710×1000　1/16	
印　　张	15	
字　　数	226 千字	
定　　价	78.00 元	

凡购买中国社会科学出版社图书，如有质量问题请与本社营销中心联系调换
电话：010 - 84083683

序　言

　　法国是西方福利大国之一。法国的社会保障制度不仅为公民提供了良好的服务，而且以"碎片化"出名，特别是它的退休制度竟有上百个之多，使法国社会保障制度成为世界上最复杂的制度典型之一。

　　法国的社会保障制度建立于第二次世界大战之后，当时法国的两大近邻，德国和英国都已经先行建立了现代社会保障制度，两种制度分别代表着两种模式，即众所周知的"俾斯麦"模式和"贝弗里奇"模式。法国的社会保障制度借鉴了这两国的经验，但并不是在充分消化的基础上做去粗取精、去劣取优的吸收，而是简单地照抄了两种模式的一些具体做法，累加起来就成为一种相互重叠交错，既难管理又难改革的制度体系。

　　上世纪八九十年代以来，在人口持续老龄化和经济增长乏力等因素的影响下，欧洲国家纷纷启动了社会保障制度的改革，以削减支出，减轻财政负担，确保社会保障制度可持续。但法国的改革比大多数欧洲国家都艰难得多，民众动辄引举行规模宏达的抗议活动，导致政局动荡，甚至政府下台，社会分裂，极端思潮崛起。

　　由于法国的社会保障制度过于复杂，我国长期以来少有人敢于碰硬去深入研究，而彭姝祎同志经过长期的深入研究，最终从利益集团的角度对法国社会保障制度高度碎片化的成因进行了合理的解释。她提出，法国高度碎片化的社会保障制度是特定历史条件下的产物，是该制度在建立之时，对社会保障制度持有不同理念并有不同利益取向的社会各阶级、阶层和团体相互博弈并与政府博弈的结果，同时也是当时的左、右两大派政治力量不断较量的产物。在当时强大的利益集团压力下，它完全脱离了制度设计者要整合各种制度并建立统一的现代社会保障制度的初衷，在不断的妥协下形成了今天的碎片化形态。

在分析了成因后，作者又运用利益集团理论，对"碎片化"制度如何制约改革以及政府如何化解碎片化难题、逐步推进改革进行了分析。她认为，在一种高度碎片化的结构中，某些阶层享受比其它阶层慷慨得多的福利，成为既得利益群体，并且通过其利益代言人——掌握着福利政策发言权及否决权的工会——来反对任何旨在削减福利的改革。由于既得福利利益群体多，众口难调，所以法国的社会保障制度改革起来十分艰难，政府不得不借助欧洲一体化等外力，从最薄弱的环节，即福利特权少、工会参会率低的群体入手，以各个突破的方式，循序渐进地推进改革。在推动改革的过程中，政府还要不断修改筹码来换取工会的支持，由此造成了改革的艰难、改革的成本高和改革的不彻底。

为了写作这部著作，作者广泛地挖掘原始资料，几经周折找到了法国社会保障制度的创始人"皮埃尔·拉罗克"等人的关键文献，并翻译出来，与读者共享。作者严谨的治学态度和求真的学术精神难能可贵。

该书的出版不仅将我国有关法国社会保障制度的研究推向新的高度，而且有助于我们理解法国多年来政治动荡的深层社会原因，对于我们理解欧洲、乃至西方福利国家都具有重要的意义。

周 弘

目　　录

前　言

一　法国社会保障制度研究的现实意义

在全球化背景下，受经济持续下行、人口日益老龄化等因素影响，法国等西方福利国家普遍陷入福利收支失衡的困境。20 世纪八九十年代以来，西方福利国家都在不同程度地对本国的社会保障制度进行改革。一个引人注意的现象是，法国的改革与大多数国家相比艰难得多，动辄引发大规模的罢工、示威游行等抗议活动，对法国的社会、经济生活造成损害，严重时甚至引发政治危机，造成政权的被迫更替。这种局面的出现，在一定程度上与法国社会保障制度高度碎片化的格局有很大的关系。法国的社会保障制度以受保人的社会—职业身份为依据划分为四大类，即，覆盖私有工商业部门薪金雇员的"总制度"；覆盖农牧场主和农业工人的"农业制度"；覆盖手工业者、自由职业者和个体工商户等自雇者群体的"非薪金收入者非农业人员制度"（简称"双非"制度）以及覆盖公有部门、准公有部门和前公有部门薪金雇员的"特殊制度"。可谓不同的人群享有不同的制度，或者说特定的制度服务于特定的人群。四大制度之下又包含若干小制度，制度格局和相应的制度管理都十分破碎，相关福利待遇亦千差万别，被形象地形容为"碎片化"甚至"碎屑化"。如仅在养老或曰退休项目领域，法国就有大大小小上百个制度、多如牛毛的管理机构和从 40 岁到 60 岁不等的退休年龄规定。尽管世界上其他福利国家特别是俾斯麦或曰保守主义模式的福利国家通常都具有明显的行业碎片化特征，但法国的特殊之处在于，其制度碎片之多，远非其他国家可比，可谓高度碎片化。这样一种制度安排带来诸多弊病，其一便是福利待遇的不公以及由此导致的以削减福利待遇、减少福利支出为主要目标的改革的艰难。因此，探究法国社会保障制度碎片化的成因是理解法国福利改革屡屡陷入困境的关键，也是了解法国最新的改革措施和走向的关键。

不过迄今为止，我国学界对法国福利制度的研究在广度和深度上都有限。譬如，学界公认法国是福利国家碎片化的典型，但是碎片化到底有哪些表现？这样一种制度形态究竟是如何形成的？形成之后有什么弊端？做了哪些改革？改革为何艰难？诸如此类对理解法国社会保障制度而言十分关键的问题，在现有的研究成果中难以找到深入而系统的解答（详见研究现状综述）。基于以上原因，本书希望通过进一步的深入探讨，尝试回答以下问题：（1）法国社会保障制度的高度碎片化具体表现在哪些方面？（2）这样一种制度形态的成因何在？（3）在福利国家从 20 世纪 70 年代起普遍陷入财政危机的背景下，这样一种制度安排如何恶化了危机？法国进行了哪些改革（以养老制度为例）？遇到了怎样的困难？今后出路何在？其中（2）（3）两个问题，即制度形态的成因和变革是本书的研究重点。

二 法国社会保障制度的研究现状

法国是具有一定代表性的福利国家，对它的研究由来已久。在此我们首先梳理法国社会保障制度的研究现状，从而表明本书的意义所在。

（一）国内研究现状

国内对法国社会保障制度的研究，主要有三种形式：（1）在综合性的社会保障制度比较研究（多为专著）中，将法国作为个案研究。[①]

---

① 和春雷主编：《社会保障制度的国际比较》，法律出版社 2001 年版；姜守明、耿亮：《西方社会保障制度概论》，科学出版社 2002 年版；顾俊礼、田德文主编：《福利国家论析——以欧洲为背景的比较研究》，经济管理出版社 2002 年版；周弘：《福利国家向何处去》，社会科学文献出版社 2006 年版等。

（2）对法国社会保障制度某一险种的研究。① （3）对法国社会保障制度的整体研究，以论文为主。② 整体来看，国内对于法国社会保障制度的既有研究在数量和质量上都存在不足：首先成果数量有限，近十余年来，国内有关法国福利制度的研究主要体现在二十余篇论文上，几无专著；其次，在法国福利制度的成因和当前的改革等关键问题上，都缺乏深入系统的考察，大大落后于对于英国、德国等其他福利国家的研究；再次，从文献上看，由于语言障碍和资料搜集不易等原因，出自一手资料的原创性研究较少，出自二手甚至三手资料的研究较多。

（二）国外研究现状

相比较之下，法国以及其他国家对法国福利制度的研究在数量和题材上都丰富得多。现按如下分类大致综述如下③：

1. 按研究时段划分④

以研究的时段为划分依据，可以清晰地辨别出三类研究：第一，对法国现代社会保障制度形成之前，法国在社会保障领域发展状况的研究（第二次世界大战即 1945 年以前）；第二，对法国现代社会保障制度形成之时的研究（1945 年前后）；第三，对法国现代社会保障

---

① 岳颂东：《法国医疗保险制度及其启示》，《管理世界》2000 年第 4 期等。

② 李培林：《法国福利体制的危机及对我国的启示》，《社会学研究》1997 年第 2 期；周弘：《法国的社会保障制度：危机与改革》，《世界经济》1997 年第 11 期；徐鹤森：《民主的悖论——对法国福利制度的思考》，《杭州师范学院学报》（人文社会科学版）2001 年第 4 期；徐鹤森、黄美芳：《试论当代法国福利制度的得失和危机》，《杭州师范学院学报》（人文社会科学版）2004 年 11 月第 6 期；钱运春：《法国社会保障体制的行业特点、形成原因和改革困境》，《世界经济研究》2004 年第 10 期；郑秉文：《法国社保制度模式分析：与英德模式的比较》，见郑秉文、马胜利主编《走近法兰西》，中国社会科学出版社 2005 年版；王天红：《试论法国传统救济体系对现代社会保障制度的阻碍》，2006 年，浙江大学历史系硕士论文；郑秉文：《法国高度碎片化的社保制度及对我国的启示》，《天津社会保险》2008 年第 3 期；李姿姿：《法国社会保障制度变迁中的国家作用及其启示》，《欧洲研究》2008 年第 5 期；李姿姿：《法国社会保障制度改革及其启示》，《经济社会体制比较》2010 年第 2 期；田珊珊、段明明：《如何理性审视法国模式——法国社会保障制度文化机制透析》，《学习与实践》2010 年第 12 期；田珊珊：《法国社会保障制度的行业特点及研究综述》，《法国研究》2012 年第 3 期等。

③ 限于笔者的阅读范围，由于搜集资料的困难，难免有所遗漏，敬请大家批评指正。

④ 按"研究时段"和按"研究内容"两种划分方式之间不可避免地存在交叉。

制度形成之后的研究（大致在 20 世纪 70 年代以后）。

（1）对法国现代社会保障制度形成之前的研究

这类研究聚焦于现代社会保障制度建立之前法国在社会保障领域的发展状况，旨在探讨法国福利国家的起源以及法国在二战前的制度安排如何以及在何种程度上对战后建立社会保障制度产生影响。[①] 从这类研究中大致可辨识出两种不同的观点：第一，传统或主流观点认为，二战前法国在社会保障领域的发展相对滞后，这对战后法国建立现代社会保障制度产生了负面影响。至于滞后的原因，不同的学者从不同的角度进行了解释：在政治角度的考察中，有学者认为，滞后的原因在于法国政府社会福利职能的长期弱化和互助救济运动的持久与强大。另外一些学者则探讨了社会主义理论及工人运动对法国福利国家起源的影响，并得出了截然相反的结论。肯定的结论认为，工人运动是推动政府进行社会立法的重要因素；否定的结论认为，工人运动的作用并不明显，法国的社会保障制度更多的是自上而下、由雇主和国家推动的结果。经济角度的考察认为，法国工业革命的相对落后和由此导致的法国从农业社会向工业社会转型的不彻底是法国在福利制度领域落后于英国等国的根源。第二，另外一些研究对二战以前法国在社会保障领域的发展持肯定态度。譬如，有学者肯定了战前法国发达的互助救济制度和雇主建立的家长式保障的作用，指出正是这种多样化的福利起源造就了慷慨而持久的法国福利国家。这类观点对传统观点构成了挑战和补充。

---

① 代表作有：Henri Hatzfeld, *Du paupérisme à la sécurité sociale*, 1850 – 1940（《从贫困到社会保障：1850—1940》），Armand Colin, 1971；Paul V. Dutton, *The Origin of French Welfare State: The Struggle for Social Reform in France 1914 – 1947*, Cambridge University Press, 2002；Timothy B. Smith, *Creating the Welfare State in France, 1880 – 1940*, Montréal : McGill-Queen's University Presse, 2003；Susan Pedersen, *Family Dependence and the Origins of the Welfare State: Britain and France, 1914 – 1945*, Cambridge: Cambridge University Press, 1995；John H. Weissm, "Origins of the French Welfare State: Poor Relief in the Third Republic, 1871 – 1914", *Historical Studies*, Vol. 13, No. 1（Spring 1983）；Jose Harris, "Le compromise de Beveridge: contrat et citoyenneté dans la protection sociale, 1934 – 1948 ", *Revue française de science politique*, 1995, Vol. 45, N° 4.

（2）对法国现代社会保障制度形成过程的研究

对这一时段的研究相对较少，① 其中葛兰（Galant）博士在《法国社会保障政治史，1945—1952 年》中，凭借极其翔实的史料对战后法国建立社会保障制度的政治过程——政策制定者的构想、政府的决策、议会的辩论、不同社会群体的反应与博弈、政治局势的变化以及新制度的民主管理问题等——做了编年史般的详尽梳理；艾克司普罗旺司地区的"社会关系"研究小组采用实证研究的方法，对雇主、个体劳动者、农业人口等不同的社会群体对现代社会保障制度的抵制态度进行了分析；克尔胜（Kerschen）将英法两国现代社会保障制度的建设蓝本——英国的《贝弗里奇报告》和法国的《社会保障计划》进行了详尽比对，指出战后法国在建立社会保障制度的过程中对英国模式既有借鉴，也有摒弃；瓦拉（Valat）回顾了 1945—1967 年法国现代社会保障制度的建立过程，并以医疗保险为重点分析了法国社会保障模式的特点。《社会保障计划》的起草者、法国现代社会保障制度的缔造者、被誉为"法国社会保障之父"的皮埃尔·拉罗克（Pierre Laroque）本人则在一系列著述②中回顾了战后法国建立社会保障

---

① 代表作有：Henry C. Galant, *Histoire politique de la sécurité sociale française*, *1945 – 1952*, Préface de Pierre Laroque（《法国社会保障政治史，1945—1952 年》，拉罗克序），Librairie Armand Colin, 1955; Suzanne Grévisse et al., *Succès et faiblesse de l'effort social français*, Préface et conclusion de Pierre Laroque（《法国社会努力的成就与不足》，拉罗克序、拉罗克后记），Librairie Armand Colin, 1961; C. E. R. S, *Sécurité sociale et conflits de classes*, Préface de Pierre Laroque（《社会保障和阶级冲突》，拉罗克序），Les éditions ouvrières, Paris, 1962; Nicole Kerschen, " L'influence du rapport Beveridge sur le plan français de sécurité sociale de 1945"（《贝弗里奇报告对 1945 年法国社会保障计划的影响》），*Revue français de science politique*, 1995, Vol. 45, N°4 等。Bruno Valat, *Histoire de la sécurité sociale（1945 – 1967）*, *L'état*, *l'institution et la santé*（《社会保障史（1945—1967）：国家、制度与卫生》），Ed. Economica, 2001.

② Pierre Laroque, " De l'assurance à la sécurité sociale, l'expérience française "（《从社会保险到社会保障：法国的经验》），*Revue Internationale du Travail*, volume LVII, N° 6; Pierre Laroque, " La sécurité sociale de 1944 à 1951 " （《1944—1951 年的社会保障》），*Revue françaises des affaires sociales*, avril-juin 1971; P. Laroque, *Au Service de l'homme et du droit*, *souvenir et réflexion*（《为了人民为了正义：回忆与思考》），Paris, Association pour l'étude de l'histoire de la sécurité sociale, 1993; P. Laroque, *L'influence mutualiste dans le système de protection sociale française*；*Evolution récente et perspectives d'avenir*（《互助主义对法国社会保障制度的影响：最近的发展和未来的前景》，拉罗克在首届互助会诞辰 100 周年研讨会上的发言）；为 Galant、C. E. R. S 和 Suzanne Grévisse et al. 的著作所作的序和后记（见注释①）；为 Bernard Gibaud 的著作做的序（Bernard Gibaud, *De la mutualité à la sécurité sociale*：*conflits et convergences*, les éditions ouvrières, 1986）等。

制度的过程。拉罗克不无遗憾地指出，他本计划改变二战前法国在社会保障领域极其破碎的制度格局，建立一个全新的统一制度，遗憾的是最终未能如愿。个中原因，在他看来，主要在于某些职业和社会团体的"本位主义"和政局的发展演变①。

（3）对法国现代社会保障制度形成以后的研究

相对于前两类研究，这类研究数量最多。研究者的兴趣集中体现在法国社会保障制度特别是其中的养老制度在战后遇到的财政危机及其改革上②。在接下来的分类中我们会对相关研究进行介绍，此不赘述。

整体而言，聚焦于"战前"和"战后"即法国现代社会保障制度形成前和形成后两个时段的研究占了大多数。相形之下，对制度形成之时的研究明显不足，为数不多的研究如葛兰和"社会关系"研究小组的成果大多出现在 20 世纪五六十年代，也就是法国现代社会保障制度建立后不久，并且都由拉罗克亲自作序，这表明，当时该问题引起了一些学者的及时跟踪。此后随着时间的推移，大多数研究者逐渐将研究重点转移到不断出现的新问题上，而不再深究法国制度的形成过程和动因。

2. 按研究内容划分

按研究内容划分，国外对法国福利制度的研究大致可分为综合性研究、专题研究和比较研究三大类。

---

① Pierre Laroque, "La Sécurité sociale de 1944 à 1951", p. 14.

② Pascal Penaud et al. , *Politique sociales*（《社会政策》），Presses de Sciences Po et Dalloz, 2013；Bruno Palier, "Les transformations dualisante du système français de protection sociale"（《法国社会保障制度的转变——走向两元分立》），in *Revue belge de sécurité sociale*, 3ᵉ trimestre 2011；Bruno Palier, *Gouverner la sécurité soicale : les réformes du système français de protection sociale depuis 1945*（《管理社会保障：1945 年以来法国社会保障制度的改革》），Presses Universitaires de France, 2002；Giuliano Bonoli et Bruno Palier, "Entre Bismarck et Beveridge : 'Crises' de la sécurité sociale et politique（s）"（《在俾斯麦和贝弗里奇之间，社会保障制度的政治"危机"》），*Revue française de science politique*, 1995, Vol. 45, N° 4；Georges Drion et André Guionnet, *La Sécurité sociale*（《社会保障》），Presses Universitaires de France, 1983；Giuliano Bonoli et Bruno Palier, "Phénomènes de Path Dependence et réformes des systèmes de protection sociale"（《路径依赖现象和社会保障制度的改革》），*Revue française de science politique*, 1999, Vol. 49, N° 3 等。

（1）综合性研究

综合性研究大多运用实证分析的方法，按照历史演进（制度的建立、遭遇的危机、面临的挑战和进行的改革）、项目类别（养老保险、医疗保险、家庭津贴、工伤与职业病等）、管理方式、融资方式等常规框架对法国的社会保障制度作教科书式的详尽梳理。这类研究大多是历史和政治角度的考察，也存在法学、经济学等其他角度的分析：如迪佩鲁（Dupeyroux）和普雷托（Prétot）[①] 从法律制度演进的角度对法国社会保障制度的历史脉络和基本轮廓作了详细描述；米尔斯（Mills）[②] 则从三种经济调节理论的交汇点出发，运用经济学的研究方法剖析了法国社会保障制度的形成、发展、危机及转变。整体而言，综合性的研究面面俱到，有助于我们从宏观上把握法国社会保障制度的纵向演进和横向轮廓，但是缺乏对特定问题的深入剖析。譬如这类研究大都描述了法国社会保障制度的形成过程，但往往都是简单的史实梳理，而没有解释其后的原因。

（2）专题研究

专题研究的内容较为丰富，其中以下几个主题较为突出：一是对互助会的研究。[③] 研究者从互助会的起源出发，分析了互助会在法国福利国家的建立和发展史上所起的积极和消极作用。二是对"对等原则"的研究。[④] 研究者对法国社会保障制度在管理方式上奉行的

[①]　Jean-Jacques Dupeyroux et Xavier Prétot, *Droit de la Sécurité sociale*（《社会保障法》），Edition Dalloz-Sirey, 2005 等。

[②]　Catherine Mills, *Economie de la Protection sociale*（《社会保障经济学》），Droit du travail et Social, 1997 等。

[③]　Bernard Gibaud, *De la mutualité à la sécurité sociale : conflits et convergences*, Préface de Pierre Laroque（《从互助到社会保障：冲突与共识》，拉罗克序），les éditions ouvrières, 1986；Bernard Gibaud, "Mutualité/sécurité sociale : un couple sous tension"（《关系紧张的互助与社会保障》），*Revue d'histoire*, 1995, Vol. 48, N° 1。

[④]　如 Gilles Pollet et Didier Renard, "Genèses et usages de l'idée paritaire dans le système de protection sociale français : Fin 19e-milieu du 20e siècle"（《对等制在法国社会保障制度中的起源和运用：19 世纪末到 20 世纪中叶》），*Revue française de science politique : La protection sociale en perspective*, 1995, Vol. 45, August, N° 4；Gilles Pollet et Didier Renard, "Le paritarisme et la protection sociale : Origines et enjeux"（《对等制和社会保障：起源与问题》），*La revue de l'IRES*, 1997, printemps-été, N°24 等。

"对等"原则——即由同等数量的雇主和雇员代表共同管理各社保基金会——从起源到目前面临的挑战进行了分析。三是对某一类制度如"特殊制度"或某一项险种如家庭政策、退休制度等的考察。[①] 其中退休制度及其改革是研究的重点：大多数研究通过详细的统计数据考察了法国退休制度在新的人口和经济形势下面临的困境和改革。

（3）比较研究

法国也作为个案出现在比较研究中，这类研究大致可分为两种。第一种是制度形态或曰模式比较[②]——研究者多从理论的角度对各个福利国家作制度形态上的比较和分类：按照模式理论分类，法国属于以德国为典型的普惠性或曰制度型福利国家，与此相对的是以英国为典型的选择性或曰补缺型福利国家；按照政制理论分类，法国属于以德国为典型代表的俾斯麦或曰保守主义模式，与此相对应的是以英国为典型的贝弗里奇或曰自由主义模式。无论以哪种方式划分，多数学者都将法国的制度和德国归为一类。也有部分学者如帕利耶（Palier）认为法国模式是英德模式的混合体或者说介于这两者之间，是用俾斯麦模式的方法——行业保险来实现贝弗里奇模式的目标——覆盖全民。比较研究不可避免地要对不同制度形态的成因做出解释，但它们大多是理论层面的抽象研究，缺乏针对具体国别特别是法国这样的"非典型"国家的具体考证。第二种是对福利国家危机与改革的比较[③]：从

---

① Thierry Tauran, *Les régimes spéciaux de Sécurité sociale*（《社会保障特殊制度》），Presses Universitaires de France, 2000; Bruno Palier, *La Réforme des retraits*（《退休制度的改革》），Presses Universitaires de France, 2003; Anne-Marie Guillemard, *Le déclin du social*（《社会的衰落》），Presses Universitaires de France, 1986; J-Cl. Chesnais, "L'évolution démographique des principaux régimes de retraite en France depuis 1950"（《1950年以来主要退休制度的人口演变》），*Population*, 1989, Vol. 44, N°6; F. Netter, "Les Problèmes posés par les régimes complémentaires de retraites"（《补充退休制度的问题》），*Revue économique*, 1967, Vol. 18, N°2. 等。

② 代表作：[丹] 考斯塔·艾斯平-安德森：《福利资本主义的三个世界》，郑秉文译，法律出版社2003年版。

③ Martin Schludi, *The Reform of Bismarckian Pension Systems: A Comparison of Pension Politics in Austria, France, Germany, Italy and Sweden*, Amsterdam University Press, 2005; Robert Boyer, *Is There A Welfare State Crisis? A Comparative Study of French Social Policy*, International Labour Office, Geneva, May 2002; Un numéro spécial de la *Revue française des affaires sociales*, n° 4-2003, octobre-décembre sur le theme des réformes de la protection sociale dans les pays d'Europe continentale et du Sud（《社会事务》杂志2003年专刊：《欧洲大陆和南欧国家社会保障制度的改革》）等。

20 世纪 70 年代中期起，欧洲福利国家普遍遇到了大体相同的社会—经济挑战，如经济衰退、大规模失业、人口老龄化、竞争加剧等。受此影响，各国福利制度均遭遇不同程度的危机并从 90 年代开始尝试对本国制度特别是养老制度进行以"开源节流、平衡财政"为主要目标的改革。但改革的难易程度和结果均不相同，法国的改革尤其艰难，动辄引发大规模的社会运动。这一现象引起学界的普遍关注并引发了以法国为对象的比较研究。这类研究多从制度主义的视角进行考察，以探寻不同的制度安排如何以及在何种程度上影响改革。

由以上综述可见，由于占有资料的方便，国外特别是法国本土学者对法国福利制度的研究，在数量和题材上都比中国丰富得多，尽管如此，对法国社会保障制度成因的深入分析依然不足。有鉴于此，本书旨在在尽量借鉴、吸收他人既有研究成果的基础上，尽量对一手文献①进行充分研究，运用理论分析和实证考察相结合的方法，对法国社会保障制度为什么形成高度碎片化的格局做一个较为深入的分析和解释，并在此基础上进一步探讨这样一种制度形态对改革的制约。希望本书能在一定程度上解答国内关注法国福利制度的学者对法国制度形态成因的疑惑，为他们的进一步研究起到铺垫作用，这也是本书的意义所在。

三 本书的研究视角与概念界定

(一) 研究视角

针对重点探索的两个问题：法国福利制度高度碎片化的成因和这样一种制度形态对改革的制约，本书主要从"利益集团"的视角进行分析。

"利益集团"是一种跨学科的视角，广泛应用于政治学、社会学、经济学和法学等各个领域，很多理论都阐释了利益集团与政策制

---

① 主要包括相关的社会保障立法、政府部门的有关报告和统计数据，特别是"法国社会保障之父"皮埃尔·拉罗克本人的一系列相关著述（参见前文相关注释）。

定或政府决策之间的关系。

多元主义理论认为，公共政策是利益集团、党派之间相互博弈和妥协的产物；① 制度演进的方向与利益集团之间的博弈过程和结果有关。在每一个政策问题上都存在着不同的利益集团，公共政策的制定过程就是利益集团之间以及利益集团与政府之间相互作用的过程。政策结果是利益集团博弈的结果，每一项重大的政府决策或多或少都带着各种利益集团的痕迹。

政治动员理论认为，某些利益集团，特别是有组织的劳工、中产阶级和雇主影响（推动或阻碍）着政策的形成与发展。

新制度学派认为，制度演进的方向与一个社会中利益集团之间的博弈过程和结果相关。如奥尔森认为，各利益集团都会在各自的势力基础上展开竞争，通过各种"院外活动"影响政府决策，为本集团谋取最大利益。②

历史制度主义认为，影响制度变迁的最重要的制度性因素是"否决点"或"否决者"的分布结构。而所谓的"否决点"或"否决者"就是一系列政治行为体，如政治领袖、资深官僚、专业团体、利益集团等，它们的态度和立场决定着政策能否通过。③

德国社会学家、福利制度资深研究者伯恩哈德·埃宾豪斯（Bernhard Ebbinghaus）在综合各种理论的基础上以养老制度为例指出④，利益集团塑造着福利政策，不同的社会群体和集团之间存在着利益冲突，它们从各自所在的阶级、阶层或团体的局部利益出发去影响政府决策，其利益直接或间接影响了福利制度的安排。相关研究表

---

① 参见 Arthur Bentley, *The Process of Government*, Cambridge, Belknap Press of Harvard University Press, 1967，转引自张驰、杨帆《利益集团理论研究》,《学习与实践》2007 年第 8 期。

② 参见［美］曼瑟尔·奥尔森《集体行动的逻辑》，陈郁、郭宇峰、李崇新译，上海人民出版社 1995 年版。

③ 参见庄德水《论历史制度主义对政策研究的三重意义》,《理论探讨》2008 年第 5 期。

④ Bernhard Ebbinghaus, "The Politics of Pension Reform : Managing Interest Group Conflicts", in Gordon L. Clark et al. eds., *The Oxford Handbook of Pension and Retirement Income*, Oxford University Press, 2006.

明，在工业化以来的福利国家中，这种冲突主要表现在劳资两大利益群体之间，不过除阶级冲突外，阶级内部的分裂（譬如蓝领/白领、公有部门/私有部门）和阶级与阶级之间的联合对福利制度的塑造也起着重要作用。艾斯平－安德森也指出，社会各阶层之间的利益关系格局和政治力量格局是社会政策的决定性因素。①

针对法国的现有实证研究（如葛兰和"社会关系"研究小组的研究）也表明，不同的社会群体对社会安全的不同诉求、对社会保障制度的不同理念和在社会保障制度中的不同利益对法国制度形态的塑造起着至关重要的作用。拉罗克也凭借个人的亲身经历多次指出，法国的制度之所以背离他最初建立统一制度的设想而最终形成碎片化的格局，主要原因在于某些行业和社会团体的本位主义和政治局势的演变②。换言之，在法国社会保障制度的形成过程中，清晰可见利益的博弈；或者说，利益博弈在其中发挥着关键作用。有鉴于此，笔者认为从"利益集团"的角度出发来探讨法国社会保障制度的成因可能更容易接近现实。"利益集团"视角的考察相对于其他视角而言，可能更加具有解释力，故选择该理论工具。

（二）概念界定

1. 利益集团

学界对利益集团的定义很多，罗伯特·达尔认为："任何一群为了争取或维护某种共同的利益或目标而一起行动的人，就是一个利益集团"③；哈蒙·齐格勒指出，利益集团是"一群人自觉地联合起来，加强自己的力量，在同本组织有关的问题上商讨共同的对策并且为达到自己的目的而采取行动"④；戴维·杜鲁门认为，利益集团就是"有着共同态度的团体，对社会上其它团体提出一定的要求……如果

---

① 参见［丹］考斯塔·艾斯平－安德森《福利资本主义的三个世界》，第1—52页。
② Pierre Laroque, *La Sécurité sociale de 1944 à 1951*, p. 14；Conclusion de Pierre Laroque aux Suzanne Grévisse et al. , p. 349.
③ ［美］罗伯特·达尔：《美国的民主》，波士顿赫夫顿·密夫林公司，1981年版，第235页。转引自张驰、杨帆《利益集团理论研究》。
④ 转引自张驰、杨帆《利益集团理论研究》。

通过政府或者向政府机构提出要求，它就成为政治性的利益集团"①；《布莱克维尔政治学百科全书》的定义是"致力于影响国家政策方向的组织，它们自身并不图谋组织政府或代替政府"②；日本学者辻中丰的定义是"针对政府的公共政策的制订和执行而开展活动的、具有特定的共同利益的人们的结合体"③；我国较早使用"利益集团"概念的学者王沪宁的定义是"在政治共同体中具有特殊利益的团体，它们力图通过自己的活动来实现自己的特殊利益"④。归纳以上定义可以得出如下结论，所谓的"利益集团"通常具备三个基本条件：（1）具有共同的利益；（2）形成了一定的组织形态；（3）为了共同的利益介入并影响公共政策的制定，使之符合自身利益。

2. 利益集团中的"利益"

利益集团中的"利益"不仅指物质利益，即有形的且具有排他性特征的利益如经济利益；也包括非物质利益，譬如社会身份、地位、意识形态、价值观念、思想看法等无形的、看不见的利益。

3. 利益集团与利益群体

大多数研究者将"利益集团"等同于"利益群体"。许耀桐教授倾向于对两者做出区分。他认为"利益群体""是由经济、社会等方面的某些共同利益联系起来的社会群体"⑤。利益群体和利益集团的关系是，先有利益群体才有利益集团；利益集团是达到组织化程度也就是说有一定组织形式的利益群体。笔者认同这一观点。在本书中，利益集团和利益群体是两个概念。

4. 利益群体 VS 阶级、阶层

从一定角度来看，某一阶级、阶层本身就是一个大的利益群体，但该命题反过来不成立，也就是说利益群体不等同于阶级或阶层，利

① David B. Truman, *The Governmental Process*, New York : Alfred A. Knopf, 1951, p. 37. 转引自张驰、杨帆《利益集团理论研究》。

② ［英］戴维·米勒等主编：《布莱克维尔政治学百科全书》，中国政法大学出版社2002年版，第385页。

③ ［日］辻中丰：《利益集团》，郝玉珍译，经济日报出版社1989年版，第13—14页。

④ 王沪宁：《比较政治分析》，上海人民出版社1987年版，第116页。

⑤ 许耀桐：《利益集团就是利益群体吗?》，《解放日报》2007年1月8日，第13版。

益群体的利益也有别于阶级或阶层的利益。利益群体与阶级、阶层的区别在于，利益群体的边界有时候超越了阶级、阶层的边界，即利益群体的利益包含和交织着几个阶级、阶层的利益；有时小于阶级、阶层的边界，即利益群体只涉及某个阶级、阶层中的个别成员，是更小范围的利益。[①]

四　本书的结构

本书分为五个章节：

第一章描述法国社会保障制度的碎片化特征：首先从制度结构、制度管理和福利待遇三个层面的分析出发，尽可能清晰地呈现法国社会保障制度的高度碎片化；其次，探讨这种制度形态的利弊得失。第二章梳理法国社会保障制度的历史演进：首先简要回顾二战之前法国社会保障制度的发展历程，探讨历史遗产对后期建立现代社会保障制度如何产生影响；之后聚焦于 1945 年新制度的建立，通过分析制度建立的背景、目标、原则和方式而尽可能真实地还原法国现代保障制度的建立过程，为接下来的理论分析奠定基础。第三章从利益集团的视角探悉法国社会保障制度碎片化的成因。在分析利益格局的同时也分析政治格局。第四章以退休制度为例，分析法国社会保障制度从 20 世纪 70 年代起遭遇的财政危机以及碎片化的制度格局对危机的负面影响。第五章以退休制度为例，从利益集团的角度来探讨法国福利制度的改革以及碎片化的格局对改革的制约。

正文之后有 6 个附件，其中附件 1—4 是法国社会保障之父皮埃尔·拉罗克就该制度所做的几篇具有代表性的文章，包括拉罗克本人的文章和他为《法国社会保障政治史，1945—1952》《社会保障和阶级冲突》等著作所做的序。之所以把它们翻译成中文附在正文之后，是因为这些资料多作于 20 世纪五六十年代，时间久远，来之十分不易。笔者愿意把这些弥足珍贵的历史文献贡献出来与大家分

[①]　许耀桐：《利益集团就是利益群体吗?》。

享。这些一手资料能够帮助大家更好地洞察法国社会保障制度形成今天这种碎片化格局的真相。附件 5 简略介绍了法国社会保障制度的现状，包括制度架构与管理、资金来源与管理以及养老、医疗、工伤和职业病、失业以及家庭政策这五大项目的现状，以便大家了解该制度的全貌。附件 6 为专有译名对照表，以方便大家查阅有关文献。

本书主要从利益集团的角度对法国现代社会保障制度的成因进行解释。但是没有一种现象仅凭一种理论工具就能得到完整解释，在福利制度的成因上"也没有唯一的决定性力量"。[①] 因此，本书也不可避免地存在解释不完整或不充分的问题。譬如，研究表明，手工业者、农业者、工商业小业主等传统中产阶级的强大是妨碍法国在社会保障领域取得突破性进展的重要负面力量，而传统中产阶级之所以强大，在很大程度上与法国工业革命的相对落后和法国社会根深蒂固的自由主义传统脱不了干系。拉罗克就指出，虽然自 19 世纪末 20 世纪初以来，法国在社会领域发生了巨大的变化，如社会党开始在公共生活中发挥积极作用，出现了基督教社会主义等新的理论学说，在一定程度上缓解了自由主义的主导地位[②]，"但是距离自由主义观念不再对社会建设起抑制作用依然差得很远。社会建设的犹疑不前，除归因于利益集团的冲突外，还表明在两种主导公共舆论的观念之间存在着或明或暗的冲突……传统观念的固守者坚持与改革相对抗……"[③] 在研究的过程中还发现，相对于英国和德国等国，法国社会保障制度的理论基础显得不足，这可能也是致使法国在社会保障领域相对滞后的原因之一。因此对法国制度形态的成因，除"利益集团"以外，还可以从"工业化"、"社会思潮"等角度进行探讨，这也是笔者日后

① ［丹］考斯塔·艾斯平 - 安德森：《福利资本主义的三个世界》，第 32 页。
② 法国社会中强烈的自由主义倾向可以从 1789 年大革命找到根源，大革命造就了法国根深蒂固的个人主义和自由主义传统。正如拉罗克所言："民众对社会政策的态度受到源自 1789 年的自由主义的强烈影响。" Conclusion de Pierre Laroque aux Suzanne Grévisse et al. , p. 349.
③ Préface de Pierre Laroque aux Suzanne Grévisse et al. , p. 8.

将继续思考和研究的方向。此外，受资料收集不易等因素的限制，本书在论证方面还有诸多不足；受学力所限，未能把法国的制度与其他国家进行充分比较，从而更清晰地表明法国制度的特殊性；凡此种种，唯待来日继续努力，进一步补充修正。

第一章 碎片化

——法国社会保障制度的显著特征

第一节 何谓"碎片化"

众所周知，法国是世界上最早建立现代社会保障制度的国家之一，也是社会保障制度制定得比较完善的国家之一。与其他国家相比，法国的社会保障制度有一大显著特点，即高度碎片化，这已经是学术界的普遍共识。"碎片化"一词出自英文的"fragmentation"，指破裂为若干块，分散零碎，不复为一个整体。该词被广泛应用于人文社会科学的各个领域，用于形象地描述某些具有类似特征的人文社会科学现象。

我国学者关信平指出，社会保障制度的碎片化是指，"在一个国家的社会保障体系中多种制度并存、各种社会保障制度以不同的方式运行、并由此导致不同的人群以不同的方式享受不同的社会保障待遇的局面"。① 或者"指一个国家的社会保障体系中存在着针对不同人的、分立的多种制度体系，或者在同一社会保障项目上存在着针对不同人的各种分立的制度安排，从而导致在保障对象、保障标准和待遇水平、管理体系和经费来源等方面不统一的现象"②。笔者认同该定义，并认为，社会保障制度的碎片化主要体现在以下几个方面：

---

① 关信平：《当代各国社会保障制度的碎片化与一体化》，载周弘主编《社会保障制度国际比较》，中国劳动社会保障出版社 2010 年版，第 218 页。

② 同上。

（1）制度结构的碎片化，即缺乏统一的制度安排，针对不同的人群设立不同的制度，或曰不同的人群享有不同的制度；（2）制度管理的碎片化，即缺乏统一的管理体系，管理机构众多，山头林立；（3）保障标准和待遇水平的碎片化，即缺乏统一的待遇水平，不同的福利群体享有不同的待遇。三者之间往往存在内在的有机联系，譬如制度管理和待遇水平的碎片化往往是由制度结构的碎片化引起的，虽然制度结构的碎片化并不一定必然导致制度管理和待遇水平的碎片化。

　　在社会保障领域，与碎片化相对应的是"一体化"，即统一的制度安排，"其含义是建立跨地区跨行业的，包括所有社会成员在内的统一的社会保障制度体系，或者在分立的多个社会保障制度和体系之间建立制度化的连接，使之形成统一的社会保障制度体系"。[1] 我们大致可以将之概括为一个制度、一套管理机构、一个待遇。在现实中，绝对"一体化"的社会保障制度并不存在，通常情况下，各国的制度或多或少都存在一定程度的"碎片化"现象，特别是在养老制度领域。法国的社会保障制度，特别是它的退休或曰养老制度具有鲜明的碎片化特征，被中外学界广泛视作社会保障制度中的"碎片化"典型，而且"破碎"的程度很高，堪称高度碎片化。如法国社会保障领域的知名学者布吕诺·帕里耶（Bruno Palier）教授就指出："法国的制度是非常破碎的（très fragmenté），它分为很多不同的régime[2]，régime一词指覆盖某一类专门的（社会—经济）群体的机制，法国既有一系列所有劳动者必须加入的基本制度，还有一系列（旨在改善保障水平）或强制或非强制性的补充制度。每个制度专门为某一类经济部门的劳动者提供社会保障。"[3] 除去"fragmentation"以外，法国学者还常常用"mosaïque"（马赛克式的）甚至

---

　　[1] 关信平：《当代各国社会保障制度的碎片化与一体化》，载周弘主编《社会保障制度国际比较》，中国劳动社会保障出版社2010年版，第221页。

　　[2] régime 学界定译为"制度"。

　　[3] Bruno Palier, *Gouverner la sécurité sociale：les réformes du système français de protection sociale depuis 1945*, p. 455.

"émiettement"（碎屑）① 等词来贴切地形容本国的制度，由此可见法国社会保障制度的"破碎"程度。

第二节　碎片化的主要表现

法国社会保障制度的碎片化在制度结构、制度管理和待遇或曰给付水平三个层面都有鲜明的体现。

一　制度结构的碎片化

所谓制度结构的碎片化，是指整个社会保障体系缺乏统一的制度安排，割裂成多个制度（régime），各个制度独立运作，彼此之间缺乏制度性的协调和联系。法国这一特点十分突出。

（一）横向碎片

法国社会保障制度的碎片化首先表现在横向的制度架构上。从横向上看，法国的社会保障制度不是一个覆盖全体国民的统一的体系，而是以社会—职业类别为标准，为不同的人群建立了不同的制度，每一类制度服务于特定的人群：它首先划分为四个大的制度（régime），即总制度（régime général）、农业制度（régime agricole）、非薪金收入者非农业人员制度［régimes non-salariés non agricoles，简称"双非"制度（régime des"non-non"）］和特殊制度（régimes spéciaux）。② 四大制度之下又包含许多小的制度，堪称"大碎片"套着"小碎片"，大小碎片共有百余块。四大制度、百余小制度几乎覆盖了所有行业。

1. 大碎片

法国社会保障制度首先在横向上分为四大类（详见图1—1）

① 在相关法文学术文献中，通常有三个词"fragmentaion"（碎片）、"segmentation"（条块分割）和"mosaïque"（马赛克式）来表述法国社会保障制度的碎片化。个别学者也使用"émiettement"（碎屑）的说法。

② 学界通常把 régime général 译作"普通制度"，文献表明，战后建立的 régime général，其目的是覆盖尽可能多的人口。有文献指出，虽然这一目标没有实现，但是"régime général"的名称还是名不副实地保留了下来。笔者据此认为，把 régime général 译作"总制度"似乎更为贴切一些。哪种译法更为贴切，欢迎大家进一步商榷。

（1）总制度（régime général）

"总制度"创建于1945年，是法国社会保障制度的第一块，也是最大的一块，主要覆盖对象是私有工商业部门的全体薪金雇员，所以人们常常用"私有部门制度"来指称"总制度"。公务员也属于总制度的覆盖对象，但是比较特殊，因此，公务员制度被称作总制度中的"特别制度"（régime particulier）[1]。此外一些"职业身份不确定"[2] 的群体，如学生、非薪金作家、战争遗属和遗孤、失业者、实习生等也被划在总制度的范围内。概言之，不在下述三类制度内的人员，都被划归总制度。总制度的覆盖率在2/3以上，是法国社会保障制度的主体。

（2）农业制度（régime agricole）

农业制度是专门为农业人口建立的制度，覆盖对象是农业雇主即农牧场主和农业薪金雇员即农业工人。覆盖率约为5%。

总制度	农业制度		"双非"制度		特殊制度
私企雇员制度 特别制度 -公务员制度 -电气—燃气公司制度 学生制度等	农业领薪者制度	农业非领薪者制度	自由职业者制度 -律师制度 -医生制度 -会计制度等	独立劳动者制度 -手工业者制度 -个体工商户制度	国营铁路公司制度 巴黎独立运输公司制度 矿工制度 海员制度 神职人员制度等

图1—1　法国社会保障制度横向结构

（3）非薪金收入者非农业人员制度（régime non-salariés non agricoles）

非薪金收入者非农业人员制度简称"双非"制度，是为个体从业人员建立的制度，覆盖对象是农业领域以外的非薪金劳动者，覆盖率约为5.7%。

---

[1]　详见下文。

[2]　Bruno Palier, *Gouverner la sécurité sociale : les réformes du système français de protection sociale depuis 1945*, p. 111.

（4）特殊制度（régimes spéciaux）

"特殊制度"是历史上遗留下来的、早在 1945 年法国现代社会保障制度建立之前就已经存在的一些行业制度的统称——1956 年 6 月 8 日第 46—1378 号法令（décret）规定，"特殊制度"指的是早于 1945 年法律开创的社会保障"总制度"的各项制度。所以在法文中，特殊制度是复数而非单数，其覆盖对象主要是公有部门（如政府机关、法兰西银行等）、准公有部门（法国国营铁路公司①、矿场等）和前公有部门（电气—燃气公司等②）的薪金雇员，这也是为什么人们常用"公有部门制度"来指称"特殊制度"的原因，尽管其中也包含个别私有部门制度，但覆盖人口十分有限，可忽略不计。

2. 小碎片

上述四大制度下还包含着许多小碎片。

（1）总制度下的碎片

总制度下的主要碎片是"特别制度"。所谓的"特别制度"由两个制度组成，一是公务员制度，二是法国电气—燃气公司制度。公务员制度下又分为：a. 国家公务员制度，主要覆盖就职于中央行政部门的公务员、中央在地方派出机构的公务员和中小学教师（含军事系统公务员）；b. 地方公务员制度，主要覆盖就职于地方行政部门的公职人员；c. 医疗系统公务员制度，主要覆盖公立医院的薪金雇员，包括医护人员和行政人员。

公务员制度和法国电气—燃气公司制度实则有双重"身份"：这两项制度作为一个整体隶属于总制度，但如果只论养老即退休项目的话，则属于"特殊制度"。原因是它们早在 1945 年法国现代社会保障制度建立之前就已经存在了，因此根据 1956 年 6 月 8 日第 46—1378 号法令的规定，在本质上属于"特殊制度"。只是从 1947 年 1 月 1 日起，国家把这两项制度中的实物补贴和医疗保险项目划到了总

---

① 法国国营铁路公司（Société Nationale des Chemins de Fer Français）成立于 1937 年，是在对自 19 世纪中叶起参与建设法国铁路网的一些私营铁路企业进行国有化改造后成立的，最初是一个兼有私有与国有资本的半国有公司（SEM）。

② 此前为公有部门，2006 年被私有化。

制度框架下（只留下了养老和其他现金补贴项目），转归总制度管理，并命名为总制度中的"特别制度"。

总制度中还包含学生制度、非薪金作家制度、实习生制度等若干小的制度碎片。

（2）农业制度下的碎片

农业制度的碎片较少，主要由农业雇主制度和农业工人制度两大块组成。

（3）"双非"制度下的碎片

"双非"制度覆盖三类群体：手工业者、自由职业者和个体工商业户（或曰工商业小业主），他们被统称为独立劳动者[①]。最初的制度设计也相应地碎为三块：手工业者制度、个体工商业者制度和自由职业者制度。其中自由职业者制度之下又有若干小的行业制度，如医生制度、药剂师制度、律师制度、建筑师制度等。从 2006 年起，在医疗保险领域，手工业者、个体工商业者和自由职业者三个制度整合成了一个。在养老保险领域，手工业者和个体工商业者制度整合成了一个，自由职业者制度依然另成体系。

（4）特殊制度下的碎片

特殊制度是"碎片"最多的制度，大致有百余个[②]，其中近90%是身份较为特殊的阿尔萨斯—摩泽尔地区（Alsace-Moselle）的历史遗留制度[③]，覆盖人口十分有限，且正在消亡，即已经"闭合"，只向位于制度内的退休人员支付养老金而不再增加新的参保者，在消

---

① 法文原文为 travailleurs indépendants，直译为"独立劳动者"，学界普遍使用个体劳动者、自营业者、自雇者等说法。

② 特殊制度太过复杂，确切数目一直难以统计，法国的社会保障机构也很少提供确切的数据。最近法国民间机构"保卫退休制度"网站提供了一份数据，指出，截至 2006 年，特殊制度共有 124 个（其中大多数属于阿尔萨斯—摩泽尔地区的例外制度），其中 109 个正在消亡。参见 Sauvegarde Retraites 网站，http://www.sauvegarde-retraites.org/article-retraite.php? n = 621，最近一次访问 2011 - 05 - 06。

③ 阿尔萨斯—洛林地区（摩泽尔属于洛林地区）曾在 19 世纪 70 年代的普法战争中被德国吞并，第一次世界大战后方被法国收回。德国的社会保障制度建立得比较早，所以阿尔萨斯—洛林地区的居民从 1911 年起就享有了一定程度的社会保障。阿尔萨斯—摩泽尔地区的各种制度便是从那时遗留下来的。

化吸收完本行业的既有参保人员后自动退出历史舞台。

除此以外，特殊制度下还有十余个以公有部门、准公有部门和前公有部门为主的行业制度，如法国国营铁路公司（SNCF）制度、巴黎独立运输公司（RATP）制度、法国电气—燃气公司（EDF-GDF）制度、矿工制度、法兰西银行制度、飞行员制度、海员制度、议员制度、巴黎歌剧院制度等，它们覆盖的人口数量悬殊。其中矿工、国营铁路公司、巴黎独立运输公司、电气—燃气公司等制度覆盖人口众多；① 而议员制度、歌剧院制度覆盖人口就少得多，② 有的少到已经消亡，最近的一个例子是法兰西银行制度，该制度已于 2007 年 4 月 1 日正式退出历史舞台。在学界和媒体频繁"出镜"、大名鼎鼎的"特殊制度"，主要指这十余个行业制度，特别是法国国营铁路公司和巴黎独立运输公司等几个大的制度；如果单就退休项目而言③，则还应加上公务员制度和法国电气—燃气公司制度。阿尔萨斯—摩泽尔地区的制度则由于覆盖人口极少、对整个社会保障制度的影响微乎其微，故而忽略不计。

（二）纵向碎片

从纵向即具体的保障项目上看，法国的社会保障制度也存在鲜明的碎片化特征，且集中体现在养老项目领域。法国的养老制度，除在横向上按照保障对象的社会—职业类别划分为四大类外，又纵向划分为基本养老制度、补充养老制度和再补充养老制度三类（详见图1—2）。

基本制度是法国养老保险的主体，总制度、农业制度、"双非"制度和特殊制度四大制度之下共有大大小小各类基本养老制度百余个。除基本制度外，绝大多数福利群体还享有行业性的补充养老制

---

① 2006 年统计数据表明，法兰西剧院制度下有 360 人，巴黎歌剧院制度 1477 人，巴黎独立运输公司 4.4 万人，法国国营铁路公司 30.5 万人，矿工制度 37.7 万人。资料来源：Alain Beltran et Jean-Pierre Williot, *Les retraites des industrie électriques et gazières, éléments historiques*, 2007, p. 24.

② 譬如国家印刷局制度（régime de l'Imprimerie nationale）在 2006 年只有不到 10 名退休人员，国家每年为此支出 13 万欧元的养老金。

③ 一般情况下，"特殊制度"主要指"特殊退休制度"。

强制性现收现付制		自愿性基金积累制
基本养老制度 总制度 农业制 "双非"制度 特殊制度	补充养老制度 工薪者补充养老制度 管理人员补充退休制度 等	再补充养老制度 集体退休储蓄计划 个人退休储蓄计划等

图1—2　法国养老制度的纵向结构

度：在现代社会保障制度建立初期，国家首先为总制度下的私企雇员建立了两大补充养老制度——管理人员补充养老制度（AGIRC）和工薪者补充养老制度（ARRCO）。2000年以后，又逐步为农业制度（2003年）和"双非"制度（2004年）下的福利群体建立了补充养老制度，使私有部门的工薪和非工薪者拥有了至少一项补充制度。某些特殊制度如公务员制度（2003年）等在经过和私有部门制度部分并轨的改革后，也逐步享有了补充养老制度。补充制度和基本制度一样，也是强制性制度，也采用现收现付的融资方式，除去养老金计算方式和管理机构的不同外，和基本制度几乎没有本质性区别，加之起因特殊①，所以被视作养老制度的一大碎片。再补充养老制度则是自愿性的养老保险，融资方式也和基本制度截然不同——基金积累制，因此通常被视作养老保障的一根支柱而非碎片。

表1—1　　　　　　法国主要补充退休制度一览表

覆盖群体	建立方式	资金来源	管理方式
私有部门工薪者	集体协议创建，国家强制推广（1961）	雇主和雇员共同缴费	社会伙伴 ARRCO
私有部门管理者	集体协议创建，国家强制推广（1947）	雇主和雇员共同缴费	社会伙伴 AGIRC
公有部门临时雇员	国家（1970）	国家雇主和雇员共同缴费	IRCANIEC 国家信托局

---

① 在创建现代社会保障制度之初，法国本来只设计了一个统一的制度，后来被迫另建了补充制度，实则补充制度和基本制度没有实质性区别。换言之，补充制度本可以整合在统一的制度安排中。详见第二章。

续表

覆盖群体	建立方式	资金来源	管理方式
公务员、军职人员①	国家（2003）	国家雇主和雇员共同缴费	RAFP 国家信托局
农场主	国家（2002）	投保人缴费＋国家补贴	农业社会互助制中央基金会
自雇者	国家（1978②、2003）	投保人缴费＋国家补贴	独立劳动者制度全国基金会

概言之，在养老制度领域，法国共有上百个基本制度和补充制度③，架构之复杂和破碎，可谓世界罕见。

二　制度管理的碎片化

所谓制度管理的碎片化，是指整个社会保障体系在管理上缺乏统一的安排，不同的项目由不同级别的政府或机构分头管理。管理体系的碎片化往往是由整个制度体系的碎片化导致的，④ 法国的表现十分典型。受制度架构碎片化的影响，法国的制度在管理体制上也缺乏有效整合，甚至比制度架构本身更为"破碎"：社保基金不在国家一级统一、集中管理，而是根据制度和险种的不同由不同的机构管理。在基本制度中，主要管理机构是各保险基金会，它们大多是非盈利的第三方组织。除基金会外，历史上遗留下来的、曾在社会保障领域发挥过重要作用的互助会也扮演着重要角色⑤，它们主要活跃在地区层

---

① 国家在 2003 年改革框架下，为公务员（国家公务员、地方公务员和医疗系统公务员）建立了公务人员附加退休制度（RAFP，Régime de retraite additionnelle de la fonction publique），该制度为基金制，除此以外的其他补充制度均为现收现付制，由国家信托局（Caisse des depots et consignations）负责管理。

② 1978 年为自雇者中的手工业者建立了补充退休制度，2003 年将之拓展至其他自雇者群体。

③ 法国的制度过于复杂，法国人自己也难以统计具体的数目，各文献提供的数据经常不同，就笔者的阅读范围而言，至少有逾百个制度；有学者甚至指出法国大大小小共有 100 多个基本制度和 400 多个补充制度。

④ 关信平：《当代各国社会保障制度的碎片化与一体化》，第 218 页。

⑤ 详见下文。

面。概括而言，基本制度下的四大制度——总制度、农业制度、"双非"制度和特殊制度仅在中央一级就有大大小小各类基金会百余所，再加上地区和地方一级的管理机构，可谓多如牛毛，而且每个小制度都享有高度的自治权。

补充制度的管理机构同样复杂，以养老制度为例，1999年在工薪者补充养老制度下有90余家基金管理机构，管理着45个制度；在管理人员补充养老制度下有55家机构。后经过大力撤并，两者才分别降至2008年的33所和21所。

以下仅以基本制度为例加以说明。

在基本制度中，与整个制度架构碎为四块相对应，管理机构也可分为四类：

（一）总制度的管理机构

总制度实行收支两条线的管理方式，管理机构也相应地分为两类：第一类是资金征缴机构，专门负责保费的征缴和运营。第二类是执行或曰经办机构，主要负责相关险种的管理与保费的发放（详见图1—3）。

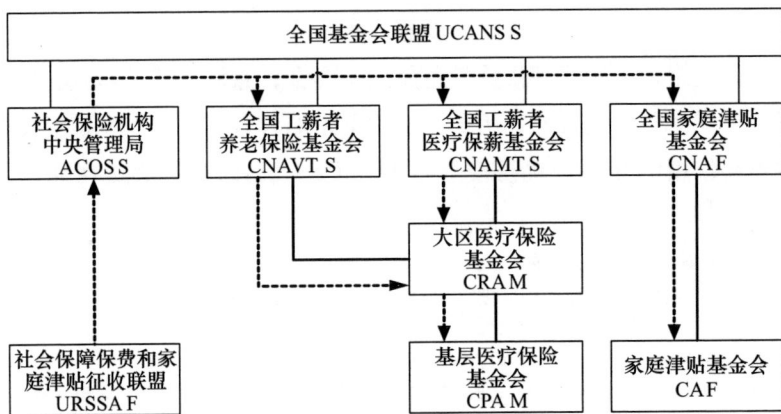

图1—3　总制度管理机构图（基本制度）

注：虚线表示资金流向；实线表示行政隶属关系。

1. 保费征缴机构。保费征缴机构由中央一级的社会保险机构中央管理局（ACOSS），和其下遍布全法（通常在省一级）的百余所社会保障保费和家庭津贴征收联盟（URSSAF）组成。

2. 执行机构。总制度奉行"险种分立"的原则，在国家一级并排设立了三所管理机构①，即全国工薪者养老保险基金会（CNAVTS）、全国工薪者医疗保险基金会（CNAMTS）和全国家庭津贴基金会（CNAF），分别负责管理养老、医疗、工伤与职业病、家庭津贴这四大项目。后两者在大区和基层（主要是省一级）设有相应的基金会：大区有16所大区疾病保险基金会（CRAM），既负责地区一级的医疗保障事务，也代管地区一级的养老事务；基层有基层医疗保险基金会（CPAM）和家庭津贴基金会（CAF）各百余所，分别负责支付医疗保险和发放家庭津贴等事务。

为加强四所全国性机构（CNAVTS、CNAMTS、CNAF 和 ACOSS）的联系和协调，国家还成立了一所全国基金会联盟（UCANSS），不过该机构的作用十分有限。

失业保障在中央一级由全国工商部门就业联合会（UNEDIC）负责管理，在大区一级则设有多所分支机构——工商部门就业协会（ASSEDIC）。

（二）农业制度的管理机构

农业制度经过改革，实现了较高程度的整合，从 1994 年起，在中央一级只有一所管理机构，即农业社会互助制中央基金会（CCM-SA），统一管理农业制度下的养老、医疗和家庭津贴等保障项目。CCMSA 在地方设有 85 所地方基金会。②

---

① 总制度创立之初，设计者们借鉴了英国模式的"统一性"原则，在中央设立了唯一的一所全国社会保障机构，对包括养老、医疗等在内的全部社会风险施行统一管理。1967 年国家进行了改革，本着"风险分立"的原则，为三大险种（养老、疾病、家庭）分别设立了三所基金管理机构，详见第二章。

② 农业制度在创立之初，管理结构也比较破碎，国家按照保障项目的不同设立了三所管理机构：农业领薪者社会保障互助基金会、农业家庭津贴互助基金会、农业经营者养老保险互助基金会。1994 年，三所基金会合并为"农业社会互助制中央基金会"（CCM-SA）。

农业和渔业部（监管）

⇓

农业社会互助制中央基金会CCMSA：负责管理农业领薪者养老保险基本制度、农业非领薪者养老保险基本制度与补充制度。

⇓

农业社会互助制地方管理局（85所）：为受保人登记、注册，发放养老金

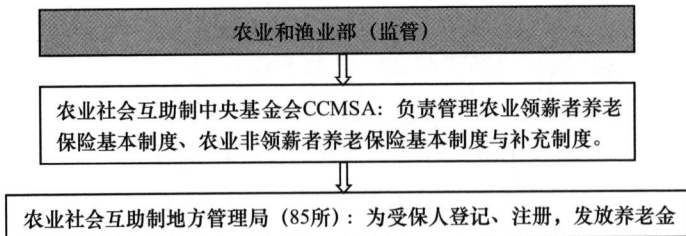

图1—4　农业制度的管理机构

（三）"双非"制度的管理机构

"双非"制度的管理机构在该制度建立之初十分复杂。后来进行了一定程度的整合，情况略有好转。概括而言，从2006年起，该制度下的覆盖群体划分为两类：a. 手工业者和个体工商业者；b. 自由职业者。对应的管理机构分别是：

1. 独立劳动者制度全国基金会（CNRSI），该机构肩负着两项使命，一是管理整个"双非"制度即a、b两类人群的疾病保险；二是管理a类人群的养老保险。CNRSI在地方有30所基金会。

2. 全国自由职业者养老保险基金会（CNAVPL），负责管理b类人群的养老保险，下辖11家行业基金会，每一家基金会负责各自行业的养老保险事务，在行政和财政领域均享有一定的自主权，各基金会在CNAVPL的共管下存在一定的"互补"关系（详见图1—5）。①

① "双非"制度创立之初，管理体系的碎片化特征更为明显，医疗保险由一所机构统一负责；养老保险则拆为三部分，由三所机构负责管理，分别覆盖手工业者、个体工商业者和自由职业者。概言之，"双非"制度在中央一级共有四所管理机构：（1）全国工商业者自治机构（ORGANIC），由1所中央基金会和31所基层基金会组成，负责管理个体工商业者的养老保险。（2）全国手工业者养老补偿独立基金会（CANCAVA），下辖32所基层基金会，负责管理手工业者的养老保险。（3）全国自由职业者养老保险基金会（CNAVPL），下辖十余家行业基金会，负责管理自由职业者的养老保险。1954年，全国律师基金会（CNBF）从CNAVPL中分离出来，成为独立的机构。（4）全国独立职业者疾病保险基金会（CANAM），下辖31所地区互助基金会（CMR）和166所或互助或保险性质的协议机构（organismes conventionnés），负责管理"双非"制度下全体人员的医疗保险。现机构是2006年整合的结果。为精简机构、提高效率，ORGANIC、CANCAVA和CANAM三个制度合并为独立劳动者制度（RSI），设有1所中央基金会——独立劳动者制度全国基金会（CNRSI）和30所地方基金会。CNAVPL依然保留着。

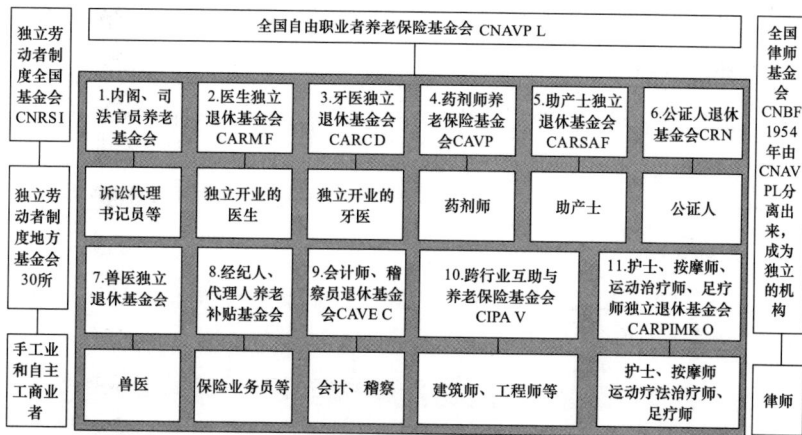

图1—5　"双非"制度养老保障管理机构图

（四）特殊制度的管理机构

特殊制度的管理机构也十分复杂。其中阿尔萨斯—摩泽尔地区的众多小制度由该地区负责管理。其他十余个行业制度由各自的保险基金会负责管理（详见图1—6），[①] 其中的很多制度在地方一级由互助会协助管理。

以矿工制度为例，矿工制度的管理机构分为三级：在国家一级设有一所全国矿工社会保障自治基金会（CANSSM），负责管理矿工制度下的全部风险；在大区一级设有7所矿工社会保障大区联盟（URSSM），但是只负责管理工伤项目；在基层设有15所矿工互助会（SSM），只负责管理医疗保险。[②] 基金会和互助会是性质不同的两种机构，彼此之间不存在纵向的隶属关系，因此这种混合的管理模式使矿工制度的管理结构非常复杂，协调起来十分困难，管理效率十分低下。为改变这种状况，国家从2007年1月1日起，取消了矿工互助会和矿工社会保障大区联盟的法律资格，把相应的管理权转移到了新成立的若干所矿工社会保障地区基金会（caisses régionales de la

---

① 文中列出的只是覆盖人口较多的"大"制度，名单出自法国特殊制度网站，http：//www.regimesspeciaux.org/spip.php？article74，最近一次访问时间：2011年4月3日。

② 参见法国特殊制度网站。

sécurité sociale dans les mines）手中，地区基金会是全国矿工社会保障自治基金会的地方分支机构，与中央基金会是上下级隶属关系，从而在一定程度上增强了矿工制度在行政管理上的统一性。

全国电气—燃气工业基金会 CNIEG	全国矿工社会保障自治基金会CANSS M	国企工人年金专门基金会FSPOEI E	航空人员退休基金会 CRPN	法兰西剧院人员退休基金会CRPCF	神职人员与教会职员退休基金会 CRPCE N	宗教人员养老、伤残和疾病保险基金会 CAVIMA C
全国电气—燃气公司雇员	矿工	国企工人	飞行员等	法兰西剧院职员	神职人员	宗教人员
巴黎独立运输公司专门制度 RAT P	国家铁路公司专门制度 SNCF	巴黎歌剧院制度	法兰西银行制度	国民议会制度	参议院制度	全国海员残疾人员管理局 ENIM
巴黎独立运输公司雇员	国家铁路公司雇员	巴黎歌剧院雇员	法兰西银行雇员	国民议会议员	参议员	海员

图1—6　特殊制度管理机构图（国家一级）

如前文所言，公务员在养老项目上属于特殊制度，并有自己专门的管理机构，其中地方公务员和医疗系统公务员由地方公务员养老基金会（CNRACL）负责管理；国家公务员由国家年金部管辖（service des pensions de l'état）。

制度管理的碎片化还体现在国家机构的监管上：法国历届政府都很少设立专门的社会保障管理部门。社会保障事务由有关各政府机关管辖。譬如，总制度一般由劳动和社会事务部负责监管，农业制度由农业和渔业部负责监管；卫生部需参与监管医疗保障事务，家庭部则对家庭津贴政策负有责任，等等。可谓政出多头、九龙治水。相比之下，在社会保障领域一体化程度较高的国家往往设立专门的社会保障部，统一管理社会保障事务。

三　福利待遇的碎片化

所谓福利待遇的碎片化是指受保人的福利待遇不统一，不同的福利群体享有不同的待遇，彼此之间存在差别。在法国的制度中，受制度架构碎片化的影响，福利待遇的碎片化现象也十分突出。主要表现是：
（1）不同的制度覆盖的风险不同；（2）不同的制度享有的待遇不同。

（一）覆盖风险不同

在法国的四大类制度中，只有总制度覆盖养老、医疗—生育、工伤与职业病、家庭津贴和失业全部五项风险；其他三项制度则覆盖部分风险，主要是养老和医疗风险。这意味着，在法国，社会—职业身份不同的人群享有不同的福利保障。由表1—2可见，薪金收入者（无论是工商业领域还是农业领域）享有的保障最为全面，农业非薪金人口次之。在所有的保障项目中，只有家庭津贴覆盖全体国民，凡居住在法国的家庭，包括外国人，均有资格享受。

表1—2　　　　　法国社会保障制度覆盖风险与覆盖人群

	薪金收入者	非薪金收入者		无职业者
		农业以外人口	农业人口	
医疗（实物给付）				1
医疗（现金给付）				
生育（实物给付）				1
生育（现金给付）				
伤残		2		
养老				3
孤寡				
工伤与职业病				
失业				4
家庭津贴				

图例：　覆盖　　无覆盖

注1：某些无业人群，如学生，可享受实物给付形式的医疗和生育保险，纳入总制度框架之内。

注2："双非"制度中只有部分人群享有伤残保险，如手工业者。

注3：某些无业者如身为母亲的家庭妇女可享受养老保险，需家计调查。

注4：某些无业者可得到失业给付；一些符合条件的无业人群可领取失业救济。

资料出自：［法］让—雅克·迪贝卢、爱克扎维尔·普列多：《社会保障法》，蒋将元译，法律出版社2002年版，第37页。

（二）福利待遇不同

法国的四大制度为不同人群提供了不同的福利待遇。福利差别集中体现在养老项目领域，并且集中体现在特殊制度与其他制度之间。整体而言，与其他三大制度相比，特殊制度下的退休者享有某些福利特权，概括而言，即领取全额养老金的缴费年限较短，退休年龄较低，待遇水平较高（详见表1—3）。如，总制度从1993年起，领取全额养老金的缴费年限就从37.5年提高到了40年，退休年龄在1983年以前为65岁，从1983年起为60岁①。而特殊制度下领取全额退休金的缴费年限一直是37.5年，退休年龄普遍为55岁甚至更早。总制度按职业生涯中工资水平最高的25年的平均工资来计算养老金；特殊制度按照职业生涯最后6个月的工资水平来计算；总制度下养老金的替代率约为50%—60%，特殊制度则高达75%—80%，待遇水平大大好于总制度。统计表明：2004年，特殊制度下的各类人员平均退休金为1689欧元/月，大大高于私有工商业部门工薪收入者的1065欧元/月和非工薪收入者的617欧元/月。研究表明，除学历、技能等因素外，制度碎片化是导致退休金差异的一个不容忽视的重要因素。②

在特殊制度内部，各制度之间也存在差别，基本上是一个行业一个退休标准，甚至相同行业不同工种之间标准也不相同。如在公务员和法国国营铁路公司、电气—燃气公司等公有部门制度中，内勤人员60岁退休，外勤人员55岁退休，就职于有损健康的岗位则早到50岁就可以退休（详见表1—4）。

---

① 2010年法国进行了退休制度大改革，规定从2018年起将法定退休年龄推迟至62岁（某些"艰苦"行业——主要涉及特殊制度——除外），将领取全额养老金的年龄由65岁逐步延至67岁。

② Christiane Démontés et Dominique Leclerc, Rapport d'information fait au nom de la mission d'évaluation et de contrôle de la sécurité sociale de la commission des affaires sociales sur le rendez-vous 2010 pour les retraites, pp. Tome I et Tome II, 2009 – 2010, n° 461, http://www.senat.fr/rap/r09 – 461 – 1/r09 – 461 – 11.pdf; p. 25. 最近一次访问时间：2011年5月5日。

表1—3

退休待遇比较一览表

项目＼制度	总制度	特殊制度①				农业制度	"双非"制度
		公务员	国营铁路公司	巴黎独立运输公司	电气—燃气公司		
参照收入	工资水平最高的25年的工资	职业生涯最后6个月工资	职业生涯最后1个月工资＋奖金	职业生涯最后6个月工资	职业生涯最后1个月工资	其中的农业工人参照总制度	其中的手工业者和个体工商业者参照总制度
领取全额养老金的缴费年限	37.5年（1993年以前）40年（1993年以后）2011年后逐步延至41.5年②	37.5年（2008年以前）40年（2008年以后）	37.5年（2008年以前）40年（2008年以后）	37.5年（2008年以前）40年（2008年以后）	37.5年（2008年以前）40年（2008年以后）	40年（2008年起）	40年（2008起）
养老金挂钩	工资（1993年以前）物价（1993年以后）	工资（2004年以前）物价（2004年以后）	工资（2008年以前）物价（2008年以后）	工资（2008年以前）物价（2008年以后）	工资（2008年以前）物价（2008年以后）	其中的农业工人参照总制度	其中的手工业者和个体工商业者参照总制度
养老金的继承	家计调查	无家计调查	无家计调查	无家计调查	无家计调查	其中的农业工人参照总制度	其中的手工业者和个体工商业者参照总制度

① 2010年，时任总统萨科奇对退休制度进行了改革，规定到2018年，将法定退休年龄逐步延至62岁；但是2013年奥朗德当选总统后，通过新的改革法案，将部分人群特别是"艰苦"行业从业者的法定退休年龄恢复到60岁，此前特殊制度中的很多职业都被视作"艰苦"职业，这意味着特殊制度中的福利特权在一定程度上依然存在，人们呼吁对所谓的"艰苦"职业进行重新界定。

② 2013年改革进一步规定，将在2020—2035年，将领取全额养老金的缴费年限逐步提升至43年。

续表

项目＼制度	总制度	特殊制度				农业制度	"双非"制度
		公务员	国营铁路公司	巴黎独立运输公司	电气—燃气公司		
退休年龄①	65 岁（1983 年以前）60 岁（1983 年以后）62 岁（2018 年）	55—60 岁 62 岁（2018 年）	50—60 岁 62 岁（2018 年）	50—60 岁 62 岁（2018 年）	50—60 岁 62 岁（2018 年）	其中的农业工人参照总制度	其中的手工业者和个体工商业者参照总制度
最早退休年龄	60 岁	55—60 岁	50—55 岁	50—60 岁	50—60 岁	60 岁	
平均退休年龄	61.3 岁	57.6 岁	54.6 岁	54.8 岁	55.4 岁	N	N
平均退休时间	17.7 年	22.3 年	26.4 年	24.8 年	23.9 年	N	N
养育三个孩子的母亲是否可以提前退休	否	是	是	是	是	N	N
平均替代率	50%—60%	75%	64%	N	85%	N	N
年均退休金（2004 年）	16000 欧元	国家级：21000 欧元 地方级：13500 欧元	24000 欧元	18000 欧元	21000 欧元	N	N

注：根据保卫退休制度网站（http://jean1668.free.fr/retraites/regspec.html）资料整理而成。N 表示暂无资料。

① 之所以用退休年龄而非"法定"退休年龄，是因为理论上，2010 年改革以前，各制度都是规定 60 岁退休，但是特殊制度十分普遍地存在提前退休的规定，很多人在 55 岁以前便以退休。2010 年改革后，此处繁述。详见第四章，尽管法定退休年龄将逐步延至 62 岁，但在特殊制度中，提前退休的现象依然普遍存在。

表1—4 　　　　　　　　**特殊制度退休年龄一览表**①

退休年龄	覆盖部门和人员
60 岁	法兰西银行雇员 公务员中的内勤人员 电气—燃气公司、巴黎独立运输公司、法国国营铁路公司内勤人员 巴黎歌剧院行政人员和乐手
55 岁	公务员中的外勤人员（工龄满 15 年） 电气—燃气公司雇员（工龄 15 年或在有害健康的岗位上工作满 10 年） 巴黎独立运输公司、法国国营铁路公司雇员（司机和维修工除外） 服役 40 年的海员 工龄 30 年的矿工 法兰西剧院男演员 法兰西剧院和巴黎歌剧院的置景工、电工、民事消防员等 监狱管理员
52.5 岁	服役 37.5 年的海员
50 岁	服役 25 年的海员 巴黎独立运输公司、法国国营铁路公司的司机与维修工（25 年工龄） 服役 15—25 年的军官 工龄 30 年的地方公务人员（其中 10 年在有害健康的岗位作业） 工龄 30 年的矿工（其中 20 年在井下作业） 工龄 20 年的消防员 巴黎歌剧院歌唱演员 法兰西剧院女演员
45 岁	巴黎歌剧院舞蹈演员（男）
40 岁	巴黎歌剧院舞蹈演员（女）
无下限	公务员、电气—燃气公司、法兰西银行等公有部门工龄 15 年、养育 3 个及以上孩子的母亲

资料来源：Saskia Carole Leidsman, *Le systèm de retraite français, correspond-il à la réalité économique et sociale de la France?* Mémoire de maîtrise, Université d'Utrecht, le 17 janvier 2007, p. 38.

第三节　碎片化的利与弊

对于社会保障制度碎片化的利弊得失，学界有不同的观点，普遍

---

① 指 2010 年退休制度改革以前。改革后提前退休的情况依然存在。

的看法是有利有弊。① 具体到法国，则是总体来看弊大于利。

一 碎片化的积极意义

碎片化的社会保障制度对法国的积极意义主要体现在制度建立初期。法国的制度是有着深刻的历史成因的（详见第二章和第三章，此不赘述），因此在建立初期，这样一种制度安排体现了对法国在社会保障领域的历史传统与习惯的尊重；体现了对社会各阶级、阶层、团体在就业方式、收入水平和社保理念等方面差异的尊重；基本符合当时的法国既需要建立福利国家，又缺乏必要的经济基础，难以一步到位地把全体国民整合进一个统一制度的国情——当时，法国的工业化水平相对滞后，生产力水平相对低下，在很大程度上还是一个农业国，第二次世界大战又重创了法国经济，战后法国国库空虚，财力物力不足，难以一步到位、一劳永逸地建立一个"一体化"的制度。碎片化的社会保障制度既保障了公民的基本权利，起到了促进经济发展的目的，又避免了"一刀切"式的强制整合所带来的社会动荡，保障了社会的稳定。正如关信平指出的："碎片化的体系具有一定的灵活性；在经济与社会变迁过程中具有更好的适应性。"② 这一点不容否定。

二 碎片化的消极意义

但是整体来看，碎片化对于法国的消极意义大于积极意义，这一点在社会、经济等各个领域都有所体现。特别是，随着时间的推移，法国社会保障制度创建之初的经济与社会形势均发生了巨大变化：经济水平大幅度提升，法国成为一流工业强国；农业和手工业在国民经济中的占比大幅度萎缩；社会各阶层之间的差别不断缩小。在此背景下，碎片化的积极意义逐步蜕去，而消极意义则日渐凸显：

① 可参见关信平《当代各国社会保障制度的碎片化与一体化》，第219—221页。
② 关信平：《当代各国社会保障制度的碎片化与一体化》，第219—220页。

（一）管理成本高、效率低

高度碎片化的制度结构和管理体系造成的直接后果是管理成本高、难度大、效率低。由上文可知，法国社会保障制度的管理机构臃肿庞大，多如牛毛，仅基本制度就有上千所管理机构。以养老制度为例，统计表明，2010 年法国光大的退休制度就有 38 个，还不算多如牛毛的小制度，人均领取 2.3 份由不同机构发放的养老金，养老金计发的各个环节都十分繁杂。而劳动力从一个行业转移至另一个行业，譬如从农业工人转为服务业雇员，相应的福利变更手续就更加复杂。凡此种种导致管理效率大大降低，而管理成本却大大增加，这也是为什么法国不断尝试精简管理机构、进行局部整合和"瘦身"的原因，譬如农业制度和"双非"制度都经过了不同程度的整合，比以往轻便了很多。①

在国家监管层面，由于缺乏统一的"社会保障部"，协调相关各部的成本很高，所以萨科齐执政时期（2007—2012 年）专门成立了一所跨部的"社会保障司"（Direction de la sécurité sociale），由相关各部——劳动、社会关系、家庭与团结部，健康、青年与体育部和预算、公共会计与公共服务部——共同管理，以加强协调、节约成本、提高效率。

（二）损害公平

福利待遇的碎片化损害了社会公平。在法国，不同的福利群体在福利待遇上存在差距，某些群体，特别是特殊制度下的公务员和公有部门雇员享有很多其他群体所没有的特权。"公""私"之间的福利"鸿沟"导致公职人员和普通民众的对立，"公""私"不平等导致民众的普遍不满和对公共部门"以权谋私""独享利益"的不断质疑，为社会动荡埋下了隐患。

（三）给国家财政造成负担

从 20 世纪 70 年代中期起，受人口日益老龄化和经济结构转型以及经济不断下行等因素的影响，法国的社会保障制度日益陷入收不抵

---

① 详见上文的有关注释。

支的困境，出现了严重的财政危机，而碎片化的制度安排进一步恶化了危机。原因在于：不同的制度财政负担不同，一些制度抵御冲击的能力较弱，资金缺口越来越大，需要其他制度救济，最终拖累了整个制度。以农业制度为例，受农业在法国经济结构中的比重不断萎缩、农业机械化程度不断提高和城市化进程不断加快等因素的影响，农业在职人口的数量急剧下降，特别是进入农业领域的新就业者日益减少；而农业退休人口由于医疗条件的改善、人口预期寿命的延长而越来越多，在职者和退休者的比例逐步失衡，致使农业制度出现严重的亏空。矿工、铁路工人等特殊制度也普遍存在类似的现象：受工业转型的影响，这些制度下受益和缴费人口的比例日益失调，加之给付水平较高，结果出现了日益严峻的财政困难。而国家规定（1974年），负担较轻、财政状况相对较好的制度要向较差的制度提供帮助，因此，那些亏空巨大的制度最终拖累了整个制度，进而给国家财政带来了沉重负担，该问题将在第四章详细分析，此不赘述。

（四）扭曲竞争，妨碍劳动力流动

在碎片化的制度格局下，各个行业和各个保障项目之间的转移接续十分困难，妨碍了劳动力的合理流动。以养老制度为例，由于该制度按照职业或行业标准划分，客观上形成并加剧了职业隔离，淤塞了社会成员的职业流动，造成了劳动力市场的相对僵化。

（五）导致改革艰难

碎片化的制度格局一方面导致福利攀比：高福利群体不愿意放弃既得利益、向低标准看齐；低福利群体则产生攀比心理，要求向高标准靠拢。2007年法国改革特殊退休制度的时候，萨科齐总统曾解释说，改革的目的是为了维护"公正"和"公平"。他指出，同是法国人，有些人领取全额退休金要缴费40年，有些人却只需缴费37.5年，这明显有违公平原则。但是反对者马上针锋相对地提出，在退休问题上"绝对需要以平等为目标，但平等不意味着向低水平看齐"。另一方面造就了比相对统一的制度格局下更多的福利利益集团，从而使以削减福利为目标的改革举步维艰。该问题将在第五章进行分析，此不赘述。

第四节　小结：法国 VS 其他国家

法国社会保障制度在制度架构、行政管理和福利待遇等各个层面上均具有严重的碎片化特征。碎片化并不是法国的专利，世界上很多福利国家都存在不同程度的类似现象。特别是福利制度的发源地欧洲大陆，建立在职业保险基础上的保守主义或曰俾斯麦式的福利国家，都存在着一定数量的"职业碎片"[①]。或者说碎片化是俾斯麦式福利国家的普遍现象。以俾斯麦式制度的发源地德国为例，"德国的社会保障模式也带有部分的碎片化特征"[②]，仅就养老项目来说，"德国养老保障碎片化的特点主要体现在：（1）从形式上看，德国养老保险可以分为义务养老保险、企业补充养老保险和自愿养老保险三类……（2）从缴费人口特征看，公务员、法官、农民游离于基础养老金之外，形成了独特的养老金体系……（3）从地区分布来看，各个州都具有很强的独立性，具有自己制订标准的权利"。即使是在社会保障制度"一体化"程度较高的英国，也不可避免地存在着一些制度碎片，譬如公务员除参加覆盖全体国民的国家养老金制度外，还有自己专门的退休制度。

虽然绝对"一体化"的社会保障制度基本上不存在，现实中大多数制度都具有一定程度的碎片化特征。但是整体而言，多数国家在社会保障领域的碎片化程度和法国相比都是有限的。"法国的社会保障制度碎片化是比较典型的"[③]，基本上是学界的共识。"德国的社会保障制度碎片化程度比法国要低得多。"[④] 德国在养老保障领域的上述碎片化特征法国基本都具备：法国的养老保险也分为基本养老保险、补充养老保险和自愿养老保险三类；从缴费人口特征看，法国也有众多的人口有自己专门的制度，从而游离在基础养老制度——总制

[①] 法国通常也被列入俾斯麦模式。

[②] 关信平：《当代各国社会保障制度的碎片化与一体化》，第228页。

[③] 同上书，第227页。

[④] 同上书，第228页。

度之外，而且游离在外的群体在数量和职业类别上都比德国多得多。

那么，法国为什么要设计一个如此复杂的制度呢？实际上，这样一种制度安排并不完全是"主动"设计的结果，而在很大程度是一个无奈的历史选择，甚至是一笔不得不接受的历史遗产，个中原因和真相需要我们追根溯源，回到 20 世纪 40 年代中后期——法国社会保障制度建立之时去寻找。

第二章　源远流长

——法国社会保障制度的缘起与发展

沿用至今的法国现代社会保障制度是在第二次世界大战结束之后建立的，但是它并非无源之水、无本之木；它不仅有着源远流长的历史，而且打着难以磨灭的历史传统烙印。本章首先简要回顾二战之前法国在社会保障领域的发展状况和历程，以帮助我们理解历史遗产对后期法国建立现代社会保障制度的影响，之后梳理 1945 年新制度的建立。

第一节　历史遗产：二战以前的制度状况

一　从互助传统到保留着浓厚互助色彩的社会保险制度

在法国，现代意义上的社会保障诞生于工业革命开始之后。在尚无现代社会保障的前工业社会，法国同大多数西欧国家一样，主要依靠下列三种方式来应对贫病老死等人生的主要风险：（1）家庭成员和邻里之间的互帮互助。（2）教会等宗教组织发起的慈善救济。（3）同业行会提供的行业互助。家庭邻里之间的互助属于自发性质，覆盖的人口十分有限；教会的慈善救济只针对老弱病残、孤寡鳏独等群体，属于济贫性质，尽管发挥着不容忽视的重要作用，但覆盖人口较少且制度化程度较低；相比较而言，行业互助覆盖的人口广泛得多，制度化程度也高得多。行业互助的主体是行会，欧洲学者普遍认为，行会是迄今为止人们所知道的所有社会保障制度的起源，① 其作用不容忽视。

至 18 世纪后期，互助会逐步从行会中脱胎出来，成为专门的救助保障机构。从 19 世纪 20 年代起，即工业革命开始后，② 互助会在帮助工人阶级应对工业化所带来的退休、伤病等风险的同时，还成为他们伸张利益诉求的场所，并为此受到国家的敌视和管控。此后第二帝国通过扶持亲己势力等方式成功地离间了互助会和工人阶级，使其转而代言中产阶级。第三帝国则将互助保障视作应对社会问题、缓解阶级矛盾、保证社会稳定的有效工具而给予了大力支持，使互助会获得了史无前例的发展：到 19 世纪末期，互助会几乎遍布全法各地，覆盖各行各业，在社会保障领域发挥着举足轻重的作用；国家则游离在社会事务之外，几乎不主动寻求承担社会保障责任③。国家功能的缺失为互助性保障提供了进一步发展的广阔空间，使互助会成为社会保障的主角。然而，互助会的发展壮大对国家构建现代社会保障制度构成了严重制约：20 世纪初期，当国家在新的历史条件下决定全面介入社会事务、构建强制性的社会保险制度时，遭到羽翼已丰的互助会的激烈抵制。互助会因担心被边缘化甚至被永久性地排挤出历史舞台而对国家在社会领域的一切立法统统表示反对。最终国家作出让步，为互助会在新建立的社会保险制度中保留了相当的地位，结果是，经过近十年谈判才艰难问世的新制度（社会保险制度）保留着浓厚的旧色彩（自治色彩）。

（一）自由自愿的互助性保障（1830—1905 年）

在现代社会保障制度建立之前，法国在社会保障领域的关键词是"互助会"和"互助"。直到 20 世纪上半叶，互助会及其提供的行业互助性质的保障在法国的社会保障领域几乎是独当一面。

---

① 参见 Michel Dreyfus, *Liberté, égalité, mutualité：mutualisme et syndicalisme*, 1952 - 1967 等。

② 面对工业化带来的退休、失业、伤病等风险时，私人形式的储蓄和保险也应运而生，不过覆盖面十分有限，不足以为最广大的人群提供保障。

③ 国家只针对孤老残障等人群发挥一些社会救助（assistance sociale）功能。

1. 互助会简史

（1）互助会的诞生

互助会的前身是行会①。行会是从事同类职业的劳动者组织起来、保护本行业利益、避免恶性竞争的组织，同时也帮助会员及其家人共同抵御生老病死等人生的主要风险。行会和"劳动"紧密相连，有组织的劳动出现不久就有了行会，由此可见行会的起源十分久远。行会主要盛行于手工业发达、小作坊林立的欧洲中世纪。在尚无现代社会保障制度的前工业社会，行会所提供的行业性救助是不容忽视的保障手段。

到 18 世纪后期法国大革命前夜，一部分行会逐步演变成了互助会（sociétés de secours mutuels）：1780 年在巴黎诞生了法国第一所互助会——技工业互助会（société de secours mutuels de la Panotechnique），它最初以行会为依托，后来逐步从行会中脱离了出来，独立运营，在"团结"（solidarité）和"预防"（prévoyance）的旗号下对生老病死等风险施行集体防御；它秉承了行会"自由参与"和"自愿加入"的原则，凡从事技术工作的人员只要入会、缴费就可获得相应的待遇资格。② 随后以技工业互助会为蓝本，在法国其他城市也相继出现了类似的组织。到法国大革命初期，全法已有 50 余家互助机构，其中大多数是从行会演变而来且没有彻底脱离行会。

法国大革命的爆发打断了互助会的发展进程。大革命后不久，法国出台《谢普雷法》（Loi Le Chapelier，1791 年 6 月 17 日），对结社予以全面禁止；行会和互助会由于意味着以团体意志压迫个人意志，和大革命所倡导的"自由""平等"原则不相符合等因素而受到取缔③。不过它们并未彻底消失，而是改头换面，在暗中艰难度日，发

---

① 法语为 confrérie，corporation 和 compagnonnage，彼此之间没有太大区别。

② 详见 Michel Dreyfus, *Liberté, égalité, mutualité: mutualisme et syndicalisme, 1952 – 1967*, p. 20。

③ 1864 年，法兰西第二帝国出台《奥利维尔法》（*loi Olivier*），取消《谢普雷法》，对结社予以解禁，互助会才正式获得法律认可。有关著作参看：Michel Dreyfus, *Liberté, égalité, mutualité: mutualisme et syndicalisme, 1952 – 1967*。

展十分缓慢，1800 年，全法共有互助会 70 余所，其中巴黎 17 所，外省 50 余所。①

（2）互助会成为前工会

工业革命开始后②，法国社会发生了重大变化，工薪无产者问世，互助会也随之发生改变，一方面继续为工人阶级提供互助性保障，帮助其应对工业化所带来的伤病、退休等风险，另一方面扮演着"前工会"的角色，成为工人反对剥削，就改善工作环境、削减工时、提高薪酬等问题伸张诉求的平台，为此受到国家的严密监控。尽管如此，互助会还是随着产业工人数量的壮大而壮大，发展势头迅猛。统计数据表明，到 1848 年，法国共有互助会 2000 余所，参会人员占法国总人口的 4.5%。③ 互助会集中分布在巴黎、里昂等工业化进程最快的城市，由此可见，它和工人阶级密切的关系。

1830 年以前，行会和互助会没有本质区别；1830 年以后，行会因因循守旧、坚持捍卫手工业者的利益而和工业革命背道而驰，日益难以适应不断壮大的工人阶级的需求，逐渐被互助会所取代。

（3）互助会的蜕变

拿破仑三世发动政变建立法兰西第二帝国后，于 1852 年出台法令，创办了名为"特许互助社"（sociétés approuvées）④，即"国家批准建立"的互助会的新型互助组织，旨在"通过阶级调和"的方式来削弱与工人阶级紧关系密切的传统互助会，从而削弱日益高涨的工人运动。"sociétés approuvées" 又被称作"皇家互助会"，因为它在

---

① Michel Dreyfus, *Liberté*, *égalité*, *mutualité*：*mutualisme et syndicalisme*, *1952 – 1967*, p. 22.

② 法国的工业革命大约始于 19 世纪 20 年代。

③ Michel Dreyfus, *Liberté*, *égalité*, *mutualité*：*mutualisme et syndicalisme*, *1952 – 1967*, p. 25.

④ 拿破仑三世把互助机构划分为三类：监督互助机构、特许互助机构和自由互助机构，其中国家承认公共机构身份并予以监管和规范的特许互助机构即皇家互助会占据大多数，传统的自由互助机构即行业互助会则不断受到排挤，比例日益减小。如 1870 年，法国共有 5700 所互助会，其中 4200 所是建立在"地域"基础上的皇家互助会。

享有众多税收和融资优惠的同时，被如下措施牢牢地置于皇家的掌控之下：第一，人数限制，法律规定，每所互助会不得超过 500 人；彼此之间不得结盟；不得发表任何政治言论。第二，互助会由出资人负责管理，出资者往往是贵族；互助会主席由皇帝或者省长负责任命。第三，淡化互助会的行业色彩，规定以地域特别是市镇而非行业为基础来组建互助会并由市镇给予其物质支持。

　　上述措施产生了显著效果：首先，互助会逐步为权贵阶层所掌控，1862 年的一项调查表明，当时 80% 的"皇家互助会"主席出身贵族，只有 14% 出身工人阶级。[①] 其次，以"地域"取代"行业"组建互助会的结果是，社会各阶层特别是在经济生活中占据主流地位的手工业者和自由职业者等中产阶级纷纷加入同一所互助会，稀释了互助会中工人的比例，使他们逐步沦为少数派。[②]

　　经过法兰西第二帝国的大力改造，互助会发生了蜕变，与工人阶级渐行渐远，最终丧失了"前工会"功能，在很大程度上成为由贵族阶层所掌控的中产阶级组织。工人阶级将转而投向不久后诞生的工会[③]，在工会组织框架内组织政治斗争。互助会则逐步蜕去政治色彩，直至彻底去政治化，专职应对生老病死等社会风险。

　　概言之，1852 年法令之后，疏远工人阶级、代表中产阶级、服从富裕阶级，成为互助会的新特征，这一点在巴黎公社运动中得到了验证——互助会和巴黎公社运动保持着相当的距离。

---

　　① Emile Laurent, *Le Paupérisme et les associations de prévoyance*, *nouvelle étude sur les societies de secours mutuels*, Paris, Librairie de Guillaumin et Cie, 2 t., 1865, 转引自 Bernard Gibaud, *Mutualité*, *Assurances* (*1850 – 1914*), *les enjeux*, Economica, 1998, p. 39。

　　② 当时的法国社会相对于英国等国家而言，较为保守，工业化进程相对缓慢，很多行业仍停留在小工厂、小作坊阶段，农业和手工业依然是经济生活的主流，社会的主要构成是手工业者和自由职业者，工人在法国总人口中的比重很小，不到 28%，参见 Michel Dreyfus, *Liberté*, *égalité*, *mutualité*：*mutualisme et syndicalisme*, *1952 – 1967*, p. 41。

　　③ 从 1867 年起，工会（les chambres syndicales）开始出现。此前，互助会是唯一对劳动阶级开放的组织，工会组织出现后改变了这种状况。1870 年，全法国已经有 20 余个工会组织，大多数位于巴黎、里昂、马赛、波尔多等经济发达的大城市。工会组织出现后，工人运动多起来，国家试图加以引导和控制，于 1884 年制定了《职业团体法》，从法律上确认了工会的权利。见 Dreyfus, p. 64 – 65。

（4）互助会进入黄金期

19 世纪后半期，伴随着工业化和城市化进程，特别是 1870 年《工会法》的出台，劳资矛盾日益尖锐，工人运动频发，第三共和国的统治者逐步意识到，互助会不失为应对日益增多的社会问题、预防社会风险，从而缓解社会矛盾、维护社会稳定的一种方式，应予以鼓励。第三共和国议员玛兹（Hippolyte Maze）在首届全法互助会大会上就毫不掩饰地指出：“我们把互助会看作（维护）既存秩序的堡垒和（确保）社会稳定的上好工具。”① 在此背景下，政府于 1898 年 4月出台《互助会宪章》（La Charte de la mutualité），彻底取消了拿破仑二世对互助会的限制，规定互助会可不经审批自由创办。中央和地方各级政府随之为互助会大开绿灯。此外，当时的法国正大力推行政教分离，② 拒绝宗教团体参与一切政治和社会事务，使此前在社会救助事务中发挥重要作用的宗教慈善事业受到强烈冲击。而互助会能够弥补宗教慈善事业撤退后的福利真空，故政府对其采取了放任自流的态度。在上述利好环境下，互助会获得了飞速发展，数量由 1852 年的 2500 家激增至 1902 年的 1.5 万家，会员人数由 27 万增至 350 万左右；构成也日趋复杂，除工人和自由职业者、手工业者、商人等传统中产阶级外，公务员和教授、律师、医生等知识分子群体亦加入进来；雇主出于安抚和稳定劳动力的目的也纷纷创建互助会。③ 整体而言，在互助会中，中产阶级的比例仍大于工人阶级；领导权依然掌握在中上层阶级手中。正如米歇尔（Michel Drayfus）指出的：“从第二帝国起，互助会的社会基础朝着有利于中产阶级的、日趋多元化的方向发展。”④

---

① Hippolyte Maze, *Compte rendu des travaux du 1er congrès national des societies de secours, utuels; tenu à Lyon, les 5, 6, 7, 8 et 9 septembre* 1883, Paris, librairie administrative P. Dupont, 1884, p. 315, 转引自 Bernard Gibaud, p. 59.

② 法国大革命以后掀起了反教会运动，1905 年出台政教分离法，推行去世俗化。

③ 雇主维护人力资源等同于维护机器设备厂房等物质资源。

④ Michel Dreyfus, *Liberté, égalité, mutualité: mutualisme et syndicalisme, 1952 – 1967.*

概言之，19 世纪末是互助会的"黄金期"，[①]互助会覆盖各行各业，遍布大城小镇，渐成网络，并在全国范围内组织起来，于 1902年成立了法国互助会全国联盟（Fédération nationale de la mutualité française，FNMF），此后，其在法国社会保障领域发挥着举足轻重的作用。到第一次世界大战前，除个别偏远或落后省份外，互助会几乎遍布全法。

2. 互助会的原则

互助会奉行以下几大原则：

（1）自由自愿，即自由组织、自愿参与。"自愿"原则有两大源头：其一是行会。互助会始脱于行会，故而继承了行会"自愿"而非"强迫"的组织原则。其二是法国大革命。互助会诞生于法国大革命前夜，故而从头到尾浸润了大革命所倡导的"自由主义"精神。尽管在随后的第二共和国时期，互助会的建立需经皇帝特批，但第三共和国最终取消了这一规定。

（2）团结互助，即个人借助集体的力量来应对社会风险。互助会的格言"我为人人，人人为我"（un pour tous, tous pour un）[②]集中体现了这一点。不过在互助会的发展过程中，"团结互助"原则不断受到挑战。1848 年以前，互助会 3/4 的资金来自会员缴费，会员主要出自缴费能力有限的工薪阶层，为此互助会一直受到资金短缺的困扰。到第二帝国时期，由于贵族的资助，资金短缺问题得到了极大改善，但互助会也为此付出了丧失决策自由、被权势阶层操控、染上慈善和父权色彩、"互助"原则受到损害的高昂代价。结果是，收入微薄、缴费能力有限的贫困会员需服从有钱有势的决策者，后者以主观的"道德"判断代替了客观的"缴费"标准，即依据会员的品行（如是否有酗酒、暴力等"不道德"行为）而非缴费来决定其是否享有被救助的资格，在很大程度上把救助从"权利"变成了道德审判。

---

① Jean Benhamou, Aliette Levecque, *La Mutualité*, Presses Universitaires de France, 1983, p. 30.

② Michel Dreyfus, *Liberté, égalité, mutualité: mutualisme et syndicalisme, 1952 – 1967*, p. 101.

（3）除自由与互助外，互助会还奉行"民主"和"独立"两项原则。所谓"民主"即由会员选举代表来管理互助会；所谓独立，即排斥一切国家干预，独立自主地运营。互助会建立之初基本上恪守了这两项原则，但是从第二帝国起，伴随着"皇家互助会"的诞生，大多数互助会受到国家和权势阶层的操控。尽管第三共和国废除了第二帝国的规定，把互助会主席由任命改为选举，但是先前的影响并未彻底消除，互助会在很大程度上依然掌握在权贵阶层手中，民主和独立基本上沦为空谈。

（二）强制性的社会保险制度（1894—1939年）

1. 工农业雇员退休制度——法国现代社会保障制度的雏形

相对于英、德等国而言，法国对社会事务的干预较晚，直到19世纪末，伴随着社会主义思潮的上升①、国家权力的加强以及德国等国已率先建立社会保障制度的压力，政府才正式插手社会保障事务。在借鉴德国等邻国经验的基础上，政府先尝试在个别领域建立强制性的社会保险制度。国家首先在相关部门内设立了相应的机构：1894年在工商部内设立了保险和预防司②；1906年建立了劳动和社会预防部，下面并肩设立了互助司和社会保险与预防司③。与此同时逐步完善了相关立法，如1898年立法为工薪劳动者建立了工伤补偿制度，这是针对工薪劳动者的首个强制性的社会保障法案④；1910年立法为工农业雇员建立了强制性的养老保险——工农业雇员退休制度（re-

---

① 自由主义长期在法国社会和政坛占据统治地位。直到1885年以后，社会主义和天主教社会主义等几大社会主义思潮才进入议会。主要的社会主义思潮合并之后于1905年诞生了法国社会党，但是该党在政治上依然是分裂的，在选举层面上的代表性也十分微弱，这种情况一直续到1930年。二战前（除去个别年份外），法国的政治舞台一直由中—右翼势力支配。

② 该司昙花一现，相关功能很快被劳动部的社会保险与保险司取代。

③ 此外还有一个劳动司。

④ 当时法国处在工业化进程中，工人阶级面临的主要社会风险是疾病、退休、工伤等。"疾病"和"退休"有由互助会负责的传统。故此当时的第三共和国政府先是于1898年4月1日表决通过《互助会宪章》，肯定互助会在医疗和退休领域的作用，并大开绿灯，鼓励互助会继续在上述领域发挥作用，紧接着（1898年4月10日）立法出台工伤补偿制度，由国家承担起无人问津的"工伤"补偿责任。

traite ouvrières et paysannes，ROP）并创建了相应的管理机构——国家退休基金会（caisse d'Etat）①。其中工农业雇员退休制度是首个涵盖工农业全体工薪雇员的强制性养老制度，也是国家第一次大规模地介入社会保障事务，被学界普遍视作法国现代社会保障制度的雏形。遗憾的是，在当时的法国，"退休"还是个令人难以接受的新概念，因此，工农业雇员退休制度一问世便四面受敌、几乎流产。

当时，右翼政党和雇主集团认为建立退休制度无异于"鼓励懒惰"而表示了强烈抗议；农业从业者不满国家干预而进行了阻挠；法国总工会（CGT）认为退休金太少、退休权利开始得太晚（该制度把退休年龄定在 65 岁，而当时的平均预期寿命才刚刚达到 50 余岁）、所谓的"退休"制度纯粹是雇主的阴谋而激烈抵制；互助会则担心受到排挤。实际上，鉴于互助会一直活跃在社保领域，新制度专门为它保留了一席之地，允许它参与退休基金的征缴和管理工作，发挥辅助作用。但是互助会对沦为"配角"十分不满并进行了大力抵制。1912 年，在四面楚歌中，政府被迫对 1910 年立法作出修改，如把退休年龄降至 60 岁，加强国家投入，等等。遗憾的是，不久后第一次世界大战爆发，新制度名存实亡。该制度的失败表明，在社会政策领域，法国各阶层的观念普遍较为落后。

2. 社会保险制度

第一次世界大战后，在新的时代背景下，受国内外两方面因素的推动，整合分散的福利安排、建立全国性和强制性社会保障体系的工作被提上日程。

首先是外部因素：19 世纪后半叶，俾斯麦率先在德国建立了社会保障制度，不仅取得了成功而且引起了轰动，引得欧洲国家竞相效仿。法国的部分有识之士也意识到，法国在社会保障领域已经远远落在德国后面，呼吁政府尽快采取措施，减小差距，第一次世界大战为此提供了契机。战后，德国作为战败国须归还在普法战争（1870—

---

① 该制度为强迫性制度，融资方式为基金制，由雇主和雇员共同缴费，缴费和给付水平都很低，只覆盖月收入低于 3000 法郎的、年龄在 65 岁以上的工农业雇员，允许某些行业的自由职业者以自愿的方式参与。

1871年）中占领的法国领土——阿尔萨斯和洛林，而两地居民在德国治下享有了社会保障制度，这对法国造成不小的压力。最终为保证两地的顺利回归，法国被迫向高标准看齐，决定在全国范围内普及社会保障制度。正如时任法国总统亚历山大·米勒兰（Alexandre Mille-rand）向阿尔萨斯和洛林地区民众保证的："（法国）不但会保留阿尔萨斯、洛林的工人在现有立法下所享有的一切权益，而且会借鉴这一立法中的恰当元素来改善自身的法律，为全体法国工人提供新的权益。"①

其次是内部因素：第一次世界大战后，随着工业化和城市化进程的加速，工薪者占法国经济活动人口的比重大幅度提升，从少数群体跃居为多数群体。但是在战后持续的经济萧条中，他们恶劣的生存状况非但没有改善，反而持续恶化，引发了此起彼伏的罢工和示威游行运动。战争还造就了残障孤寡等大量其他贫困人口，凡此种种，都要求政府尽快采取必要的救助行动，改善工薪者的工作环境和待遇，保障贫困人口的基本生存权利。

在上述双重压力下，国家决定加强对社会生活的干预，承担起相应的社会救助责任。当时国家性质的保障制度只有一战前建立的工农业雇员退休制度，没有任何医疗保障。而且工农业雇员退休制度在战争的打击下缴费人数锐减，已难以起到有效的保障作用。② 因此各政治派别经过辩论协商，最终就建立强制性的、覆盖面广泛的社会保险制度（assurance sociale）达成共识，并于1921年出台樊尚法案（Vincent Bill），计划在全国范围内建立一个包括医疗、生育、死亡、残障和养老等险种的、强制性的社会保险制度。然而，该法案再次遇到来自雇主和互助会等利益集团的巨大阻力，被迫在议会进行了长达7年之久的辩论，最终在国家做出重大让步、对原始法案几作修改的前提下于1928—1930年以《社会保险法》的名称获得通过。

---

① Paul V. Dutton, *Origins Of The French Welfare State*, *The Struggle for Social Reform in France*（*1914-1947*）, Cambridge：Cambridge University Press, 2002, p. 48.

② 该制度的缴费者从1911年的228万人锐减至173万人，参见 Henri Hatzfeld, *Du paupérisme à la sécurité sociale*, p. 143.

1928—1930 年立法的第一大阻力是互助会：不可否认，一战前互助会在社会保障领域几乎独当一面，发挥着不容忽视的重要作用，但是互助会的规模普遍较小，覆盖人群①、救助能力和管理水平均有限，又受到战争的削弱，难以应对战后大规模的、全民性的社会风险管理和救助需求，这也是国家决定由政府承担起相应的风险预防和救助职责，只允许有一定规模的互助会参与的原因。②

互助会一方，在经历了工农业雇员退休制度之后，汲取了教训，意识到由国家出面建立一个全民性的制度是大势所趋，横加阻拦只能是螳臂当车，自不量力，因此在反对了两年后便改变斗争策略，变被动为主动，不再反对建立新制度，而是以国家性的管理机构必然带有官僚色彩、难监督、不民主、难获民众信赖为由，千方百计阻挠国家建立新的社保基金管理机构，积极游说政府让现有的救助体系继续发挥主导作用。换言之，互助会辩称没有必要重新建立一套全国性的管理机构，以现有的庞大互助体系为基础来建立新制度就足以。正如一位互助会领袖指出的，互助会"努力调和两种表面看来背道而驰的现代风险预防模式——强制性的保险制度和自由的互助制度"，③ 以确保互助会在新制度中继续保有一席之地。与此同时，互助会积极发展壮大自己，为"接手"即将诞生的社会保险制度作准备：在《社会保险法》艰难谈判的十年间（1920—1930 年），互助会迎来了发展史上的"第二春"，会员数量从 447.8 万激增至 820 万，④ 几乎翻番。发展之快，堪媲美 19 世纪末的"黄金期"。

---

① 互助性救助是非强制性的，奉行"自由自愿"的加入原则，若没有一定的经济能力，则无法负担需缴费用。因此加入互助会的往往是中产阶级和工人阶级中有一技之长、薪酬较高的技术工人；相反缺乏技术专长也是最贫困的工人往往因无力缴费而没法加入，所以由互助会构成的"福利"网络覆盖面大大不够，最需要救助的人群被排斥在外，这也是国家计划出台强制性的社会保险计划，以扩大覆盖面，尽可能地照顾到更大范围的、更需要救助的人群的原因。

② 《社会保险法》规定，"互助会只有达到 1 万人才能管理退休基金"。

③ Michel Dreyfus, Liberté, égalité, mutualité, p. 129.

④ Romain Lavielle, *Histoire de la mutualité. Sa place dans le régime français de protection sociale*, Paris, Hachette, 1964, p. 112. 转引自 Michel Dreyfus, Liberté, égalité, mutualité, p. 133。

　　1928—1930 年立法的另一大阻力是雇主。雇主集团反对为工人
建立福利制度的主要原因如下。第一，经济因素：雇主认为社会保险
制度的建立将引发通货膨胀并导致恶性循环，最终危及法国经济，使
雇主蒙受损失。其逻辑是，工人一旦享有社会福利，其生活开支就会
上涨，生活开支的上涨将导致物价的上涨，进而威胁到法国产品在国
外市场的竞争力，影响出口，使法郎面临贬值的压力，危及法国经济
并最终使生产商蒙受损失，而生产商 "的损失是社会保险立法最不
能让人接受的负面影响"①。第二，雇主反对社会保险制度的强制性
和统一性，这不仅将损害雇主的经济利益，更将威胁到雇主对工人和
工人福利的控制，因为此前，某些大的工业行业为避免国家干预已
"先发制人" 地为雇员提供了一些家长式的福利，主要是退休制度。②

　　出于对国家干预的共同敌视，雇主和互助会达成 "统一战线"。
实际上雇主集团很早就通过直接建立或向互助会提供会费等手段扶
持、收买互助会，把部分互助会置于自己的操纵之下，不仅控制了互
助会中的工人，也控制了互助会在社会保险领域的重要作用。《社会
保险法》出台时，雇主继续联合互助会一起对抗新制度，共同游说
政府建立一个管理宽松的、以既有的互助救助体系为基础的保险制
度，从而实现排除国家干预、由自己继续掌控工人和工人福利的
目的。

　　雇主和互助会的 "强强"③ 联合十分奏效，在它们的强大压力
下，《社会保险法》在议会经历了长达近十年的马拉松式谈判，最终
国家于无奈之下作出重大让步，才换得法案通过。让步的结果是，对
互助会的限制大大放松，不仅允许它参与管理新制度，而且允许它在
某些领域发挥关键乃至垄断性作用——1928 年 4 月 5 日法律④明确规

---

　　①　Paul V. Dutton, op. cit. , p. 81.

　　②　详见下文。雇主创建的互助会也比比皆是。

　　③　当时互助会的力量非常强大，控制着 2 /3 的医疗和养老保险；1928—1930 年，法
国政坛由右翼支配，雇主的力量也非常强大。

　　④　参见该法第 26 条。Pierre Guillaume, *Histoire sociale de la France au XXe siècle*, Paris：
Maision histoire, 1993, p. 203, 转引自王天红《试论法国传统救济体系对现代社会保障制度
的阻碍》，第 17 页。

定，管理社会保障的基层保险基金会"在互助会的基础上按照 1898 年 4 月 1 日法律①的总体规定"组建并运行 。对此，法国现代社会保障制度的缔造者、"社会保障之父"拉罗克曾发出如下感慨：1930 年法律对互助会作用的肯定是令人吃惊的，以"自由"为原则的机构何以能参与到一个以"强迫"为原则的制度中？这也是他日后缔造新制度时努力根除互助会影响的重要原因。

1928—1930 年法律还规定，互助会和工会都可以建立社保基金会（caisse）。所以社会保险制度的出台反而进一步促进了互助会的发展和普及——普及所有职业，覆盖所有社会风险。互助会依然沿用以前的管理和组织方式，唯一的改变是把"自愿"原则变成了"强制"。互助会的参与弱化了新制度的社会保险原则，使之混合着明显的行业自治色彩。但是这样一种安排满足了雇主集团的利益诉求，使之对由国家主导的社会保障立法表示相对满意。

此外，《社会保险法》原本计划将覆盖面从工薪者扩大到包括农业和手工业者在内的非工薪人口，结果遭到农业从业者的坚决反对。他们反对的原因主要有以下三方面：第一，在 19 世纪末 20 世纪初的法国乡村地区，存在着大量农业互助会，它们在帮助农户抵御洪水、霜冻、冰雹、瘟疫等天灾人祸所造成的作物减产减收、禽畜病亡以及其他财产损失方面，发挥着较为有效的作用。所以农会认为互助会足以担当"社会保险"重任，不需要再造一套社会保险"制度"。如果非要建立这样一个制度，则应把农民和工人区分开来对待，为农民单独建立一个和现有的农业互助会类似的制度。第二，农会认为，农民的经济状况比工人差，但健康状况比他们好，纳入同一个制度意味着相对贫困的农民要被迫补贴工人。如一位农会领袖指出的："同保费意味着同风险！以一名农业工人为例，他几乎无力支付保费，不过到 60 岁的时候他仍然很结实；可是一个玻璃厂的工人呢？他支付保费的能力更强，可是才 50 岁他的身体就垮了！"德国的实践也证明，在工农混合制中，农民的收益小于工人。第

---

① 即 1898 年出台的《互助会宪章》。

三，当时某些重要农产品受到来自国外的低价农产品的竞争，销量大跌、损失惨重，致使农村人口大量流入城市务工，农村劳动力日益匮乏。农会认为，一旦和工人属于同一制度，收入不同但保费相同势必导致更多的乡村劳动力外流，使乡村遭受更为惨重的损失。出于以上三方面考虑，农会坚决反对把农业人口和工业人口纳入同一个制度并发动了大规模的抗议示威运动。当时，农业人口约占法国总人口的1/4,,占经济活动总人口的1/3余，他们手中的选票足以决定任何一个政治派别的命运，不容忽视。① 最终政府做出妥协，应农会的要求，为农业生产者和乡村手工业者单独建立了一个制度——农业互助保险制度。最终新生的社会保险制度仅限于覆盖水平低于一定门槛的工薪者，虽然叫做"总制度"，但名不副实，到第二次世界大战前夕，仅覆盖了1/3的法国人口。②1936年，在60—64岁的工人中，仍有62%的人不得不为糊口而继续留在劳动力市场，从事全日制或半日制工作③。

二 行业制度的建立

虽然整体来看，法国在社会保障领域的进步较为滞后，相关社会立法总是受到来自雇主、互助会等集团的巨大阻力，但是也有例外，早在1930年社会保险制度建立之前，一些大的工业行业就率先建立了自己的保障制度，主要是退休制度④。这些制度的诞生大致可分为两种情况：一是国家和军队出于安抚人心、鼓励公职人员"为国效忠"的目的而建立的，可称作"军队和国家雇主型"制度，其中以海员制度和国家公务员制度最为典型；二是私营的大企业出于吸引和稳定劳动力等目的建立的，可称为"私营雇主型"制度，其中以矿工制度和铁路工人制度最为典型。这些家长式的制度便是日后"特

① 参见 Paul V. Dutton, op. cit.

② ［法］卡特林·米尔丝：《社会保障经济学》，郑秉文译，法律出版社2003年版，第18页。

③ Anne-Marie Guillemard, *Le déclin du social*, p. 58.

④ 工业化之初，在其他风险还未显现之前，退休是工薪者面临的主要风险。

殊制度"的雏形。

（一）军队和国家雇主型制度

军队和国家雇主型制度的起源很早，被视作整个法国现代社会保障制度的开端。

1. 海员制度

海员制度起源于 17 世纪后半期的路易十四时代，当时，在巩固海防和向外扩张的过程中，为确保兵源，皇室规定所有船员必须轮流为皇家舰队服役。作为补偿，国家建立了伤残军人疗养院并为伤残水兵发放名曰"半饷"的抚恤金。这份抚恤金经过拓展，覆盖面日益扩大，除水军外，作为重要的水兵预备力量的商船和渔船船员也被覆盖，"伤残"的范围也逐步由"受伤致残"扩展为"年老病残"，伤残抚恤金就这样变成了养老金。[①] 配套机构——"全国海员残疾人员管理局"（ENIM）也建立起来，负责管理相关事务，这便是海员退休制度的起源。海员制度是法国整个社会保障制度的开端，也是日后的"特殊制度"的鼻祖。

2. 公务员制度

公务员制度可追溯至 1768 年，最先享有者是税官。当时皇室从"高薪养廉"的思路出发，为税官建立了一个待遇较好的退休制度，以防止他们贪污税款。这一做法在随后发扬光大：1790 年 8 月 22 日国家立法为民事系列的国家公务员建立了退休制度；1831 年为军人建立了退休制度；1853 年为中央政府的民事和军事系列公务员共同建立了一个退休总制度，该制度就是当今公务员制度的雏形。[②]

整个 19 世纪，出于类似原因，其他一些公有部门也纷纷建立了自己的退休制度，如法兰西银行制度（1806）、法兰西剧院制度（1812）、国家印刷局制度（1824）等。

（二）私营雇主型制度

在 19 世纪的工业化进程中，出于吸引和稳定劳动力、避免国家

---

① 相关法令有：1670 年皇家法令、1703 年皇家法令。

② Christiane Démontés et Dominique Leclerc, op. cit. , p. 7.

干预等目的，一些大型行业企业为雇员建立了以退休制度为核心的社会保障，[①] 其中以采矿和铁路运输业最为典型。这两个行业在工业化进程中处于领军地位，需要大量以熟练工人为主的劳动力，但是它们劳动强度大、风险高、条件苦，招募和留住劳动力都不容易。因此，在国家的干预下，[②] 雇主纷纷通过提供退休、医疗保障等手段来实现吸引和稳定劳动力特别是某些专门人才的目的。

1. 矿工制度

采矿是个古老而重要的行业，事关国家经济命脉；同时采矿业也是高风险行业，矿工流动性大，流失率高，因此早在 1604 年，法王亨利四世（Henri IV）就颁布皇家手谕，规定矿主必须将产值的 1/30 用于救治工伤，以鼓励矿工安心工作。

1813 年，法国接连发生了几起重大矿难，面对矿工的强烈不满，法皇拿破仑一世颁布皇家手谕，规定矿业公司必须成立工伤救助机构，负责矿工安全，并在矿难的重灾区列日（Liège）首府建立了一所救助所（caisse de prévoyance），资金来自四个方面：国家补助、民间捐赠、工人工资扣款的 2%、雇主工资总额的 0.5%。皮诺（Pinot）对此做出了如下评价："为了发展列日地区的采矿业，国家为工人建立了一所货真价实的救助所，帮助他们应对衰老、生病和工伤等风险。整体而言，该制度类似于俾斯麦在德国开创的社会保险制度，从根本上看其目的也（和德国）一致。它针对的是一个有望发展得更快的工业行业，目的是通过一些特殊待遇为该行业吸引和巩固劳动力。"[③]

此后，整个 19 世纪，遵照 1813 年法律并参照"列日模式"，各矿业公司逐步建立起各自的救济所或退休保障所。建立的目的，除吸

---

① 大企业的一体化和专业化程度都高，稳定劳动力的诉求强烈。小企业则不同，稳定劳动力的需求不迫切，因此常常在社会立法领域起拖后腿的作用。

② 在法国，采矿和铁路等行业从来都不是纯粹的"私人"领域，鉴于这些行业和整个国民经济息息相关并事关国家安全，它们一直受到某种程度的国家干预。

③ Robert Pinot, "Les Institutions sociales dans la grande industrie", *Revue politique et parlementaire*, fév. 1924, 转引自 Hatzfeld, *Du paupérisme à la sécurité sociale 1850 – 1940*, p. 112。

引和稳定劳动力外，还有以下考虑：一是避免诉讼和经济损失，当时的民法第 1382 条规定，对他人造成伤害须负责赔偿。[1] 因此，矿主为避免矿工在遭遇工伤时诉诸法律（若诉诸法律手段，则赔付金额由法院决定）而选择建立救助所，把主动权握在自己手中。矿业公司往往在招工时就要求应聘者承诺遇工伤不打官司，并写入劳动合同。作为交换，雇主为雇员建立救济所并投入部分资金。二是避免国家干预，雇主"先发制人"地为工人提供退休等保障，便可以排除国家在社会领域采取行动的必要性。

概言之，正如哈兹费尔德（Hatzfeld）指出的："由于招聘和培训工人的难度越来越大，（矿业）经营者被迫向工人提供尽可能多的福利，以吸引并留住他们。此外，一些其他因素比如避免诉讼、加强对（工人）的控制、个人的善心和雄心等也是这些机构得以建立的原因。"[2]

矿业公司虽然建立了相应的救助和退休保障所，但是这些机构普遍受到雇主的操控，财务不透明，保费常被挪作他用，矿工的实际权益难以得到保障。[3] 譬如，救助机构往往没有书面的成立章程，只靠矿主和矿工之间的口头协议就宣告成立，致使雇主在机构的管理上随心所欲，千方百计拒付养老金，结果是工人缴纳了保费却难以享受权益。如议员奥迪佛雷（Audifred）所揭示的："在所有从工人工资中扣款或者只由雇主出资的救助和退休保障所中，直到辞退工人的最后一分钟，雇主都是不受约束的，并且有权剥夺工人领取退休金的权利。"[4] 工人

---

① Hatzfeld, op. cit., p. 113.

② J. Lefort, *Les caisses de retraites ouvrières*, Paris, Albert Fontemoing, 1905, Tome II, p. 100, 转引自 Hatzfeld, op. cit., p. 117。

③ 例如，1850 年，调查表明，卢瓦尔矿业公司救助会 30% 的资金用于与己无关的事务；1869 年克鲁梭（Creusot）的基金会的预算中，大笔费用用于维修技术学校和教堂，没有一分钱用于养老。克鲁梭的做法并非个别现象，在布朗济（Blanzy）等地，修建和维护宗教学校的费用同样出自退休基金会。参见 Hatzfeld, op. cit., p. 215.

④ 例如，1889 年矿工议员巴斯利（Basly）揭发了下列情况："在阿尼什（Aniche）矿业公司，章程第 7 条规定，工人连续工作满 15 年并缴纳工资的 3% 可领取养老金。但是第 9 条又规定，获得的养老金有权被理事会这一唯一的裁判取消，理事会由企业主管、工程师和医生组成。如此一来发生了什么呢？阿尼什矿业公司辞退了工龄长达 20 年甚至 25 年以上的工人，这些工人到法院去讨说法，但是按照第 9 条的规定，他们输了官司。"参见 Hatzfeld, op. cit., p. 130。

一旦离职或被解雇，先前的缴费就打了水漂，相应的权利也丧失殆尽；企业一旦停工或倒闭，救助所也随之销声匿迹。最典型的例子是怠赫诺尔—拉乌尔特—贝散日（Terrenoire-La Voulte-Bessèges）矿业公司的破产，1888 年该公司倒闭，从矿工工资中扣除的 170 万法郎（用于救助和退休保障所）随之化为乌有。正是这一事件最终促使政府于 1894 年出台法律来规范矿工的退休制度①。正如乔治·维德玛（Georges Widmer）指出的："（怠赫诺尔—拉乌尔特—贝散日矿业公司的）破产是如此彻底，（退休）储备金根本就无法挽回，因此，救助所及其所属矿业公司之间极其隐秘的关系表现出了其最糟糕的一面，社会生活中这一意想不到的特殊事件为推动（国家）为矿工制定救助和退休保障制度发挥了关键作用。"②

统计数据表明，③ 在 1894 年国家为矿工制定统一的退休制度以前，由雇主倡导建立的救助和退休保障所覆盖了 98% 的矿工。换言之，98% 的矿工都加入了某种形式的保障，覆盖面不可谓不广。可是保障水平又如何呢？统计表明，只有区区 15% 的人领到了退休金，其余的 85% 既没有获得享受退休金的权利，也没有拿到一分钱。而那 15% 的"幸运者"虽然成功地闯过了矿主设立的重重关卡、领到了退休金，数额却少得可怜。在 1894 年法律出台前夜，法国矿工的平均退休金甚至远不足 300 法郎。④

为保障自身的合法权益，矿工们通过罢工、议会斗争、建立自己的救助机构如救助兄弟会等方式进行了不屈不挠的斗争。他们要求矿业公司建立统一的救助和退休保障机构，由矿工参与管理，斗争十分艰苦甚至付出了血的代价，⑤ 1869 年的李加玛丽（Rica-marie）血案便是典型案例。1869 年，卢瓦尔地区的矿工为争取以

---

① 1894 年 6 月 29 日，政府出台法律，为矿工建立了强制性的退休基金（Caisse de retraite des ouvriers）。

② Georges Widmer, *Les caisses de secours et de retraite de ouvriers mineurs*, Thèse de doctorat en Droit, Paris, Félix Guy et Cie, 1899, xv‒334, p. 177, 转引自 Hatzfeld, op. cit. , p. 135。

③ Hatzfeld, op. cit. , p. 130.

④ Hatzfeld, op. cit. , p. 134.

⑤ Hatzfeld, op. cit. .

下三项权益——"涨薪、缩短工时、建立统一的救助或退休保障机构并由工人管理账目——而举行了罢工。在矿业公司的消极回应下，罢工升级并引发流血冲突，最终导致 14 人死、数人伤，40 余人被捕入狱的悲剧。流血事件震惊全法，动摇了正走下坡路的法兰西第二帝国，也迫使矿业公司做出了"合并救助和退休保障所、允许工人参与管理"的让步。不过让步只停留在表面上，实际情况是，保障所的工人代表要么是雇主指派的，要么是在雇主的操纵下"选举"的，没有发言权，大多数救助和退休保障机构仍然操纵在雇主手中，难以保障工人的权益。最典型的例子是 1894 年国家立法为矿业工人建立强制性的退休制度时，矿工议员们强烈呼吁在市政厅选举参与管理的工人代表，因为矿区受到雇主的监视和操控，没有自由选举的可能。

需要指出的是，在矿业工人斗争史上，反对矿主控制救助和退休保障所、要求参与相关管理始终和提高薪酬与削减工时一起，并列为工人的三大诉求。[①] 面对日益高涨的工人运动，国家最终于 1894 年 6 月 29 日立法[②]对矿工制度进行整合，为矿业工人建立了一个统一的、强制性的社会保障制度，以养老和医疗保险为主，资金由雇主和雇员分摊。

2. 铁路工人制度

和采矿业相比，铁路运输业的诞生要晚得多[③]，它既是工业革命的象征也是工业革命的结果。不过当时的铁路运输业和采矿业一样属于艰苦行业，且薪水微薄，于是提供退休金、使这份职业虽"清苦"

①　不仅是采矿业，在法国其他行业的工人斗争史上，争取建立或参与管理退休或其他救助机构始终和削减工时与增加工资一起，并列为工人斗争的三大目标。如在著名的 1891 年 5 月 1 日富尔米（Fourmies）纺织业工人罢工中，除要求 8 小时工作制外，为工人建立退休基金会也是罢工的目标之一。这次罢工受到镇压，当局出动了军队，造成 9 人死亡，其中包括 4 名妇女和 1 名儿童。
②　1894 年立法是工人斗争的产物，成绩虽然有限但毋庸置疑：其他行业的工薪者要等到 1910 和 1930 年才能拥有类似的保障制度。1894 年法令是法国在社会保障领域的一大进步，因为它标志着公共权力对一项社会保障（prevoyance sociale）制度的介入。
③　法国首批铁路公司诞生于 19 世纪中叶。

但有"保障"便成为雇主吸引和巩固劳动力的不二选择。①

首先为铁路工人建立退休制度的是国家。鉴于铁路运输在工业发展中的重要作用，1850 年 6 月 18 日，国家立法为铁路工人建立了退休基金。此后，北方铁路公司、西方铁路公司、巴黎—奥尔良铁路公司等各大公司纷纷以该制度为模版建立了各自的退休制度，并逐渐弃用国家制度。各公司之所以另起炉灶，除为了补充国家制度的不足外，更是为了更好地控制雇员——工人一旦加入国家制度，对公司的依赖程度就会减弱。但是各公司自行建立的制度待遇水平不一，工人一旦跳槽就会蒙受损失，为此他们通过议会辩论、罢工等方式展开了争取统一退休制度的长期斗争，最终迫使国家三度立法②，将铁路行业各自为政的制度整合成了一个统一的退休制度（1911 年）。1938 年，上述几大铁路公司在国有化改革浪潮中被整合为"法国国营铁路公司"，先前的制度也随之转变为"法国国营铁路公司退休制度"。

能源行业、其他交通行业等退休制度的诞生大同小异，不再一一列举。

（三）小结

1. 雇主、工人和国家在特殊制度形成中的作用

上述行业制度特别是其中的私营雇主型制度是工人诉求和企业需求相互作用的结果，同时还受到了国家的干预和工人运动的推动，因此雇主、工人和国家三方都发挥了重要作用。工业化使形成中的工人阶级产生了老年的生存权和休息权等安全诉求；与此同时，新生的大企业则产生了吸引和稳定劳动力的诉求。两种不同的诉求带来了相同的结果——救助和退休保障机构的诞生。因此，各行业制度首先是雇主出于吸引和稳固劳动力、掌握工人福利等目的而自行建立的，而且

---

① 19 世纪和 20 世纪初期，法国劳动者对"安全"的诉求十分强烈，有些人甚至放弃高薪职业，转而投奔有退休保障的职业，譬如公务员。

② 1890 年国家首次立法整合铁路工人退休制度，但是该法案最终未能实施；1909 年国家二度立法整合相关制度，但法案仅适用于 1909 年以后的新雇员，引起铁路工人的强烈不满；经过 1910 年铁路工人大罢工，1911 年国家被迫三度立法，建立了统一的铁路工人退休制度，适用于全体在职者与退休者。

在这一过程中往往少不了国家的推动作用。但是雇主一方往往把"退休"保障视作对工人的"施舍"而非其"权利"，将救助和退休保障机构完全置于自己的掌控之下。因此雇主自行建立的制度具有很强的随意性，常常起不到应有的保障作用。工人一方为此进行了长期的艰苦斗争，穷尽了从议会辩论到罢工的种种手段，甚至付出了流血牺牲的代价。斗争的结果是国家介入，进行立法和监督，最终使相关制度得到发展和完善，把对工人权益的保障落到实处。

2. 两种误读

在各行业制度特别是私营雇主型制度的形成上，往往存在两种误解：一种将特殊制度的诞生归为雇主的个人行为，即雇主出于吸引、保留、管理劳动力等目的而单方面建立的，否认工人斗争的作用；第二种将特殊制度的诞生视作阶级斗争或曰工人运动的产物，即无产阶级为争取自身权益而与资产阶级斗争的结果，否认雇主的作用。两种解读都是片面的，行业制度是上述两种因素共同作用的结果，缺一不可。国家所起的督导和干预作用也不容抹杀。

三　小结：二战前的历史遗产——高度碎片化的社会保险制度

法国于二战前建立的社会保险制度是国家意志向雇主、互助会等集团妥协的产物，在管理方式上介于合作主义和互助传统之间，互助会在其中占据了举足轻重的位置，整个制度具有极其严重的碎片化特征。首先，在制度结构上，缺乏覆盖全体人口的统一制度，社会保险总制度只覆盖工薪者；农业人口有农业互助制度；此外还有遗留自更早的历史上的百余个行业制度。其次，在制度管理上，没有建立统一的管理机构，而是风险分立，为几大险种建立了各自独立的社会保险基金会，由社会伙伴共同管理，特别是，与全国性的基金会相并列，多如牛毛的互助会①以及雇主建立的保险基金会依然发挥着重要作用，它们彼此之间几无联系。

① FNMF 于 1937 年发布的数据表明，截至当年，法国共有 2.5 万所互助会，会员人数 841.5 万，它们在国家和省（département）一级组成了 250 所互助会联盟，除去科西嘉等几个地区，互助会遍布全法各地。Cf. Michel Dreyfus, p. 186.

统计表明，截至 1932 年底，法国社会保险总制度下共有 78 所养老保险机构，其中 63 所是互助会。全体受保者中仅有 1/3 属于全国养老保险基金会，其余 2/3 隶属互助会；农业互助制度中有 52 所养老保险机构；此外还有百余所从更早的时期遗留下来的行业基金会。医疗保险部分更为"破碎"，总制度下的医疗保险机构多达 793 所：2/3 的受保者属于 86 所地方性的保险机构，其余大部分隶属互助会；农业互助制度下也有 285 所之多的医疗保险机构。[①] 虽然机构繁多，但是保障效果却十分有限，统计表明，全法国只有 1/3 最贫困的工薪人口得到了微弱的保障。

概括而言，二战之前，法国在社会保障领域的特点是：相对的滞后性、有限的统一性以及明显的自治性。

第二节　现代社会保障制度的建立

二战结束以后，在全新的国内外背景下，法国着手在改造旧制度的基础上建立新的社会保障制度：1945 年 10 月，法国国民议会通过《建立社会保障制度的法令》[②]，开宗明义地提出，"为了确保劳动者及其家庭不受所有足以削弱或剥夺其收入能力的风险的影响、为了减轻劳动者的生育与家庭负担，特此建立社会保障机构"。二战后建立的制度是法国现代社会保障制度的基石，沿用至今。当时独特的历史背景对该制度的建立和最终的制度形态产生了决定性的影响。

一　建立的背景

（一）国内背景

1. 政治背景

法国社会保障制度是在第二次世界大战德国战败、法国解放的背

---

① Walter Korpi, " Un Etat-providence contesté et fragmenté, le développement de la citoyenneté sociale en France Comparaisons avec la Belgique, l'Allemagne l'Italie et la Suède", *Revue française de science politique*, 1995, Vol. 45, N° 4, p. 641.

② Ordonnance créant de la sécurité sociale (le 4 octobre 1945) .

景下建立的，当时的政治局势于建立社会保障制度十分有利。

（1）政治力量对比发生显著变化，右翼衰落，左翼空前强大

经过二战的洗礼，法国的政治力量对比发生了显著变化：战前在法国政治生活中占据主导地位的右翼政治力量，因在二战中对德软弱、消极怠战，一部分人甚至投靠纳粹德国、支持维希政权而引起民众的广泛不满，战后失去了民心，力量受到极大削弱；与此形成鲜明对照的是，法国共产党和社会党①等左翼政治力量，因在二战中英勇抗德而赢得民众的广泛信任，战后影响力大幅度攀升。特别是工人政党——法共，以其在反法西斯斗争中的杰出表现赢得了民众的广泛尊重和支持，声望大振，战后党员人数激增至 55 万，跃升为"法国所有的政党中最大的、组织得最好的，因此也是最得人心的政党"②，并且领导着力量强大的法国总工会（CGT）——1946 年，法国总工会 80% 的成员是共产党员。③

在 1945 年 10 月举行的第一届制宪议会选举中，法共获得 26% 的选票，成为议会第一大党；社会党获得 24.6% 的选票，和法共一起构成了议会多数派。这两大左翼政党与中间派的人民共和运动（MRP，获得 25.6% 的选票）④ 共同组建了三方联合政府；法共领导着其中的工业部、经财部以及劳动和社会保障部等重要部门。右翼则缺席选举，丧失了在国家政治、经济和社会生活中的发言权。⑤

（2）工人阶级成为中坚力量，雇主阶层被迫靠边站

工人阶级在二战中的爱国热情和对法国解放的巨大贡献为他们赢得了民众的普遍赞誉，战后成为法国社会的一支中坚力量，在法国政

---

① 当时叫作 SFIO（Section française de l'Internationale ouvrière），1969 年成为法国社会党。

② 吴国庆：《法国政党和政治制度》，社会科学文献出版社 2008 年版，第 92 页。

③ Henry C. Galant, op. cit., p. 69.

④ 人民共和运动是出自抵抗运动组织的新政党，成立于 1944 年，理论基础是基督教社会主义，在法国的政治频谱中属于中间派别。基督教社会主义出现于法国大革命以后和工业革命初期，目的是推进符合基督教教义的社会政策或者建立以基督教为基础的新型的人道主义社会，反对经济自由主义。在 1945 年的议会选举中，人民共和运动和法共一起，成为最大的赢家。

⑤ Anne-Marie Guillemard, op. cit., p. 70, note74.

治生活中有着广泛的利益代表——法共领导下的法国总工会拥有 550
万名会员，是法国第一大工会组织，对法国的政治和经济生活起着不
容忽视的重要作用。[①] 反之，雇主阶层以及温和势力由于在战前消极
妥协、在战争中和维希政府关系暧昧而名誉扫地。战后，他们在法国
政坛的地位从主导者沦落为靠边站，在很大程度上丧失了对国家政
治、经济生活的发言权。[②]

上述背景为法国建立社会保障制度提供了十分有利的政治环境：
在战争即将结束的 1944 年，以法共为代表的全国抵抗运动委员会就
在其制定的宪章中明确倡导建立社会保障制度，并于 1944 年 9 月在
政府中首创了劳动和社会保障部，任命社会保障问题专家皮埃尔·
拉罗克为社会保障司司长，并委托他起草《社会保障计划》（Plan de
Sécurité sociale）。战后，在强大的左翼政治力量特别是工人政党和工
人运动的推动下，三方联合政府一致同意沿着全国抵抗运动委员会制
定的社会保障计划思路，着手建立社会保障制度。

政治力量对比的变化还带来了经济政策的变化。左翼色彩浓厚的
政府为纠正自由资本主义的放任自流、缩小贫富差距、缓解社会不公
而加强了国家对经济生活的干预。社会保障制度和经济计划化与国有
化一样，是为实现上述目标而拟采取的手段之一。

法国社会保障之父拉罗克认为，政治因素是战后法国得以建立社
会保障制度的关键。他指出，战后伴随着保守势力影响力的下降和国
家干预经济的加强，雇主丧失了在国家经济部门中的领导地位，发言
权和决策权也随之下降，[③] 使《建立社会保障制度的法令》得以顺利
通过，避免了像战前那样遇到来自雇主阶层的强烈异议乃至阻力。哈
兹费尔德则指出，"果断明智的行政部门、铁了心的政府以及强有力
的政治支持与工会支持，这几方面要素结合在一起，为（法国建立

---

① 吴国庆：《法国政党和政治制度》，第 92 页。
② 例如，除中小企业联合会（CGPME）外，战后法国没有其他雇主集团，法国全国
雇主理事会（CNPF）1945 年 12 月才建立，章程迟至 1946 年 6 月才获得通过。
③ Pierre Laroque, préface à Galant, 1955.

社会保障制度）提供了千载难逢的良机"。①

2. 经济背景

二战后法国经济遭受重创，亟须重建，建立社会保障制度是确保重建的先决条件。

由于德国的占领和掠夺，加之二战期间多次重大战役在法国本土进行，战后法国经济遭受灭顶之灾②："战争使法国工农业生产下降了55%以上。"③以1938年法国工农业生产指数（100）为参照，战后工业生产指数只有40（1945年），农业生产指数为76（1946年）。④振兴经济、重建家园成为政府的头号要务。重建的生力军是劳动者，因此政府的当务之急是赢得劳动者的信任和支持。而建立社会保障制度便是换取劳动者支持和参与经济重建的一种方式。正如拉罗克指出的："（当时）面临的最迫切问题是为工薪劳动者提供安全保障，因为他们将肩负起国家重建和经济振兴的重任……"⑤；"（建立社会保障制度的目的）是从工薪者开始，向广大劳动者确保一个真正安全的未来，……他们（劳动者）被要求投身于经济重建，他们的劳动理应得到相应的回报"。⑥

战争还使法国损失了大量劳动人口，为本来就很严峻的人口形势雪上加霜。社会保障制度作为保障劳动力再生的重要方式，能够缓解劳动力不足和经济恢复之间的巨大矛盾。

需要指出的是，人口严重不足是当时法国区别于其他工业化国家的一大特征。自19世纪下半叶起，法国就受到出生率不足的困扰。在西方国家中，法国是最早完成"人口革命"，即从高出生率与高死亡率过渡到低出生率与低死亡的国家⑦。1870年，法国输掉普法战

---

① Hatzfeld, op. cit. .

② 吕一民：《法国通史》，上海社会科学院出版社2002年版，第346页。

③ 同上书，第346页。

④ 吴国庆：《法国政党和政治制度》，第122页。

⑤ Pierre Laroque, *Au service de l'homme et du droit*, *Souvenir et réflexions*, p. 221.

⑥ Pierre Laroque , propos recueillis par Guy Hertzlich et parus dans *le Monde* daté du 29 – 30 septembre 1985, 转引自 Bruno Palier, *Gouverner la sécurité sociale*, p. 99.

⑦ Pierre Laroque, Préface aux Suzanne Grévisse et al, p. 6.

争后，出生率偏低的问题变得突出起来①。一战中法国损失了大量人口，人口形势变得更加严峻——人口增长陷入停滞，人口更新加倍困难，劳动人口严重不足，不得不依靠大量移民来解决劳动力的短缺问题；到第二次世界大战前夜，法国的人口死亡率已经超过出生率，二战浩劫加剧了法国的人口危机。当时的情况可用"灾难"一词来形容，"法国在大战期间死亡63万5千人，伤残88万5千人，（其中包括大批青壮年人口），使这个向来劳动力紧张的国度在战后恢复经济时进一步痛感劳动力奇缺"。② 战后的1946年，法国共有人口4.05千万人，低于1936年的4.16千万人③；受物资奇缺、营养不良等因素影响，人口出生率持续下降，与此同时，新生儿死亡率却直线上升，1945年高达106‰④，使法国在人口领域面临十分严重的危机。而人口状况直接关系到经济的复兴与发展。对此，拉罗克有着十分清醒的认识，他指出："经济的发展和人口的发展息息相关，……虽然在工业革命的作用下，整个19世纪法国经历了深刻的经济变革，从家庭式的手工业和乡村经营模式过渡到了资本主义企业模式；虽然在本世纪（20世纪）的最近几年，伴随着石油、电力等新能源的开发，法国经济又得到了进一步的发展，但是，受到或者说部分受到人口压力的限制，它无法发展到工业化程度最高的国家的水平。"⑤ 因此战后建立社会保障制度包含着应对人口危机的重要考虑，这也是为什么家庭津贴政策在拉罗克起草的《社会保障计划》中占据重要位置的原因。

3. 社会背景

在战后的法国社会，阶级差别和对立依然普遍存在，建立社会保

---

① 有学者甚至将法国在普法战中的落败部分归咎于法国人口数量（相对于德国而言）的不足和老化。

② 吕一民：《法国通史》，第346页。

③ Bruno Palier, op. cit. , p. 97.

④ 实行社会保障制度后，1947年新生儿死亡率迅速降至67‰，约相当于1938年的水平。1951年再度大幅降至51‰。这几项数据参见：Pierre Laroque, *La Sécurité sociale de 1944 à 1951*, p. 21.

⑤ Pierre Laroque, Préface aux Suzanne Grévisse et al, p. 6.

障制度是构建更加公平和公正的社会新秩序的前提。

二战期间，为保家卫国，共同抵抗侵略，法国社会出现了超越阶级和意识形态分歧的空前团结，但是阶级差别和社会不公并未因此而消失。战后在正常的社会秩序遭到破坏、粮食和燃料等生活必需品极度匮乏、投机泛滥、物价飞涨的背景下，阶级差别渐渐复原并进一步凸显。靠工资为生的劳动者，如拉罗克指出的，仍然处于社会的底层，在通胀等因素的打击下，生活比以往更加缺乏保障。由于这些原因，战后的法国游行、示威和罢工等运动此起彼伏，连绵不断，对新政权和社会稳定均构成了巨大威胁。此情此景迫使政府立刻进行深刻的社会变革，以消弭阶级差别，实现全民团结。1945 年 10 月 4 日颁布的《建立社会保障制度的法令》明确阐述了这一点。法令指出，社会保障制度的合法性在于"它的基本出发点是社会公正，即帮助劳动者摆脱对未来的不安，这种持续的不安导致了劳动者的自卑，这种不安是在对自己和对未来都有把握的有产者以及时刻受到贫困威胁的劳动者之间构成阶级差别的真正的、深刻的根源。"[1] 戴高乐将军也指出："（战后）法国的团结要求将劳动者从精神上重新纳入民族共同体。"[2]

拉罗克后来解释道："在前一阶段建立的社会保险（制度）和（二战以后建立的）社会保障（制度）之间存在着本质的差别。社会保险是以我们熟知的手段来应对一系列社会风险的、已经十分普及的互助制的进一步发展，我们不过是把这些手段变成了强制性的。而社会保障则完全不同。人们曾经期望社会保障成为改变社会的工具，它是这样被期望的，它就是一种社会改变。在 1945 年以前的社会中，各阶级之间由于'安全'感的不平等而存在着极大的差别和对立，'安全'几乎是某些阶级的特权，而'不安全'则是人民大众特别是广大劳动者的生存现实。我们希望通过我们的行动将'安全'普及。"[3]

---

[1]　Pierre Laroque, *La Sécurité sociale de 1944 à 1951*, p. 12.

[2]　Charles de Gaulle, *Mémoire de Guerre, Le Salut : 1944 - 1946*, tome III, Paris, Plon, 1959, p. 122. 转引自 Anne-marie Guillemard, p. 61。

[3]　Pierre Laroque, *L'influence mutualiste dans le système de protection sociale français, Evolution récente et perspective d'avenir*, p. 129.

（二）国际背景

战后，受凯恩斯主义的影响，建立社会保障制度成为发达工业化国家的历史潮流。自 20 世纪 30 年代的大危机以来，作为一种反危机手段，凯恩斯主义认为造成危机和失业的根本原因是有效需求不足，解决途径是加大国家对经济的干预力度，通过收入再分配、扩大内需、扩大财政支出等手段来刺激社会的投资和消费需求，克服失业和经济危机。二战以后，凯恩斯主义得到了西欧国家的普遍认同，各国都通过一定程度的国有化政策（将能源、交通等事关国家经济命脉的产业收归国有）加大了国家干预经济的力度；反思资本主义制度，在肯定自由市场经济的同时纠正贫富悬殊、失业严重等"市场失灵"；对资本主义进行制度调节，在市场自由与国家干预、经济效率和社会公正之间寻求平衡。在此背景之下，西欧进入了福利国家建设的黄金时期，包括法国在内的各个国家在相互影响和借鉴下，纷纷着手建立社会保障制度。

二　建立的目的

综合各种文献可知，在上述背景下，战后法国的社会保障计划有以下两大主要目标：

（一）经济目标

社会保障制度的经济目标包含两层含义：一是从物质层面解放工薪劳动者，赢得他们对经济重建的参与。"劳动者是法国赢得战争的关键"[1]，因此新制度将通过国民收入再分配来补偿工薪劳动者，改善他们的劳动和生存条件，免除他们在生儿育女、养家糊口以及生老病死等问题上的后顾之忧，一心一意地投身经济重建。二是振兴人口。该目标集中体现在《社会保障计划》中的家庭政策上。以多子女补贴、儿童教育补贴、住房补贴等为内容的家庭政策旨在鼓励生育、振兴人口、确保劳动力的再生；养老、医疗、工伤等保障项目的设计在一定程度上也是为了减轻劳动人口负担、提高成年劳动者数量

---

[1]　Charles de Gaulle, *Mémoire de Guerre, Le Salut : 1944 - 1946*, p. 122.

和效率。按照法国经济学家米尔斯的说法："法国的社会保障制度是经济体制调节机制的一部分，它以人的发展为本，旨在确保人力资源的再生产。"[①]

（二）社会目标

社会保障制度的社会目标在于从精神上解放工薪劳动者，消除阶级差别，实现社会融合和全民团结，建立公平、公正的社会秩序，从而增强新政权的合法性和稳定性。拉罗克本人曾多次明确指出这一点。他说，社会保障政策旨在建立一个"全新的社会秩序"，这一秩序要"与过去决裂"、"克服旧有制度的缺陷、以全新的原则为基础"。旧制度之所以存在不足，是因为劳动者怀有自卑情结，他指出："过往制度之不足首先体现在劳动者的自卑感上。劳动者之所以自卑，首先在于他们对经济生活没有发言权。……其次在于工薪者、劳动者缺乏安全感，最后在于所有以劳动为生的人对未来没有把握。"[②]

拉罗克常常把 1945 年和"革命的"1936 年进行对比。1936 年，以社会党为首的左翼执政联盟——人民阵线[③]为平息法兰西第三共和国历史上规模最大的罢工运动、提高劳工地位、消除阶级差别而进行了国有化、40 小时工作制和带薪休假、在企业设立劳工代表、提高劳工工资等一系列具有划时代意义的社会经济变革，这些"革命性"改革使法国从政治民主逐步走向了社会民主。拉罗克认为，在社会变革的程度上，1945 年堪比 1936 年。他指出，"经过这么多年的动荡，对明天的没有把握——战争又加剧了这种担心——使劳动者期望得到保证，保证自己和家人在未来的任何情况下都有能力生存下去。他们要求取消在社会保障领域的不平等，特别是取消造成社会阶级差别的

①　［法］卡特林·米尔丝：《社会保障经济学》，第 26 页。

②　Pierre Laroque, "Le Plan français de sécurité sociale", *Revue française du travail*, 1. 1946, p. 9.

③　1935 年 7 月 14 日，法国社会党、法国激进社会党、法国共产党和各大工会组织了全国规模的反法西斯示威游行，并起草统一左翼党派行动的共同纲领，人民阵线遂宣告诞生。1936 年 5 月，人民阵线在众议院选举中获胜，社会党人 L. 布鲁姆组织了首届人民阵线政府，共产党表示支持，但未入阁。

本质因素，法国同其他国家一样，社会保障不仅仅是改善劳动者（劳动和生活）条件的手段，而且是建立全新的社会秩序的要素，堪比 1936 年的社会革命"①。"如果说 1936 年，革命的冲力体现在 40 小时工作制、集体协商和带薪休假的实现上，那么 1945 年则体现在企业委员会和社会保障制度的建立以及社会进步的新发展和工人条件的改善上。"② "工人大众在抵抗运动和反对维希政权的斗争中发挥了积极作用，他们视已经确信无疑的军事胜利和维希政权的垮台为自己努力的成果，视新政府为自己的政府。当时的环境在很多方面与 1936 年类似，人们期待建立新的社会秩序，社会保障制度则是实现该希望的一大要素。"③

（三）两大目标的统一

在二战刚告结束的背景下，社会公正和经济重建与增长之间存在着整体的对应关系，所以法国的社会保障计划是经济目标和社会目标的统一，是经济效率和社会公平与进步的统一，两者互相促进、互为前提。在当时凯恩斯主义盛行的背景下，社会保障制度是一种新型的社会契约：国家通过国民收入再分配和扩大劳动者的社会保障管理权等手段使劳动者全面融入国家的政治、经济和社会生活，从而增强他们对未来的信心，确保其参与国家重建。作为交换，劳动者同意置身于资本主义的生产关系内，停止为消灭工资制甚至为改善劳动条件而斗争，以此来换取能够在一定程度上确保自身安全与福祉的福利国家。

三 建立的原则

为了实现上述的经济和社会目标，决策者在汲取本国历史教训和借鉴它国经验的基础上，为新制度确立了三大基本原则：一是统一性原则，二是普惠性原则，三是合作主义或曰民主管理原则。

---

① Pierre Laroque, *La Sécurité sociale de 1944 à 1951*, p. 11.

② Pierre Laroque, *L'influence mutualiste dans le système de protection sociale français. Evolution récente et perspective d'avenir*, p. 139.

③ Pierre Laroque, *La Sécurité sociale de 1944 à 1951*, p. 11.

（一）统一性（unité）

拉罗克明确指出，"（法国社会保障制度）的首个原则是统一性，具体表现是，在各地区建立统一的社保基金管理机构，并在国家一级建立一所基金管理机构，由它协调地区基金会的工作，从而把广泛团结所有缴费者和受益者的目标落到实处"①。换言之，即"整合、协调继承自 1910 年和 1928—1930 年法律的、复杂的制度体系，使之趋于合理化"。②

由上述的历史回顾可见，二战之前，法国的社会保障制度保留了历史上的行业互助传统，制度安排极为破碎，覆盖人口十分有限，大多数的工薪劳动者要么得不到保障，要么保障得不够充分。拉罗克对这种管理成本昂贵、管理效率低下、保障水平有限的制度深恶痛绝，下决心改变这种局面，建立一个统一的、尽可能惠及更多人口的新制度。早在受抵抗运动委员会委托起草《社会保障计划》③的时候，他就坚定了根除历史上存在的碎片化格局，将行会主义的影响降到最低的决心，打算制订一部"针对所有公民的彻底而全面的计划"。后来他进一步阐述道：《社会保障计划》的目标是"把所有无论是在社会效率、行政安排还是财政制度方面有着相似目的的、彼此之间趋于互相联系的措施整合进一个总的框架"，④ 建立一个由一所行政机构施行统一管理的新型社会保障制度，他称自己起草的《社会保障计划》是一项"伟大的变革"和"革命性的纲领"⑤，以此来表示与过去的决裂。正如帕利耶指出的："1945 年，法国的《社会保障计划》打算建立一所社保基金会，覆盖既定领土范围内的所有风险，目的在于用一个合理而统一的制度取代先前互助会、基

---

① Op. cit., p. 13.

② Bruno Palier, *Gouverner la sécurité sociale*, p. 90.

③ 用"计划"一词，既表达了进行全面的改革，而不是对旧制度进行修修补补的愿望，也说明目标的实现要逐步推进，并且可能需要几年时间，即新计划是一项渐进的社会政策。参见 Nicole Kerschen, op. cit., p. 573.

④ Laroque, *Les grands problèmes sociaux contemporains*, Paris, Institut d'études politiques, Les cours de droit, (2è tomes), 1963 - 1964, p. 284. 转引自 Nicole Kerschen, op. cit., p. 573.

⑤ Pierre Laroque, *Le plan français de sécurité sociale*, p. 20.

金会等林立的局面。"①

由于拉罗克在二战期间曾在伦敦拜读过英国社会保障制度的蓝本《贝弗里奇计划》，因此学界普遍认为，"统一性"原则的确立受到了英国的影响。

（二）普惠性（universalité）

建设中的新制度应该覆盖哪些人？这是在酝酿阶段人们就一直思索的问题："问题是我们需要知道，将来社会保险依然是工薪者的社会保险？还是要拓展到全体工薪劳动者加自由职业者？或者甚至是一个覆盖全体国民的全民性保险？大部分的现代社会保障计划，比如《贝弗里奇计划》，或多或少都是全民性的社会保险，而且出台这样的计划意味着必须对风险的定义、经费制度、津贴制度、机构管理和资金组织等进行深入的变革。建立这样一种社会保险制度需要长期而复杂的准备，这在刚告解放的法国不可能立刻实现，所以接下来的观察建立在如下的假设上，即至少要先建立一个覆盖工薪者的强制性社会保险。"② 由这段文字可见，建设中的社会保障制度计划覆盖全民，但准备工作漫长而复杂，所以先从覆盖工薪者着手。1945 年，劳动部明确提出："（社会保障制度）的终极目标是覆盖法国全体国民，抵御所有不安全因素；只有经过若干年长期不懈的努力目标才能实现，不过今天我们能够做也必须做的是，搭起框架，逐步实现计划。"③ 这意味着，新制度将实行普惠性原则，不过该原则不会一步到位，而是逐步实现。

---

① Bruno Palier, *Gouverner la sécurité sociale*, p. 121.

② *Note sur le régime provisoire des assurances sociales à la Libération de la France*, 29 juillet 1944, p. 8. Archives du Comité d'histoire de la Sécurité sociale, 转引自 Bruno Valat, *Histoire de la Sécurité sociale (1945 – 1967), L'Etat, l'institution et la santé*, Economica, 2001, p. 54.

③ *Demande d'avsi sur un projet d'organisation de la Sécurité sociale*, présentée au nom du gouvernement proviso ire de la République française par M. A. Parodi, minister du Travail et de la Sécurité sociale, p. 1 – 2. Assemblée consultative provisoire, annexe à la séance du 5 juillet 1945. p. 2; 转引自 Bruno Valat, *Histoire de la Sécurité sociale (1945 – 1967), L'Etat, l'institution et la santé*, Economica, 2001, p. 55.

（三）合作主义（也称作民主管理）

如果说拉罗克借鉴了英国社会保障制度的"统一性"原则的话，那么他却坚决摈弃了英国模式的"国家管理"原则。当时，拉罗克和其他决策者一致认为，新制度既不能像战前那样交由互助会和私人保险公司管理，也不能像英国那样由国家税收出资、由国家管理，因为两者都无法确保受保人即劳动者的利益。在他们看来，国家管理等同于官僚政治，而官僚政治必然受到预算限制，这将妨碍人们实现社会保障制度的社会目标，拉罗克指出："如果依靠国家预算，则将不可避免地使社会政策的有效性服从于纯粹的财政考虑，这就有可能使已经付出的（社会）努力半途而废。"① 因此"新制度必须避免官僚主义的危险"②。只有让劳动者亲自参与基金会的管理才有助于从政治和社会两方面把工人纳入民族共同体，提高工人阶级的地位，实现全民团结的社会目标。为此他们一致决定，法国的社会保障制度将采用合作主义的管理模式，资金由雇主和雇员分摊，相关机构交由雇主和雇员共管。如拉罗克指出的，"我们希望在不久的将来，劳动者能够将社会保障制度视作自己的机构，由他们自己管理，就像在自己家里一样"，③ 希望他们"感到该制度不是无名的、冷冰冰的行政机构的恩赐，而是由他们自己的代表参与管理的制度现实，是他们自身在广泛的全民团结中努力的结果"。④ 他特别强调，"在法国的设计中，社会保障制度不仅仅要为劳动者提供安全，而且要让他们意识到这种安全是他们自己的事情，既是他们的应得，也是他们的责任"⑤。由此可见，法国制度的出发点与英国不同⑥：在战后劳工利益受到高度

① Pierre Laroque, *De l'assurance à la sécurité sociale*, *l'expérience française*.

② Exposé des motifs accompagnant la demande d'avis n°507 sur le projet d'organisation de la sécurité sociale, dépôt du 5 juillet 1945 à l'Assemblée constituante provisoire, *bulletin de liaison du comité d'histoire de la Sécurité sociale*, 14, p. 59. 转引自 Bruno Palier, op. cit., p. 5.

③ Laroque, *Le plan français de sécurité sociale*, p. 13

④ Laroque, *De l'assurance à la sécurité sociale*, *l'expérience française*, p. 645

⑤ Ibid..

⑥ 英国的社会保障计划"以打击失业"为根本重心，以充分就业为目标。见附件1：《从社会保险到社会保障：法国的历程》。

重视的背景下，法国的制度想要表达对劳动者的关怀和尊重，而非居高临下的救助与施舍。

四　建立的方式和过程

本着上述两大目标和原则，并从战后国家财力不足、建立全民性制度需要长期准备等国情出发，新制度决定率先覆盖工薪者，之后再通过渐进的方式逐步拓展，直至覆盖全体人口。即劳动部提出的，从工薪者开始搭建框架，之后逐步实现全民覆盖。

（一）从覆盖工薪者开始，逐步普及至全体国民

从上述两大目标出发，法国社会保障计划将保障群体确定为"劳动者"，并且首先是工薪劳动者。拉罗克明确指出了这一点："（当时）面临的最迫切的问题是为工薪劳动者提供安全保障，因为他们将肩负起国家重建和经济振兴的重任。"[1]"（建立社会保障制度的目的）是从工薪者开始，向广大劳动者确保一个真正安全的未来……"[2]遵循该原则，1945 年 10 月 4 日法国国民议会通过《建立社会保障制度的法令》，开宗明义地提出："为了确保劳动者及其家庭不受所有足以削弱或剥夺其收入能力的风险的影响、为了减轻劳动者的生育与家庭负担，特此建立社会保障机构。"

这次立法及此后于 1946 年通过的一系列补充立法一起奠定了法国社会保障"总制度"[3]（régime général de sécurité sociale）的基础。总制度暂时只覆盖工商业领域的薪金雇员；涵盖除失业[4]以外的医疗

---

① Pierre Laroque, *Au service de l'homme et du droit*, *Souvenir et réflexions*, p. 221.

② Pierre Laroque, propos recueillis par Guy Hertzlich et parus dans *le Monde* daté du 29 – 30 septembre 1985.

③ 之所以称作总制度，是因为计划覆盖全体劳动者乃至全部人口。

④ 当时没有把"失业"风险考虑在内，主要原因在于：（1）法国的人口出生率本来就低，长期存在劳动力不足的问题；（2）在战争的巨大破坏下，法国又损失了大量劳动力，劳动力进一步匮乏，战后重建又提供了大量就业岗位。因此，当时的法国，劳动力供不应求，失业问题根本无从谈起。因此拉罗克在设计社会保障制度的时候，没有考虑"失业"风险。但是他先见性地指出，以后会把社会保障制度逐步拓展到还没有触及的领域，特别是失业领域。1958 年法国建立了失业保险制度，详见附件 5。参见 Nicole Kerschen, L'Influence du rapport Beveridge sur le plan français de sécurité sociale de 1945, p. 589.

（含生育）、家庭①、养老等风险；施行分摊（répartition）原则，资金由雇员和雇主分担并由雇主和雇员共管；在中央设立了唯一一所全国性的管理机构——全国社会保障基金会，由它对包括养老、医疗、家庭津贴等在内的全部社会风险施行统一管理。同时为使其尽可能地接近并方便受保人，即尽可能地体现"民主"原则，还在地区和基层设了分支机构。各机构均以理事会的形式进行管理，理事会成员由选举产生，其中雇员代表占 3/4，雇主代表占 1/4。

　　1945 年 10 月 4 日法令不直接适用于非工薪劳动者②。但是按照先前确立的"普惠性"原则，新制度并不打算止步于工薪者，其终极目标是不仅覆盖"所有从事某项职业活动的非工薪者，而且覆盖所有出于某种原因而不从事任何职业活动的人"，③ 即所有劳动者直至全体国民。决策者认为"……只有把全体人口悉数纳入进来，只有以最广泛的全民团结为基础，该制度才是令人满意和公平的"。④只是法国刚刚走出战争，国库空虚，财力物力均有限，难以一步到位，只能从当时重建经济的最迫切需求出发优先覆盖工薪者，"之后再考虑拓展至非工薪人口"⑤：1946 年 5 月 22 日，第一届制宪议会经投票表决，一致同意在恰当的时候对社会保障制度进行普及，并将该决定写进了法律。所谓"恰当的时候"并没有具体日期，原则上是国民经济恢复至战前水平之后。普及的方式是根据工业生产指数的增长而逐步推进。然而仅仅 5 个月之后，国家就迫不及待地开始普及，并引发了意想不到的严重后果。

　　（二）老年人处境艰难，被迫提前普及

　　1946 年 9 月 13 日，第二届制宪议会决定提前普及退休制度，即从 1947 年 1 月 1 日起，在总制度框架内将养老保险从目前的覆盖工

---

　　① 1946 年 8 月 22 日立法将家庭津贴拓展至了覆盖全体国民，隶属于总制度。

　　② 即便如此，该制度也已经涵盖了 60% 的经济活动人口，即 2100 万劳动力中的1200 万。Laroque，*De l'assurance à la sécurité sociale，l'expérience française*，p. 576.

　　③ Henry C. Galant，op. cit.，p. 76.

　　④ *J. O.*，annexe 1146，Documents，*A. N. C.*，19 avril，1946，pp. 1123 - 1126，转引自Henry C. Galant，p. 76.

　　⑤ Pierre Laroque，*Au service de l'homme et du droit，Souvenir et réflexions*，p. 221.

薪劳动者普及至包括小商人、手工业者、自由职业者、农业劳动者等在内的全体经济活动人口。老年人的艰难处境是政府决定提前拓展养老保障的根源：在战争的巨大破坏下，战后法国金融秩序混乱，通货恶性膨胀，货币严重贬值，给相当一部分非工薪阶层特别是靠财产及金融投资为生的小食利者，尤其是老年人造成了毁灭性打击①，老年手工业者和商人纷纷破产，毕生积蓄化为乌有，失去了养老乃至生活来源，为他们提供财政援助成为当务之急。但是在经济尚未彻底恢复的背景下，国家财政困难，拿不出钱，为此共产党和社会党议员倡议，立刻把退休制度拓展至65岁以上的全体老年人（包括非工薪者），通过全国范围内的收入再分配来应对老年人的生存危机。尽管拉罗克指出普及的时机尚不成熟②并持保留意见，但是在占据议会多数的左翼议员和劳动与社会事务部长、法共党员克鲁瓦扎（Ambroise Croizat）的双重压力下，倡议最终获得了通过。

（三）普及失败，走上碎片化道路

1. 个体劳动者反对被纳入总制度

出乎政府预料的是，退休制度的普及遭遇重挫：1946年9月13日法令一经颁布，立刻遭到工商业业主、手工业者、自由职业者等个体劳动者的激烈反对，声势浩大的抗议活动此起彼伏。在激烈的反对声中，政府被迫做出让步，克鲁瓦扎被迫辞职。在辞职前他以书面形式表达了如下看法："我想对各商业和手工业团体的代表说，我想真诚而毫无隐瞒地告诉他们，我们建立社会保障制度的目的并不是要反对他们，而是希望和他们一起建设该制度，得到他们的配合，并为了他们所代表的各团体的利益。如果他们不愿意加入这一全民团结的伟大事业——他们毫不犹豫地肯定了这一点，那么一部法律制订的

①　这部分人靠放租放贷为生，属于殷实阶层，通常没有老无所养之忧。而工薪者在年老体弱退出劳动力市场后则可能面临老无所依的问题，因此退休制度决定优先覆盖工薪者。但是战后货币的严重贬值和投资的急剧缩水使食利阶层纷纷破产，结果他们的养老问题被迫提前提上日程。

②　当时的工业指数只相当于1938年的70%—80%，而按照原计划应该达到1938年的110%才进行拓展。参见：Henry C. Galant, op. cit. , p. 76, 96.

（制度），另一部法律可以推倒重来……我重复一遍，如果某个团体希望待在制度之外，我们不会强迫其加入。因为，我们希望社会保障制度在自愿的前提下，在接受它且不对其利弊进行无端指责的人们的支持下、为了这些人的利益而存在和发展。"①

鉴于普及的法令已经议会通过，无法收回，因此继任劳动部长、社会党人梅耶（Daniel Mayer）建议尊重各职业团体的特殊性，为自由职业者、工商业业主、手工业者、农业者等分别建立各自的制度。建议获得通过：1948 年 1 月 17 日国家出台法律，为手工业者、工商业小业主和自由职业者分别建立了各自的养老制度（1952 年又立法为农业经营者建立了养老制度）。为手工业者和工商业者制度各设立了一所全国性基金会：全国手工业者养老补偿独立基金会（CANCA-VA）和全国工商业者自治机构（ORGANIC），下设若干所地方基金会或跨行业基金会。为自由职业者建立了一所全国性基金会，下按职业类别建立了十余所行业基金会。所有基金会均由相关福利群体自行管理，彼此之间保持独立，特别是在财政领域。面对上述制度分立、机构林立的局面，梅耶不无遗憾地指出："某些个人和社会团体的自私扭曲了《建立社会保障制度的法令》，使之背离了社会保障法的初衷，造成了管理机构的叠床架屋，尽管这些机构决心朝着更好的方向努力，但是，它们背离了全民统一和全民团结的大原则，而社会保障法本应按照这些原则来组织管理。"②

这些以职业类别为基础的、各自为政的制度的建立，破坏了改革者最初强调的"统一性"原则，开启了退休制度碎片化的大门。正如葛兰指出的："1948 年 1 月 17 日法律的通过在法国社会保障制度的历史演进中具有重大意义：它最终标志着在覆盖全国的一所基金会中逐步拓展社会保障制度的努力的结束，并从此为 1945 年政府曾极

---

① *Notes Documentaires et Etudes*, n° 583, Série française, CXXX, Paris, Service française d'information, 28 mars, 1947, pp. 4 – 5. 转引自 Henry C. Galant, op. cit., p. 112。

② Rapport du Sénat, *les questions sociales au parlement* (*1789 – 2006*), actes du colloque, Le vendredi 31 mars 2006, Paris, Palais de Luxembourg.

力反对的、众多行业性基金会的建立开辟了道路",①"最终诞生了一个复杂的、异质的、因而终究也还是不平等的制度"。②

2. 历史上遗留下来的行业制度要求保留

如前所述，早在 1945 年社会保障制度、甚至早在 1930 年社会保险制度建立之前，矿工、铁路工人、电气—燃气公司雇员、海员、国家公务人员等就已经有了各自的行业性保障制度。战后在"统一性"原则下，拉罗克打算将这些历史上遗留下来的制度碎片（当时有 160 多个③）逐步整合进新制度——"按照 1945 年 10 月 4 日法案的规定，先前存在的各特殊制度可以暂时保留，但是要逐渐取消，受益者并入总制度，他们享有的特殊待遇可以通过补充制度的方式予以保留"④。对此相关福利群体持观望和犹疑态度，然而个体劳动者对退休制度的成功抵制给了他们莫大的鼓舞，坚定了他们保留各自制度的决心，并最终实现了目的。"一些特殊制度确实消失了，但是其中的主要制度却不仅存留了下来，而且得到了强化，职业本位主义战胜了全民团结，对（社会保障）机构的效率造成了损害。"⑤ 无奈之下，政府只能退而求其次，在有关法律条文中详尽地开列了一份名单，对享有"特殊待遇"（特殊制度的主要特征）的人群做出了明确规定⑥，以此

---

① Henry C. Galant, op. cit. , p. 115.

② Marie-Françoise Mouriaux, "Du fait au droit diverses figures de temps partagé", *Document de travail*, Centre d'études de l'emploi N°77, décembre 2006, p. 9. http：//www. cee-recherche. fr/fr/doctrav/droit_ temps_ partage_ doc77. pdf, 最近一次访问：2011 – 05 – 7。

③ Pierre Laroque, *La Sécurité sociale de 1944 à 1951*, p. 15

④ Ibid. .

⑤ Ibid. .

⑥ 法国《社会保障法》（Code de la sécurité sociale）R711 – 1 条款明确指出下列人员享有特殊待遇：（1）在国家行政机关、司法机关、公共服务部门、国家公益机构、事业单位、国有工业企业、国家印刷厂工作的公务员、法官以及国家工人；（2）在大区、省和市镇工作的地方政府工作人员及雇员；（3）在省和市镇非工业、非商业公共服务和公益机构工作的人员；（4）1938 年 6 月 17 日修订法令中涉及的参照法国渔民待遇的劳动者；（5）1946 年 11 月 27 日颁布的第 46 – 2769 号政令规定的从事采矿业及相关产业的企业工人（从事石油采掘业的企业除外）；（6）法国国营铁路公司雇员；（7）与全国铁路运输业相关的国家和地方机构和企业雇员，有轨电车公司雇员；（8）电气—燃气生产、运输和销售企业雇员；（9）法兰西银行及其系统雇员；（10）巴黎国家歌剧院和国家剧院演职人员及雇员。引自田珊珊、段明明《如何理性审视法国模式——法国社会保障制度文化机制透析》,《学习与实践》, 2010 年第 12 期，第 97 页。或参见 Thierry Tauran, *Les régimes spéciaux de Sécurité sociale*, Presses Universitaires de France, 2000, p. 6 – 7.

来限制特殊制度的进一步扩大。[①]

至此，战后建立统一制度的美好愿望被彻底挫败，法国又回到了碎片化的老路上。

3. 管理人员拒绝新制度

这里我们有必要翻回头来谈一下管理人员（cadre）[②]补充制度的建立。在 1945 年法令问世以前，薪金管理者拥有自己独立的退休制度。1945 年法令的覆盖对象是工薪劳动者，管理人员自然也包括在内。但是他们坚决反对放弃自己的制度而加入新制度，最终迫使政府做出妥协，为他们额外建立了一项补充退休制度[③]。在此基础上管理人员方松口，同意从 1947 年 1 月 1 日起并入总制度。因此，统一制度设想的打破最先来自管理人员而非个体劳动者，是管理人员对新制度的抵制为原本统一的退休制度安排打开了缺口，带来了第一个碎片，并不可避免地产生了多米诺骨牌效应：随后个体劳动者等群体纷纷效仿，要求脱离总制度，为本群体额外建立新制度，最终使退休制度走上了职业分层化的道路。

（四）碎片化逻辑不断得到强化

1952 年国家立法为农业经营者建立单独的养老制度后，现代法国社会保障的四大制度——总制度、"双非"制度、农业制度、特殊制度——便初具雏形，再加上补充退休制度，整个制度的碎片化特征已经十分明显，远远背离了战后建立统一制度的设想。然而法国并没有就此止步，而是在碎片化的道路上越走越远：1967 年，国家对总制度的管理机构进行了拆分，本着"风险分立"原则，把原先唯一的一所机构（全国社会保障基金会）拆分成了在行政和财政上都互相独立的三所，即全国工薪劳动者养老保险基金会（CNAVTS）、全

---

① 实际上特殊制度还是不可避免地扩大了。在历次的社保改革中，不断有新的人员加入到享受"特殊待遇"的行列之中。享受"特殊待遇"的机构和人员远远不止 R711 - 1 款所列出的。

② "cadre"一词是法国独有的，英文将之对译为 employed，中文常通常译作"管理人员"，既包括行政管理人员，也包括技术管理人员，概括而言，cadre 相当于"薪金白领"，详见第三章的解释。

③ 管理人员开了一个坏头，此后补充制度的建立越来越多。

国工薪劳动者医疗保险基金会（CNAMTS）和全国家庭津贴基金会（CNAF），分别覆盖三大险种。拆分的诱因是财政危机：从 1964 年起，总制度连年亏损，且赤字越积越多，从 1964 年的 3.03 亿法郎一路升至 1967 年的 23.3 亿法郎[①]。雇主集团一口咬定统一的制度安排是赤字的元凶。他们指出，在"单一基金会"中，各大险种要在资金上互相补足（即有盈余的项目要补充收不抵支的项目），最终导致彼此拖累，提议为每个险种分别建立彼此独立的基金会。其实财政问题不过是个借口，早在新制度建立之初，雇主集团就反对"单一基金会"，因为这样一种制度安排削弱了雇主集团的代表性。作为盟友，互助会也加入了反对的行列，为雇主集团摇鼓助威。最终国家采纳了雇主集团的建议，把一所基金会拆为上述三所：三大基金会依然沿用理事会的管理形式，但是原先雇员代表占一多半的做法改为了雇主、雇员代表各占一半。代表也由选举逐步改为指派：雇员和雇主代表分别由双方几大有代表性的工会指定。

互助会也为自己在新生的制度中赢得了一席之地：管理补充医疗制度。1960 年，每 4 个法国人中就有 1 个参加了某种形式的互助保险。

险种分立进一步强化了法国福利制度的碎片化逻辑。自此以后，法国不断沿着碎片化的道路走下去，遇到的所有的问题都被肢解、分类，按照险种和覆盖人群分别加以解决，最终的结果是"补丁摞补丁""碎片贴碎片"[②]。正如法国著名社会保障专家帕利耶指出的："法国社会保障制度的拓展史就是一部不断碎片化的历史，它不断强化着社会的分层。由于存在着众多建立在社会—职业分类基础上的基金会，法国的制度成为世界上出自合作主义的最为复杂的制度。"[③]

---

① 此前只在 1950、1952、1954 和 1955 年度出现过赤字，其余年份收大于支，详见第四章表 4—1。Bruno Palier, Gouverner la sécurité sociale, p. 137.

② 郑秉文：《法国社保制度模式分析：与英德模式的比较》，《走近法兰西》，中国社会科学出版社 2005 年版。

③ Bruno Palier, op. cit., p. 134.

第三节 小结：历史遗产的影响与
制度安排的作用

从上文的历史回顾我们可以得出两个结论：

第一，法国社会保障制度的设计和实现方式在一定程度上决定了该制度的形态。

福利制度的建立往往是为了解决特定历史时期的特定问题，因此政策制定者都从本国国情出发来设计福利制度并决定实现方式。而制度形态在一定程度上就取决于政策制定者"如何设计社会福利计划、信奉什么主义、采取什么政策，走什么样的道路"[①]。《法国社会保障计划》从战后法国进行经济重建亟须劳动者参与的现实出发，确定了"（从精神和物质两方面）解放工薪劳动者"和"实现全民团结"两大目标，并结合当时国库空虚、财力有限的国情选择了一条在优先覆盖工薪者的前提下逐步把全体国民纳入一个统一制度的、渐进的实现路径。正如葛兰指出的，这种建设方式本身就是"碎片化的"[②]，即首先搭建了一个统一的制度框架——总制度，其次再一个群体一个群体地往里面添加或整合。但是在实践过程中，个体劳动者和薪金白领等群体的抵制使计划偏离了预计的轨道，最终把法国又带回到碎片化的老路上。

第二，历史遗产的影响不容忽视。

战后法国建立新制度的时候，本想彻底否定并摧毁战前行业碎片林立的旧制度——这也是为什么新制度的建立被称作"改革"、新制度的缔造者被称作"改革者"的缘故，然而，正如杜顿（Dutton）指出的："1945年的改革者面对的不仅仅是一个具有政治影响力的中产阶级。他们还面对着一个两战期间、由雇主、互助会领袖、家庭政策的捍卫者及其他人建立的社会保障制度，这是一个难以撼动的基础。

---

① 周弘：《社会福利制度的理论框架》，《中国人口科学》2001年第4期，第3页。

② Henry C. Galant, op. cit. , p. 111.

除了在该基础的顶上建造大厦外，拉罗克及其继任者几乎没有选择。他们可以使用新的材料，建得更高，添盖更多的房间，但是旧建筑的轮廓始终是可见的。"①

在接下来的一章，我们将从利益集团的角度探讨《法国社会保障计划》被迫偏离预计轨道和难以摆脱历史影响、最终走回碎片化老路的深层原因。

---

① Paul V. Dutton, *op. cit.*, p. 219.

第三章　利益博弈

——碎片化的主要成因

利益集团是西方政治生活中的活跃因素，对公共政策的制定有着重大影响，相关理论与实践都表明，公共政策的制定过程本质上是各种利益集团互相博弈以及利益集团与政府博弈的过程，政策产出是博弈的结果。

德国社会学家伯恩哈德·埃宾豪斯指出，利益集团塑造着福利政策，不同的社会群体和集团不可避免地存在着利益冲突，它们从各自所在的阶级、阶层或团体的局部利益出发去影响政府决策，其利益直接或间接影响了福利制度的安排。相关研究表明，在工业化以来的福利国家中，这种冲突主要表现在劳资两大利益群体之间。不过除阶级冲突外，阶级内部的分裂（蓝领/白领、公有部门/私有部门）和阶级与阶级之间的联盟对福利制度的塑造也起着重要作用。埃斯平—安德森也指出，阶级、阶层之间的政治联合状况决定了福利国家生成时的基本特征，社会各阶层之间的利益关系格局和政治力量格局是社会政策的决定性因素。

本章首先考察战后法国社会保障制度建立过程中的利益关系格局，其次考察政治力量格局，最后考察两者的互动。

第一节　利益关系格局与博弈

一　主要的利益群体和利益集团

战后法国建立社会保障制度的首要目标是补偿和安抚工薪劳动

者，确保劳动力再生，通过再分配机制纠正社会不公，涉及的是劳资双方，因此雇主和劳工两个集团是最直接和最主要的利益方。但是新制度并不打算止步于此，它的终极目标是覆盖全体国民、实现最为广泛的全民团结，这意味着劳资之外的其他群体终究会被触及，他们构成了潜在的福利利益群体。随着 1946 年养老普及计划的开始，个体劳动者（工商业小业主、手工业者、自由职业者等）和农业劳动者等非工薪阶层（即所谓的中产阶层）首先受到触及，从潜在的利益群体变为显性利益群体，使原先相对简单的福利利益格局变得复杂多元。在新的利益格局中，主要有三个阶层——雇主阶层①、工人阶层和中间阶层——中的下列群体：雇主、白领劳动者、蓝领劳动者、自由职业者、手工业者、小商人、农业劳动者、互助主义者等。它们之间的利益关系错综复杂，既有阶级与阶级、阶层与阶层之间的利益对立；也有同一阶级或阶层内部不同集团之间的利益对立；更有阶级与阶级、阶层与阶层之间的利益结盟，它们相互间的博弈以及与政府的博弈最终塑造了法国的制度形态。正所谓"所有的社会保障制度都体现着一个国家的社会状态"。②

福利利益的对立首先体现在不同的阶级之间。

（一）中产阶级 VS 工人阶级

在 1945 年前后，法国的中产阶级主要包括以个体从业者为代表的传统中产阶级和以薪金白领为代表的新兴中产阶级，两者都和工人阶级有着不同的福利利益诉求。

1. 传统中产阶级（个体劳动者）VS 工人阶级

所谓的独立劳动者或曰个体从业者并不是一个均质的社会—经济体，它大体上包含以下三类"社会、法律和经济地位都不相同"的个体和团体：（1）自由职业者，譬如医生、艺术家、公证人、律师等。（2）城乡手工业者。（3）小商人和小企业主。"个体劳动者"作为一个整体属于传统中产阶级，但是其中个体和群体的经济状况千

---

① 主要指大工业企业雇主，中小企业雇主一般作为自雇主，划分在中产阶级的行列里。

② J.﹣J. Ribas, 1952, 转引自 Nicole Kerschen, op. cit., p. 570.

差万别，贫富差距很大：第一类即自由职业者群体人数最少，但收入普遍较高，是个体劳动者中的富裕阶层；后两类即手工业者和工商业小业主人数较多，构成了传统中产阶级的主体，但收入悬殊，有些群体十分富有，有些群体特别是手工业者中的一些人则相对贫困。

个体劳动者作为整体与工人阶级在福利利益诉求上的差异主要体现在非物质利益层面。

（1）作为整体的个体劳动者

独立劳动者与工薪者的本质区别，简单而言，在于"独立"。工薪者是伴随着工业资本主义的诞生而出现的，最初只占人口的一小部分，受雇佣关系束缚，依附他人为生，被普遍视作一种社会异化现象。到第二次世界大战结束之后，资本主义已经发展了百余年，工资制已经成为一种普遍现象，工薪者也由于人口的成倍增长而转变为正常的社会构成。[1] 然而，个体从业者特别是小业主的观念并未随之转变，而是固守 19 世纪以来的自由资本主义传统，崇尚个人努力与责任，在一定程度上将工薪者的贫困归结于该阶层不思进取、即不自主创业从而摆脱工资制奴役的"咎由自取"。在他们看来，新建立的社会保障制度正是为这些"苟且偷生的无产者"量身定做的，属于劳资间"游戏"，和身为"中产"的他们没有关系，加入为劳工阶层打造的该制度意味着被逐步无产阶级化（prolétarisation）[2]，是对中产者社会地位的贬低和亵渎。正如拉罗克指出的，属于中产阶级的个体劳动者不能容忍与"工人阶级"为伍[3]。

个体劳动者反对拓展养老制度并非偶然。实际上，自 20 世纪初法国尝试在社会领域进行立法以来，这一阶层始终持保守和反对态度。换言之，个体劳动者对新制度的敌视与他们在社会保障问题上所持有的一贯落伍观念与反抗姿态一脉相承。正如哈兹费尔德指出的，在法国现代社会保障制度的形成过程中，个体劳动者特别是其中的小业主阶层"始终扮演着拖后腿"的角色。他们之所以消极看待社会

---

① Henri Hatzfeld, op. cit., p. 322.

② C. E. R. S., op. cit., p. 105.

③ Pierre Laroque, *La Sécurité sociale de 1944 à 1951*, p. 15.

保障制度，"首先是因为他们要捍卫一种社会形态，在那种形态的社会中，小业主是基本的构成要素"①。"那种形态的社会"正是战前"自由主义"占上风的法国社会——从大革命时期起，自由主义传统便在法国社会扎了根；"大革命摧毁了特权和世袭的社会，在个人主义的基础上建立了新秩序，自由主义经济和共和主义政治共同宣告了自由的美德"，②正如塔伯特（John E. Talbott）指出的，"法国人是且始终都是个人主义者"③。"自由"作为"独立"的前提，是个体劳动者的生存之基、立足之本。法国社会的这一重要特征决定着，个体劳动者从诞生起直到战后建立社会保障制度的那一刻，始终是法国社会的一个重要构成。

个体劳动者这一所谓的中产阶层在法国出现的时间很早，在法国大革命以前的君主时代，小资产者（当时还没有"中产阶层"的说法）就在法国社会中占据着重要地位。国家也一贯认可这一阶层的特殊性和自主性。工业化进程开始后，面对机械化大生产的压力，为避免法国经济与社会结构的两极化，国家把手工业者、小工商业主等中间阶层视作社会的稳定剂、润滑剂和缓冲器而一如既往地加以保护，某种程度上甚至偏袒和纵容，望其起到缓和劳资矛盾、保障社会稳定的作用。特别是在20世纪30年代的大萧条时期（1935—1938年），伴随着工人运动的日益激烈，劳资矛盾和冲突也渐趋白热化。在此背景下，以捍卫和巩固中产阶级地位为宗旨的"中产阶级运动"开展得如火如荼。中产者作为"健康"和"稳定"的元素缓和着大规模工人运动所导致的社会张力；他们所代表的第三种力量在一定程度上平衡了"集体主义"和"资本主义"两个极端。④

概言之，自19世纪以来，直到20世纪中叶，中产阶级在国家的

---

① Henri Hatzfeld, op. cit., p. 302.

② 王天红：《试论法国传统救济体系对现代社会保障制度的阻碍》，第27页。

③ John E. Talbott, *France since 1930*, New York：Quadrangle Books, 1972, p. 45.

④ Luc Boltanski, *Cadres：la formation d'un groupe social*, Les éditions de minuit, 1982, p. 63. 作者认为，无论在社会还是政治领域，自19世纪中后期以来，法国社会都分裂为三个阶级：资产阶级、中产积极和无产阶级。

庇护下得到了充分发展：在 1870—1939 年，法国小商业的数量翻了一番，从 100 万个增至 200 万个；20 世纪上半叶，由大量的手工业者、工商业小业主和自由职业者构成的传统中产阶级和乡村阶层在法国的社会结构中占据着相当的比例，统计数据表明：19 世纪 60 年代末 70 年代初，即法国工业革命完成之时，企业平均佣工数不足 3 人。手工工场仍然随处可见，[①] 70% 以上的经济活动人口就业于雇佣一两个人的家庭小作坊。许多行业 70% 以上依靠手工劳动。[②] 1906 年，68% 的经济活动人口就业于最多雇佣 10 人的小作坊，在百人以上大企业就业的人口仅占 25%；1926 年，就业于 10 人以下小作坊的比例仍然高达 40%，就业于百人以上大企业的只有 1/3 余。[③] 这一阶层的广泛存在使法国社会长期保持着资产阶级、中产阶级和工人阶级三足鼎立的格局，这和英国等其他走在工业化前列的国家明显分裂为劳资两极的情况大不相同。二战中，维希政府虽然对小业主不感兴趣，但还是在现实的经济、政治和社会利益的驱使下而继续重视并扶持该阶层，望其成为抵御工人阶级的城墙、维系家庭稳定的核心和承载传统劳动价值的载体。所以直到第二次世界大战结束以后的一段时间，法国的传统工商业一直呈上升态势：1945—1952 年，法国新增手工业者 21 万人，新增商人 130 万人。[④]

　　而战后建立的社会保障制度，"为另一种形态的社会的诞生播撒了种子，这种新型的社会意味着官僚的关系和国家的定期干预，这将对传统中产阶级所崇尚和赖以生存的个人主义和开业行业自由造成损害"[⑤]。换言之，战后的左翼政府及其所推行的以强制性缴费为特征的福利制度以及这种制度所代表的超越阶级界限的全民团结义务与个体劳动者所信奉的"自由"观背道而驰，是对其身份乃至生存方式

---

① 钱运春：《法国社会保障体制的行业特点、形成原因和改革困境》，第 86 页
② 娄均信：《试论法国的工业近代化》，《浙江大学学报》1991 年第 21 卷第 3 期。
③ Anne-Marie Guillemard, op. cit., p. 53, note 33.
④ 沈坚：《试论 20 世纪法国中产积极的嬗变》，《走近法兰西》，中国社会科学出版社 2005 年版，第 378 页。
⑤ Henri Hatzfeld, op. cit., p. 302.

的潜在威胁,① 因而遭到激烈抵制。

（2）个体劳动者中的富裕阶层

个体劳动者作为有产阶级，并不是福利政策制订者的优先考虑。然而，政府很快遇到老年人特别是作为中产者的老年食利阶层普遍陷入生存危机的难题，被迫提前普及养老制度，把收入再分配的范围由工薪者拓展至全民，希望借此解决老年人的贫困问题。然而，个体劳动者远非一个均质体，其复杂的内部构成决定着该阶层在共同利益之外，还有各自的盘算和利益。面对福利制度，一些利益分歧逐渐浮出水面：

对个体劳动者中的贫困阶层而言，被纳入养老保障有助于化解生存危机，所得大于所失；反之，其中的富裕阶层却认为有所失而无所得。在他们看来，政府把他们拓展进养老制度不过是"劫富济贫"，即为贫困的工薪者筹措养老金，强制性的社会保障缴费就是一项额外课税；一旦进入由工人阶级开动并且服务于工人阶级利益的社会保障"机器"，个体劳动者不仅要扮演补贴工薪者的角色，而且会在由法国总工会等工人组织控制下的基金管理机构中受到排挤，无法保障自身权益。小业主们还有如下担心：强制性的社保缴费将推高生产成本，大企业可以把增加的部分转嫁到消费者头上，小企业和小作坊则没有这个能力，其结果必然是利润减少，甚至于把企业推到因不堪重负而倒闭的境地；出于上述原因，个体劳动者中的富裕群体强烈反对被纳入社会保障制度。至于本阶层日益严峻的老年贫困问题，他们认为应由国家财政解决。在国家财政无力负担的情况下②，退而求其次，要求用"区别对待"的方式解决，即为个体劳动者建立自己的养老制度。换言之，他们拒绝参与全民范围内的收入再分配，而勉强

① 在个体劳动者的传统观念中，从工薪者转变为非工薪的自营业者，意味着摆脱剥削和束缚，是提升社会等级；反之从非工薪者变为工薪者则是降低社会等级。在 20 世纪上半叶的传统观念中，面对自身命运，工人阶级有三种态度：顺从、斗争和逃避，成为独立职业者就是逃避的方式之一。C. E. R. S. , op. cit. , p. 104.

② 将养老制度拓展至 65 岁以上的所有老年人，意味着领取养老金的人数将翻番——原来只覆盖工薪退休者，人数为 170 万人，拓展后将增加 180 万人，战后国库空虚、财政紧张，政府无力负担。

接受在本阶层内部进行再分配，因为后者的再分配范围显然小得多，缴费负担自然也会轻得多。

（3）个体劳动者利益集团

个体劳动者在利益表达上存在着明显的失衡：该群体中最需要社会保障的贫困阶层，受经济条件限制，缺乏组织和动员能力以及影响决策的渠道和手段，难以充分表达甚至无法表达利益诉求。反之，掌握话语权的是其中反对福利制度的富裕阶层，这部分人作为强势群体，有严密的组织、充足的活动经费和强大的动员能力，构成了真正意义上的压力集团。这些集团通过议会游说、示威游行等手段向政府施压，以整个中产阶级代言人的名义伸张自己小群体的利益，成为反对福利制度的主力。

a. 全国中产阶级联系与行动委员会

个体劳动者作为一个整体伸张利益诉求、谋求施加影响的主要工具是全国中产阶级联系与行动委员会（CNCM）。该机构成立于1947年，由50余个非工薪者行业团体构成。成立章程表明，委员会的主要使命是"限制国家权利（对社会生活）的不断控制，这种控制很可能对中产阶级的自然权利、物质、精神和道德利益以及家庭生活造成损害。"[1] 委员会把"退休制度的拓展"视作"国家权利不断干预社会生活"的典型而列为首要反对目标，发动了大规模的抗议运动。在反对社会保障的同时，它还反对出自抵抗运动的执政阶级特别是法国总工会和法共，以表明中产阶级有能力应对如火如荼的工人运动。

全国中产阶级联系与行动委员会虽然集中了形形色色的个体劳动者行业团体，但是在其中发挥主导作用的是强势群体的代言者——"中小企业联合会"（CGPME），它们掌握着话语权，把相对弱势的群体排挤到了一边。

b. 中小企业联合会

中小企业联合会是工商业小业主的组织，成立于1944年，内部

---

① Suzanne Grévisse et al, op. cit. , p. 225.

设有二个垂直的机构,分别代言中小企业主和中小商人二类职业群体①。中小企业联合会的理论基础是自由主义,成立的目的就是捍卫中小商业企业的利益,因此坚决反对普及养老制度、国有化等一系列有损中小商业企业利益的社会主义改革,在他们看来"中小企业的消失意味着自由经济的消失。"与其他压力集团相比,中小企业联合会不仅仅是一个利益代言机构,更是斗争机构,常常采用工会式的动员方式,即发动游行示威。中小企业联合会与法国全国雇主理事会(CNPF)有着千丝万缕的联系,在反对拓展养老制度的斗争中发挥着重要作用。

2. 新兴中产阶级(管理人员)VS 工人阶级

"cadre"一词是法语所特有的。1962 年《法国经济与社会辞典》对"Cadre"的定义是:"在技术、司法、行政、商业或金融领域拥有专长,负责协助企业领导做出决策并负责管理决策实施的薪金者"②;《拉鲁斯百科辞典》的定义是:"企业中通常肩负有领导、策划或监管使命并且在诸多集体协议中享有特殊身份的薪金者。"③综上所述,cadre 主要指企业中负有一定领导责任的薪金白领,既包括行政管理人员,也包括工程技术管理人员,普遍受过良好教育并享有较高的薪酬。该集团是工业技术革命和行政管理现代化的双重产物。他们是薪金者,但是由于经济和社会身份的特殊而被划入中产者行列,成为新兴中产阶级的代表,占到中产阶级总人数的近 40%。伴随着工业化进程,新兴中产阶级无论在人数还是重要性上都呈现出明显的上升趋势:在两次世界大战期间,法国的新中产者呈几何级数增长。二战后,服务业的管理人员比一个世纪以前增加了 2.5 倍,工业领域增加了 5 倍。

管理人员集团主要形成于 20 世纪 30 年代④,其前身是"工程

---

① 1969 年之后又增设了一个机构,代言中小服务业从业人员的利益。

② Th. Sauvet, *Dictionnaire économique et social*, *Economie et Humanisme*, les Editions ouvrières, 1962, 转引自 C. E. R. S, op. cit., p. 75.

③ Larousse Encyclopédie 在线辞典 http://www.larousse.fr/encyclopedie/nom-commun-nom/cadre/29705, 最近一次访问 2011 - 05 - 10。

④ 沈坚:《试论 20 世纪法国中产积极的嬗变》,第 372 页。

师"集团——在工业革命进程中，伴随着机械化大生产的普及，工程技术人员的作用与日俱增，1900—1940 年法国创办了大量工程师学校，由此可见工程技术人员的重要性。工程师和工人虽同属工薪劳动阶层，但两者在经济收入、社会地位等方面差距悬殊，彼此隔阂且互不认同。在 1936 年工薪者纷纷加入工会的浪潮中，工程师受到工人工会的排斥，遂于 1937 年成立了自己的组织：法国工程师工会联合会（FNSI），外化了与工人的区别。同年，包括工程师、技术员、工头、工长、行政主管等在内的管理人员为进一步彰显本集团在法国经济与社会生活中的特殊地位而成立了"法国经济生活中的管理人员联合会"（CGCE）。第二次世界大战之后，FNSI 与 CGCE 在合并的基础上成立了管理人员总工会（CGC，1944），管理人员作为一个确定的社会集团就此成形。

管理人员集团是打破新制度"统一性"原则的首支力量，某种程度上是致使新制度走上碎片化道路的"罪魁祸首"，个中原因主要在于作为新中间阶层的白领劳动者和蓝领劳动者在新建立的制度中存在如下利益冲突：

（1）社会身份利益

如前所述，新制度优先覆盖工薪劳动者，管理人员无疑包括在内。然而他们却以自己在养老制度领域不属于"工薪者"为由拒绝加入。管理人员之所以将自己划在工薪者之外，是因为他们此前已经享有自己专门的退休制度：1928—1930 年国家立法为工薪者建立社会保险制度的时候，规定了一个"参保上限"，即只覆盖薪酬低于一定水平的工薪者，管理人员因薪酬高于上限而不在受保之列。1936 年，法国爆发了第三共和国史上规模最大的工人罢工运动，[①] 工薪阶层纷纷加入工会，出现了狂热的工会化浪潮，但是以工程师为代表的

---

① "根据法国劳动部的统计，仅在（1936 年）6 月份就发生罢工 12412 起，参加人数多达 1830938 人。罢工人数之多、牵涉行业之广均居第三共和国之最。有鉴于此，当时的观察家以及今日的历史学家们都习惯用"社会大爆炸"来形容 1936 年罢工及其对社会舆论产生的强烈冲击。"，引自乐启良、吕一民《法国集体谈判模式的确立及其历史意义——1936 年大罢工与马提尼瓮协议探析》，《世界历史》2009 年第 4 期。

管理人员受到工人工会的排斥。雇主集团趁机站出来拉拢他们，手段之一便是为他们建立了一个独立的退休制度（1937年），待遇比普通工薪者制度优厚得多。雇主集团在阐述建立该制度的动机时指出，管理人员"不仅仅是企业的主要合作者，甚至本身就是企业的骨干"，"要满足他们的合理愿望"，"保障他们的未来和家庭的安全"。[①] 这等于公开宣布管理人员和雇主的亲密关系，强调他们身份特殊，不同于普通工人。

1945年《建立社会保障制度的法令》则规定取消"参保上限"，将工商业领域的全体薪金劳动者，无论收入、地位，一律纳入新制度。在管理人员看来，这是抹杀他们与普通工薪者的区别，剥夺他们的"体面"和"尊贵"[②]，自然会全力抵制。他们要求政府"在工资和退休待遇问题上划分出等级"[③]，为他们建立彰显白领身份的养老制度。

（2）既得福利利益

管理人员此前专享的退休制度待遇优厚，而新制度刚刚起步，给付水平低的多，自然难以得到管理人员的认可。此外新制度的收入再分配功能也是它招致管理人员反对的原因之一，管理人员虽"贵"为白领，比普通工薪者富裕，但本质上还是靠工资吃饭，比货真价实的富裕阶层对"收入"更敏感，因此对带有再分配性质的福利制度也更为反感。他们声称"抗议一切将社会保险拓展至迫使他人缴费、并且缴费数额大、而这些人在相当长的一段时期内得不到任何好处的行为。"[④]

（3）管理人员利益集团——CGC

管理人员虽然跻身中产、成为"新贵"，但本质上依然是工薪者，谋生的根本是薪金而非资产，因此比传统中产者更关心收入的安

---

① Rapport de l'Assemblée générale de l'UIMM, 1° avril 1938, p. 26. 转引自 C. E. R. S.，op. cit.，p. 79.

② Anne-Marie Guillemard, op. cit.，p. 80.

③ C. E. R. S.，op. cit.，p. 86.

④ *Le Creuset*, *La Voix des Cadres*, Juillet 1964。转引自 C. E. R. S.，op. cit.，p. 82.

全与稳定；在社会风险面前更容易团结起来、借助集体的力量来伸张本阶层的利益。

管理人员伸张利益诉求、谋求施加影响的主要工具是管理人员总工会[1]，它成立于二战即将结束之际（1944 年 10 月），主要使命是追求有别于工薪者的社会等级，其中一项重要内容便是"反对取消管理人员战前所享有的特殊退休待遇，为本阶层争取独立的退休制度"。在 1945 年 6 月 24 日管理人员总工会首届全国代表大会上，管理人员总工会秘书长富尔尼（Y. Fournis）慷慨陈词，坚决反对将管理人员"降格"到工薪者制度中，要求国家给予特殊待遇。他说："无论在思想、行为方式还是适用规则上，我们都和那些卑微的退休者不同……。我们必须为这些人（管理人员）从过了工作年龄的那天起保留他们曾经享有的地位，假如因为我们的无能而迫使他们逃到偏远的外省去掩盖贫穷，那将是我们的耻辱。所以十分有必要为管理人员提供一份体面的、与其身份相符的退休金，以确保他们在结束职业生涯后还能维持先前的生活水平（……）。无论如何，我想对你们说的是，我们要紧密团结起来，反对政府可能采取的一切旨在将全体法国人纳入一个退休制度的措施（……）。我们认为，不应该让我们屈尊和他人一个待遇（……）。不能搞'一刀切'，我们管理人员尤其要捍卫这一点，因为我们有资格自豪地宣称，不要把我们跟普罗大众混为一谈。相反我们是超越普通民众的精英，我们有理由要求为精英营造特殊的发展环境。"[2] 从 1945 年 10 月《建立社会保障制度的法令》颁布之日起，管理人员总工会就投入了反对统一制度、保留本阶层退休制度的斗争之中，并最终迫使政府作出让步，为管理人员建立了一个职业年金形式的补充退休制度——"管理人员补充养老

---

[1]　成立于 1944 年 10 月，但是 1946 年它的代表性才受到认可。管理人员总工会从法国解放之日起就动员起来，反对法共，反对出自抵抗运动的政府（特别是其中的共产党部长），尤其反对法国总工会，因为政府特别是法国总工会屡屡指责管理人员总工会（的前身）在维希时期通敌。从 1944 至 1947 年，管理人员总工会对新政府采取的大多数新措施都持批评态度，并指责人民共和运动和社会党"在工农大众的压力下低头"。

[2]　Cadre de France，1945，Luc Boltanski 引用。Luc Boltanski, op. cit., pp. 149 – 150.

制度"（AGIRC），以此补偿其加入新制度后失去的部分养老待遇，这等于默认了蓝领和白领集团的不平等。

由以上分析可见，具有稳定职业和收入的工薪白领，对福利政策的态度正逐渐向真正的有产者靠拢，其利益诉求与工薪蓝领形成了对立，换言之，工人阶级内部越来越难以形成一致的利益诉求。

（二）农业劳动者 VS 工业劳动者

农业人口与工业人口对社会保障的不同诉求使农业人口成为反对社会保障制度的另一支重要力量。战后建立的社会保障制度把农业人口划分为两大类，农业工人和农牧场主，两者暂时都不在覆盖之列。① 养老制度的拓展计划将农业人口全部覆盖，但遭到他们的激烈反对，农场主是主要的反对者。这表明，建设中的福利制度，不仅面对着激烈的阶级对立，还面临着难以调和的城乡矛盾。

同个体劳动者一样，法国农业人口对社会保障制度的敌视和反抗也是由来已久，每次重大的社会立法都会遭到来自农业阶层的巨大阻力：1898 年的工伤法受到农场主的抵制；1910 年的工农业雇员退休制度在农业人口的抵制下几乎流产；1928—1930 年的《社会保险法》在农业人口的抵制下未能实现建立统一制度的愿望；甚至1919 年问世的"八小时工作制"也遭到农场主的反对，虽然该立法和他们毫不相干（只针对工商业雇员而不适用于农业工人）：但农场主出于担心农业工人受八小时工作制的吸引而"跳槽"至工业领域而极力阻挠。战后，农业领域的社会保障已经大大落后于工业领域，严重缺乏现代化的保障手段。对新生的社会保障制度进行拓展本是缩小农业人口跟工业人口在社会保障领域的巨大差距、为农业者提供更好保障的机会，但是一如既往地遭到激烈反对。究其根本原因，在于在社会保障领域，农业人口和工业人口有着不同的观念和诉求。

---

① 农业工人虽然属于薪金劳动者，但是新制度出于尽快恢复经济的目的规定暂时只覆盖工商业领域的薪金劳动者，农业工人暂时不在考虑之列；大地主、大农牧场主等则一直被视为非工薪的个体劳动者，是传统中产阶级的一部分，也不在直接适用范围内。本书把农业人口作为一个整体单独列出。

1. 恪守互助传统，反对强制性原则

在社会保障领域，农业人口有着半世纪的互助传统。农业和工业的不同性质决定了农业人口和工业人口有着不同的社会风险诉求：农民依土地而非薪金为生，在失业、养老、工伤等领域没有太多风险。相反，他们的安全诉求主要体现在以下方面：农作物不因洪水、冰雹、霜冻、瘟疫、火灾等天灾人祸而减产歉收，家禽家畜不因类似原因而病亡，或者一旦遭遇此类灾害能及时得到相应的补偿。而农业互助保险提供了一种"防灾"和"保险"相结合的保障形式，正好符合农业人口的需求。战后建立的社会保障制度，在广大务农者看来，是专门为城市工业人口设计的，不适合乡村地区，在预防和补偿农业风险方面，新制度所提供的服务和保障未必比互助会有效。此外农业人口已经认可并习惯了互助会自由、自愿的保障模式，不信任官僚的国家机器，强烈排斥任何带有"强制"色彩的制度。在1910年国家出台首个退休制度——工农业雇员退休制度的时候，激进的农业工会就打出了"要自由的互助会，不要强迫"的口号[1]。在农会看来，国家把强制性的社会保障制度拓展到农业人口，不过是借机扩大对农业地区的控制和监督而已。

实际上，农业人口的社保观始终比工业和城市人口落后，起初他们对互助会这一新生事物也持抵制态度：互助会自诞生以来，在城市的发展迅速，但是在包括首都巴黎郊区在内的广大乡村地区却始终发展的十分缓慢，即便是在19世纪末互助会飞速发展的"黄金期"。当时乡村人口（2200万）占法国总人口（3900万）的一半余，但加入互助会的却寥寥无几（1%）[2]。这一现象归根结底依然在于农业人口和工业人口不同的社会风险诉求。此外在当时的乡村地区，农业经营往往以家庭为单位，家庭成员既是雇主（农场主）又是雇员（农业工人），几乎无须额外雇工，所以乡村地区更信赖并依赖家庭或邻里间的互帮互助，对其他形式的互助没有迫切需求。因此，直到

---

① C. E. R. S, op. cit., p. 120.

② Dreyfus, p. 97.

1900 年国家立法（《农业互助保险法案》）承认农业互助机构的法律
地位后，互助会才彻底打开乡村的大门——从 1900 到 1936 年，全法
共成立了逾 4 万家各类农业互助保险机构。[1] 由此可见相较于工业人
口近两个世纪的互助传统，乡村地区的互助传统只有区区半个世纪。
但尽管如此，当社会保障制度到来时，乡村地区还是表现出了一贯的
保守态度：坚持互助、拒绝现代社会保障制度。

2. 担心农业劳动力流失

历史上，法国一直是个农业大国，小农经济长期在国民经济中占
据主导地位，绝大多数农民被牢牢地束缚在土地上，为农牧场提供了
充足的劳动力。工业化进程开始之后，农村人口源源不断地流入城
市，导致农村劳动力日益短缺。农牧场主因此担心养老制度拓展后，
和工人同一个制度、收入不同但缴费保费相同势必导致更多农村劳动
力外流。

3. 经济利益考量

农会认为，工农业的不同性质决定了社保缴费对农民而言是一项
沉重负担，工商业部门可以通过提高产品价格和降低雇员工资等方式
把社保缴费负担转嫁出去，农业部门则没有这么灵活，最简单的例子
是，瓜果蔬菜等应季农产品若定价太高就会滞销，没有多少涨价的余
地[2]。所以农会指出，和工人同制度，农民必定成为输家，所起的作
用无非是补贴工人。早在 1910 年反对工农业退休制度的斗争中，农
会就鼓动道："农民们，他们（政府）还想把你们口袋里的钱也掏出
来！"[3] 农民自身也更倾向于从互助保险机构购买保险来防御霜冻、
洪水等短期的风险，以确保保费和受保的庄稼或禽畜等值。在他们看
来，将保费放在本地的农业互助保险机构远比放在遥远的国家官僚机
构手中更加可靠。

出于以上原因，农业人口特别是农牧场主，坚决反对被纳入新制
度。战后的法国，农业人口依然在国家的政治和经济生活中占据重要

---

[1] 王天红：《试论法国传统救济体系对现代社会保障制度的阻碍》，第 18 页。

[2] 特别是季节性强、易腐败的食品等。

[3] C. E. R. S, op. cit. , p. 124.

位置，他们手中的选票足以决定任何一个政治派别的命运，不容忽视。法国农业者协会（SAF）等力量强大的农业利益集团四处游说，给政府造成了巨大压力，最终迫使政府于 1952 年立法为农业劳动者建立了强制性的养老保障制度，并按照农业人口的偏好，沿用了历史上的互助保险形式。不过，尽管政府做出了巨大让步，但农业人口并没有痛快领情：新制度的建立很不顺利，在西部特别是诺曼底地区，农业劳动者为反对社保缴费而举行了声势浩大的罢工运动，罢工持续了数年之久。

1958 年国家决定为农业人口建立强制性的医疗保险时，再次遇到类似的情况：此前，农业领域的医疗保险实行自愿原则，个人在自由自愿的基础上和互助会签署医疗保险合同。结果使最贫困、受教育程度最低的那部分人被排斥在医疗保险之外，而最缺乏保障的恰恰是这部分人。为改善这种状况，国家决定为农业人口建立强制性的医疗保险制度，未承想引发了农业人口的激烈辩论并再度招致部分人的强烈反对。反对者认为："强迫的结果是非常有害的，我们宁肯冒一小部分人没有保障的危险，也不愿意看到其他人无法面对不断上涨的新负担。"[1]

实际上农业人口对社会保障制度的抵制和对 1928—1930 年社会保险制度的抵制几乎是一脉相承，由此可见，农业人口的社保观依然停留在 15 年前，尽管农业互助保险机构的大量存在表明农业人口对社会保障的需求不亚于工业人口，但是这种需求并没有转化成对社会保障制度的热忱。1945 年之后，农业人口依然执着于互助传统，要他们接受强制性的社会保障制度尚需假以时日。

对于个体劳动者和农业劳动者对普及社会保障制度的大力阻挠，拉罗克晚些时候曾发出如下感慨："法国有相当一部分人口仍然生活在乡村，以家庭生产为主，或者务农，或者从事手工业，经营小买卖，在很多人眼里他们是平衡社会和政治生活的因素，但同时也造成

---

[1] C. E. R. S, op. cit. , p. 124.

了社会的相对停滞不前。"① "法国的社会结构自然而然地解释了人口和经济的停滞。科技革命带来了一系列变化,法国的变化并不彻底,……一方面是个人色彩浓厚的乡村阶层和人数众多、固守 19 世纪的自由商业资产阶级传统的中产阶级,另一方面是数量庞大但是相对分裂、不如美国、英国、德国或斯堪的纳维亚国家力量强大的工人阶级。虽然工人运动是一个世纪以来推动社会进步的主要因素,虽然工人运动为改善劳动者的物质生存条件和提升劳动者的尊严发挥了重要作用,但是在紧紧抓住自以为是的特权不放的乡村阶级特别是中产阶级面前,工人组织摇摆不定,发生分裂,表现软弱,行动受到限制。"②

(三) 公有部门 VS 私有部门

在战后的福利制度格局中,不仅属于不同社会阶层的福利群体存在着利益冲突,同一阶层内部也进一步分裂并产生了利益对立,主要表现是,战前就享有行业性保障的群体拒绝加入面向全体工薪者的新制度。

如前所述,公务人员和能源、交通等一些重要行业的薪金雇员早就有了行业性的保障,主要是退休制度。这些行业大多事关国家经济命脉,战后多数被收归国有③。战后国家本打算废除或整合这些历史上遗留下来的制度"碎片",建立一个统一制度。但是鉴于上述制度由来已久,覆盖人口众多,一揽子纳入新制度恐难被相关福利群体接受,故规定对这些制度予以"暂时"保留④,待时机成熟后再逐步整合。但是这一愿望最终付诸东流:伴随着管理人员补充退休制度、独立劳动者制度和农业制度的相继建立,本来就抵触新制度的上述行业群体有了更充足的理由要求保留自己的制度,并最终把"暂时"保留变成了"长期"乃至"永久"保留。究其主要原因,在于这些福利特权群体不愿放弃既得利益:

---

① Pierre Laroque, Préface aux Suzanne Grévisse et al. , p. 6.

② Op. cit. , p. 8.

③ 一些部门又在后来的私有化改革中重新变为私有。

④ 参见《社会保障法》(code de la Sécurité Sociale) 第 L 711 - 1 条。

1945 年建立的制度面向全体工薪者，保费由雇主和雇员分担。为照顾法国经济生活中数量众多的中小企业，确保它们有足够的承受能力，新制度遵循"广覆盖、低水平"的原则，规定了一个较低的缴费率，给付水平也相应较低，大大逊色于铁路公司等历史悠久的大企业制度。谨以退休项目为例，新制度将领取全额退休金的年龄定在 65 岁①，而各特殊制度对退休年龄的规定最高才 60 岁，多数人在45—55 岁之间便可退休，少数人甚至早到 40 岁就可以享受退休金（详见表1—2），退休金替代率也远远高于新制度。在医疗保障领域，特殊制度同样享有若干特权。而且特殊制度中的大多数经过了工人运动的推动，斗争的过程十分艰苦，矿工等制度甚至经历了流血牺牲，可谓来之不易，因此被相关福利群体视作一种"社会既得"，怎能轻易放弃。

特殊制度内的各行业，特别是铁路、采矿等，历史悠久，工人的工会参会率普遍大大高于私有部门，一向是法国总工会的主力军乃至桥头堡，有着悠久的斗争传统，几乎历次工人运动中都能看到铁路工人、矿工等的身影。特别是铁路工人，还曾参与 19 世纪两场轰动世界的重大革命运动——1848 年革命和巴黎公社革命。在力量强大的法国总工会的"力挺"下，特殊制度最终受到保留，下文会详细分析，此不赘述。

（四）雇主集团

雇主集团虽然是社会保障制度的直接利益方，但是战后特殊的政治背景决定了雇主集团对福利制度的建设没有发言权，但是在暗中特别是在其他集团反对新制度的斗争中处处可见雇主集团的身影，因此我们把对该集团的分析放在其他集团之后。

战后在左翼政治力量的绝对优势面前，雇主集团丧失了对国家重大事务的发言权，被迫缺席社会保障制度的建立，正如吉耶玛尔（Anne-Marie Guillemard）所说的，社会保障制度"就算不是为了反对雇主而建的，但至少没有他们的参与"。② 雇主集团没有机会发出

---

① 经过上世纪80 年代的"社会主义"改革，调低至 60 岁。

② Jean-Daniel Reynaud, *Les syndicats en France*, tome I, Paris, A. Colin, 1963, p. 56；转引自 Anne-Marie Guillemard, op. cit. , p. 60.

声音，不意味他们对建立中的制度表示认可或满意。但是由于下列两方面原因——一方面，当时的国内外环境决定了建立社会保障制度代表着进步的潮流、是大势所趋；另一方面，为确保企业的效率和工人的效忠，雇主阶层也逐步认可了建立社会保障制度的必要性——雇主阶层不能也不敢逆潮流而动、对社会保障制度本身提出质疑，而是转而质疑社会保障制度的实现原则和组织方式，即新制度的国民收入再分配性质、民主管理原则和对工伤和职业病的新规定，这些都损害了雇主集团的利益：国家主导的收入再分配有损雇主的经济利益；新制度对工伤和职业病做出了新规定，除先前的赔付责任外，还要求雇主对工伤和职业病的预防以及伤残工人的培训和再安置负起一定的责任；基金会的民主管理将削弱雇主在此前的社会保险制度中对工人福利的控制权：凡此种种，引起了雇主集团的激烈反对。他们倾向于沿用战前的"社会保险"模式，即继续按照职业类别组织社会保险，使各职业阶层自我负责、自我管理。换言之他们希望维持企业和工人之间的传统互助模式，因为这意味着排除国家干预，达到由雇主全权掌控基金会的目的。1967 年雇主怂恿国家把一大基金会一拆为三，把理事会中雇员代表占一多半、雇主代表占少数改为各占一半的做法透露着同样的逻辑（见第二章）。拉罗克一针见血地指出了这一点："1945—1946 是个革命的时代……雇主将社会保障制度的建立视作对本集团的挫败而一心惦记着复仇，1967 年他们终于扳回了一局"。[1]

回到 1945 年，当时雇主集团被排斥在新制度的建立过程之外，被迫采取了"曲线救国"的方式，即通过支持其他利益群体的斗争来实现自己的目的（详见下文）。

（五）其他利益集团

1. 互助会

互助会在法国的社会保障实践中一直占据着不容置疑的重要地位，是城乡各阶层民众实现自我保障的首选工具。但是互助会的自由

---

[1] Pierre Laroque, *L'influence mutualiste dans le système de protection sociale français. Evolution récente et perspective d'avenir*, p. 130.

自愿原则与社会保障制度的强制性原则相抵触，互助会的行业性特征
与社会保障制度的统一性原则相矛盾，互助会大多由有产者操控、无
法确保劳工特别是最贫困的劳工阶层利益的现实与社会保障制度首先
保障劳动者福祉的目标相违背（详见下表），因此战后新制度的缔造
者汲取了 1928—1930 年的教训，把互助会彻底排除在新制度之外。
换言之，战后建立的全新的社会保障制度，在理论基础、管理原则、
政策目标等方面都和传统的互助式保障大相径庭，是从"财产—安
全"到"权利—安全"的巨大转变，不仅触动了互助会长期享有乃
至在一定程度上垄断的福利管理权，而且是对互助会的彻底颠覆。尽
管从 19 世纪末、20 世纪初以来，互助会几经生死考验①，但是哪一
次都没有这一次迅猛、严峻。1945 年是互助会史上最黑暗的时刻。
互助会领袖甚至发出"人们将拿走我们的财产、人员、房屋"、
"1945 年，互助会丧失了一切，回归零点"的绝望感慨。他们自问
"互助会是否还有未来？互助会的继续存在是否和出自强制性社会立
法的（社会保障管理）机构的日益广泛且全面的目标相兼容？"拥有
二百年历史的互助会是否将就此受到历史的抛弃？在这生死攸关的时
刻，互助会自然要全力自保并成为反对社会保障制度的一支重要
力量。

表 3—1　　　　　　　　　　**互助式保障与社会保障的区别**

	原则	覆盖	资格基于
互助式保障	自由自愿	某一行业或地区	缴费
社会保障	强制	全民	公民

　　实际上，从 1989 年国家立法创建强制性的工伤补偿制度开始，
互助会特别是基层互助会②就对社会领域的任何强制性立法均持激烈

---

①　每次国家出台相关制度，如工农业薪金雇员退休制度、社会保险制度等，互助会
的地位乃至生存都会受到一定程度的考验。

②　基层互助会规模小，会员数量有限，最容易受到国家制度的冲击，因此抵制也最
激烈。

的抵制态度。

2. 法国基督教劳动者联盟

除互助会外，对社会保障制度持敌视态度的其他利益集团还有法国基督教劳动者联盟（CFTC）。法国基督教劳动者联盟是成立于1919年的一所工会组织，成员大多数来自城市工薪阶层，其余是煤矿和冶金业工人。它以基督教社会主义为理论基础，成立的目的是对抗以马克思主义为指导的、激进的工人组织——法国总工会。

作为工人组织，法国基督教劳动者联盟并不反对建立社会保障制度，但反对新制度的"统一性"即只建立一所基金会的原则，原因在于它重视基督教伦理，看中家庭的传统作用，因此主张将家庭津贴基金会独立出来。CFTC曾在二战期间积极参加抵抗运动，表现不凡，故战后从不起眼的小角色上升为了第八大政治力量，它和雇主集团一样，对所有敌视社会保障制度的力量都给予了暗中支持。

二 利益联盟

在共同或近乎共同的利益诉求下，某些福利群体将联合起来、组成利益联盟，一致对抗建设中的新制度。

（一）新老中产阶级联盟

属于传统中产阶级的个体劳动者和新中产阶级的核心——薪金白领虽然分属于两个社会阶层，在政治、经济、法律等层面有诸多不同，但是共同的"中产"身份决定了面对福利政策，他们至少在以下两方面有一致的利益诉求：首先，一致的身份利益诉求，即都要求保留中产阶级的"尊贵"身份，反对被降格到"卑贱"的蓝领工人行列。其次，一致的经济利益诉求，都担心进入工薪者制度成为输家，扮演替蓝领"穷鬼"买单的角色。支撑这两个共同利益诉求的，是他们一致的政治利益诉求，即都反对出自抵抗运动的政府，反对左翼政治力量特别是法共和法国总工会。如在1944—1947年，为了反对政府和法国总工会（法国总工会屡屡指责管理人员阶层中的一些人在维希政府时期通敌），管理人员纷纷加入管理人员总工会，并对新政府出台的建立福利制度、进行国有化改革等大多数措施都持激烈的抵制态度。概言之，新老中产者在无论政治、经济还是社会利益诉求上，都与蓝领工人形成了对立，他们很快便团结起来，在全国中产阶级联系与行动委员会框架内联手行动：管理人员总工会不但是全国中产阶级联系与行动委员会的成员，而且在其中扮演着重要角色。

（二）雇主与其他集团的联盟

雇主集团虽然被迫缺席了社会保障制度的建立，但是并不甘心出局，在政治上处于弱势、无力正面还击的情况下，雇主集团采取了迂回战术，暗中对所有质疑和反对社会保障制度的力量——无论来自哪个阶层，都给予了大力支持，

1. 雇主与中产阶级联盟

雇主集团是中产阶级的头号利益联盟。以管理人员为例。在管理人员反对加入新制度的斗争中，雇主集团起了十分重要的作用，扮演了和1937年同样的角色，即在管理人员面临"降级"到蓝领工人队伍之际，雇主集团再次站出来，肯定了管理人员和雇主及企业领导阶层的亲密关系。管理人员成功争取到的补充退休制度，正如该制度主席宣称的，是"雇主和工薪管理人员共同合作的成果"①。雇主对管理人员的支持，既是为了赢得该群体对企业的效忠，更是为了扶持管理人员工会，借助这股力量来对抗当时强大的工人工会、遏制社会保障制度的发展。

2. 雇主与互助会联盟

雇主和互助会因同受到新制度的排挤而同病相怜、"惺惺相惜"。因此，雇主暗中对互助会反对被社会保障制度边缘化的斗争给予了大力支持。实际上互助运动领袖大多出自白领、自由职业者、自主工商户等有产阶层，很早就已经沦为雇主集团维护既存社会秩序、反对社会变革的工具，与以捍卫工人利益为使命的工会分道扬镳。因此同1928—1930年一样，互助会对雇主而言不仅仅是同盟军更是可利用的工具。互助会在议会两院具有众多的利益代表，能够发出自己的声

---

① A Milan, "Le régime complémentaire des cadres", in *Les régimes complémentaires de retraite par répartition*, Documentation française, 1965, pp. 31 – 40; 转引自 Anne-Marie Guillemard, op. cit. , p. 84.

音，而且有丰富的议会斗争经验，从 1898 年国家立法建立工农业薪金雇员退休制度起，就开始孜孜不倦、百折不挠地和政府谈判、讨价还价……。最终在雇主集团的支持下，互助会为自己在新制度中赢得了一席之地①：1945 年《建立社会保障制度的法令》第 9 条明确规定："基层社会保障组织仍按照 1898 年 4 月 1 日法令②的规定在互助会的基础上组建并运行"，从而加重了新制度的行业碎片化特征。

（三）法国基督教劳动者联盟与其他反对力量的联盟

同雇主集团一样，为挫败新制度的"统一性"原则，法国基督教劳动者联盟对所有反对普及养老制度的力量特别是管理人员总工会（其内部有大量的基督教工程师）都给予了大力支持，它于 1945 年 12 月 12 日专门成立了一所叫做"享有特殊制度的工程师和管理与技术人员保卫委员会"（Comité de défense du personnel des ingénieurs et cadres bénéficiant d'un régime particulier）的机构，采取了一系列集体行动来支持管理人员总工会的斗争。

第二节　政治关系格局与博弈

众多利益群体对新制度的反对是挫败养老制度普及、使新制度走上碎片化道路的前提。但如果不是政治局势的演变为反对力量提供了表达利益诉求和影响政府决策的机会与渠道，则反对未必有效。因此继利益格局之后，我们来分析政治格局。

1945 年法国之所以能够建立社会保障制度，在很大程度上得益于左翼政治力量特别是工人政党（共产党）和工人组织（法国总工会）的空前强大，这一特殊的局势为国家在社会领域进行立法提供了千载难逢的时机。然而，左翼的绝对优势只是昙花一现。从 1946 年夏天起，伴随着国内外局势的演变，法国的政治力量对比悄然发生变化：

---

① 相关法律条文参见 http://www. legislation. cnav. fr/textes/ord/TLR-ORD_ 4510_ 04101945. htm，最近一次访问：2011 - 05 - 10。

② 即《互助会宪章》。

首先，左翼政党优势不再：1946 年 5 月，第一届制宪议会的失败①改变了议会中的政治力量对比，左翼占据压倒性优势的局面不复存在：人民共和运动作为亲戴高乐主义的新政治力量一举胜出，成为议会第一大党。法共退而成为第二大党。社会党失去 18 个议席，退居第三。与此同时，受冷战爆发的影响，被共同的抵抗运动经历凝聚在一起的三大执政党——法共、社会党和人民共和运动——逐渐出现分歧。特别是，法共和社会党这两支曾在反法西斯斗争中有过广泛合作的主要左翼力量由合作逐步走向相互敌视与对立。反之，战争刚告结束时受到削弱的温和派和保守势力则重返政治舞台。在上述几方面因素的共同作用下，法共、社会党和人民共和运动三方联合政府解体。随后社会党和人民共和运动联合组阁，驱逐并孤立了法共。在新的政治格局下，农业和中产阶级的代表性和影响力都得到显著加强。

其次，工人运动遭遇挫败：受国际形势变化特别是冷战爆发的影响，法国的工会运动遭遇重挫，会员锐减，政治影响力急剧下降。特别是，随着 1947 年 5 月共产党经财部长拉玛迪埃（Paul Ramadier）的下台，法国总工会的地位一落千丈，而法国总工会是普及退休制度的排头兵。反过来，新老中产阶级迅速团结起来，形成了反对阵营，随着政局的变化，他们在议会中的影响力和支持者与日俱增。

随着政治力量对比的变化，战后建立社会保障制度的利好环境逐渐消失。正如拉罗克指出的，如今时过境迁："经济、政治形势和（人们）心理的发展不可能不对（社会保障计划）的原则乃至其实现方式造成影响。需求在不断变化，环境也发生了改变，不再是当初设

---

①　第一届制宪议会是第二次世界大战以来法国第一次全民选举。在这次选举中，以法国共产党和社会党为首的左翼取得了历史性胜利。法共成为第一大党；人民共和运动紧随其后，成为议会中第二大党。右翼则因二战中支持贝当政权而名誉扫地，陷入分裂，失去了 2/3 的选票。法共、社会党和人民共和运动三大政党占据了议会的绝对多数并联合组阁，形成了三方联合政府，负责起草新宪法。但是三方意见不一：共产党和社会党倾向于实行一院制，人民共和运动则主张二院制和握有实权的强势总统。在人民共和运动和戴高乐的支持下，宪法草案在 1946 年 5 月 5 日的全民公投中以 53% 的反对票遭遇否决。第一届制宪议会旋即解散。代之以第二届制宪议会。

计社会保障计划时的样子"。① "很快，战后兄弟般的团结就减弱了势头，职业和社会团体的本位主义卷土重来。作为新制度根基的全民团结日益难以实现，虽然它并未受到直接质疑。"②

概括而言，战后法国建立社会保障制度的政治环境十分特殊，按照拉罗克的说法即"或多或少带有革命的色彩"③；回顾历史可见，在第二次世界大战以前的一个半世纪里，法国基本的社会变化和社会变革都是在类似的环境中发生的。但是随着政治环境的改变，"革命"的色彩逐渐褪去，反之旧势力卷土重来，排挤了工人政党，使社会变革的大厦失去了支撑，随后坍塌。所以拉罗克指出"社会领域的努力，在法国比在其它任何地方都更是政治事件"④。"社会保障计划的起伏成败实际上是当时法国内政的写照"⑤。

第三节　福利群体与政党

一　人民共和运动与中产阶级

（一）人民共和运动对社会保障制度的反对

人民共和运动（MRP）是出自抵抗运动的基督教民主党，在法国的政治频谱中属于中间派，它并不反对建立社会保障制度，但是对该制度持有异议。《社会保障计划》在临时咨询会议（Assemblée consultative provisoire）表决时，弃权票是"同意"和"反对"票的 4 倍余，⑥ 而弃权票主要出自人民共和运动，由此可见它对社会保障制度的保留态度。随后当《社会保障计划》付诸实施时，人民共和运动又不断指责政府的行动太过仓促、鲁莽，要求将原定于 1946 年 7 月 1 日生效的《建立社会保障制度的法令》（1945 年 10 月 4 日）推迟

---

① Pierre Laroque, *La Sécurité sociale de* 1944 *à* 1951. p. 14.

② Op. cit. .

③ Op. cit. .

④ Pierre Laroque, Préface aux Suzanne Grévisse et al, op. cit. , p. 8.

⑤ Pierre Laroque, Préface à Galant, op. cit.

⑥ 以 19 票同意、1 票反对和 84 票弃权获得通过。反对票出自自由共和党（PRL）。Déclin du social, p. 62，注释 70。

至 1947 年 1 月 1 日。雇主、法国基督教劳动者联盟等其他阵营随声附和，它们试图通过拖延的方法尽量削弱政府计划的影响。后来在法共和法国总工会的力挺之下，法令才如期生效。

人民共和运动反对的主要对象是社会保障制度的统一性即只建立一所基金会的原则。早在 1945 年 6 月，人民共和运动的议会代表就联合激进派和中右翼的自由共和党（PRL）议员，要求政府制订一份"彻底的、联合全国所有的活跃力量共同实现团结与（风险）预防目的的（社会保障）计划"[1]，言下之意是要求保留历史上的多个基金会。此后人民共和运动明确主张建立多个基金会，[2] 要求至少保留家庭和生育政策的独立性。究其主要原因，在于：（1）人民共和运动信奉基督教社会主义，重视家庭在社会中的价值和作用，宣称自己是一个倡导并支持"大家庭"政策的政党，[3] 家庭政策是它的大本营；（2）在多个基金会的制度结构中，人民共和运动的代表性更强。

基督教人士以法国基督教劳动者联盟为阵营对人民共和运动的主张给予了大力支持，雇主集团也在暗中鼎力相助，在他们看来，避免单一基金会至少能够起到下列作用：避免财政集中；避免受工会的政治监督。人民共和运动最终实现了目的，成功地把家庭政策的管理从最初设计的统一管理机构"全国社会保障基金会"中剥离了出去：全国社会保障基金会最后只覆盖养老、工伤和医疗三大项目，国家为家庭政策单独建立了一所管理机构。

（二）人民共和运动对中产阶级的支持

中产阶级内部构成复杂，在正常情况下，他们的政治倾向是千差万别的。但是在 1936、1945—1947 年这些特殊年份，面对可能被"颠覆"的危险，中产阶级的政治偏好发生了较大的转变，从"五花

---

[1]　Henry C. Galant, op. cit. , p. 49.

[2]　人民共和运动对多个基金会的青睐有着历史渊源：基督教合作主义理论家曼恩（Albert de Mun）伯爵早在 1886 年就倡议建立工伤和养老基金，由各地区和各职业团体以理事会（由雇主和雇员组成）的方式分别加以管理，该传统一直保留下来。

[3]　基督教重视家庭的作用，因为在传统社会中，农业和家庭作坊式的手工业占据主导地位，因此家庭既是基本的经济单位又是基本的社会单位。

八门"变成了"趋向一致"。1945—1947 年，中产者大量投入人民共和运动的怀抱①——在当时力量最为强大的法国共产党、法国社会党和人民共和运动三大政党之间，中产阶级无疑更倾向于中间派的人民共和运动。反过来，鉴于力量强大的中产者是赢得政治多数的关键，包括人民共和运动在内的所有政党也都在竞相争取中产阶级。

中产阶级对普及养老制度的成功挫败，在很大程度上归功于人民共和运动的大力支持：人民共和运动趁在第二次制宪议会中成为第一大党之际，在个体劳动者中间发起了散发传单、集会、示威游行等大规模的反对普及养老制度的运动；该党之所以支持中产阶级，主要目的在于借助其力量来挫败政府建立一所基金会的努力，实现它一贯追求的多个基金会的目标。所以两者是互相利用、各取所需。

除人民共和运动外，所有其他反对"社会党和共产党"联合政府的力量也都在伺机制止这一"极端的社会主义化"② 进程，并在一定程度上参与并助长了各利益集团反对社会保障制度的斗争。③

二 法国共产党与公有部门

公有部门特殊制度的保留，除去既得利益集团自身的坚持外，在一定程度上也是政治力量角逐和推动的结果。

战后法共成为法国第一大党并成功入主政府，领导着工业部、劳动和社会保障部等重要部门。在法共的推动和工会的强烈要求下，同时为确保经济重建和经济安全，法国电气—燃气公司等事关国家经济命脉的几大企业被相继收归国有。国有化的同时，法共十分关注企业员工的身份问题，按照工业生产部长、法共工会活动家保罗（Marcel Paul）的说法："（身份问题）事关对企业雇员从身体到灵魂的国有化改造，事关给予他们与其所承担的工作相匹配的社

① 1936，中产阶级曾大量投向法国的法西斯政党——火十字团（Croix de Feu）。
② Anne-Marie Guillemard, op. cit. , p. 83.
③ 由于无法收集到有关资料，对其他政党的斗争无法进行详细分析。

会权利。"① 他在电气—燃气公司的国有化过程中，提出"企业身份的改变和员工身份的确立要并行不悖，从而确保'国有化'企业雇员获得新身份，为其他已经被国有化和即将被国有化的企业树立榜样，赢得它们对国有化政策的支持"。② 在他的推动下，国家于 1946年 6 月 22 日颁布章程，对电气—燃气公司员工身份做出了规定，即"以现有的章程彻底取代先前针对相关人员的各种规定，但无论如何，（现有章程）均不得对这些人已经享有的权利造成或削弱或取消的后果"。③ 这意味着，电气—燃气公司员工原先所享有的、给付水平较高的行业保障制度将得到保留。

章程的出台在当时引发不少非议，因为除国民议会议长古安（Félix Gouin）外，章程只得到两位共产党部长——工业生产部长保罗和劳动与社会保障部长克鲁瓦扎的签署。《费加罗报》就此指出："我们认为应该重新审议该文本……因此它的合法性，在我们看来，值得怀疑。"④《时代》（Epoque）撰文指出：工业生产部长保罗先生毁了我们！他刚刚通过章程建立了一个享有特权的劳动者阶层；这有可能毁掉所有的私有部门。该章程是个丑闻，我们强烈希望电气—燃气公司的特殊身份适用于全体劳动者，包括农业劳动者。

战后各政治派别超越意识形态的空前团结没有坚持多久，联合执政的三大政党很快就出现分歧，且分歧日渐增大，保罗凭借政治家的敏感嗅到了这一点，他预感到联合政府走不远，因此抓紧时间推动出台了上述章程。电气—燃气公司等公有部门雇员是法国总工会的主力，所以保罗极力捍卫它们的既得利益。电气—燃气公司保留了自己的退休制度，在一定程度上为其他享有行业制度的部门树立了"坏"

① Picard Jean-François, Beltran Alain, Bungener Martine, *Histoire（s）de l'EDF*, Paris, Dunod, 1985, p. 43–44. 转引自 *Les retraites des industries éléctriques et gazières：éléments historiques*, p. 21.

② Op. cit.

③ n°46–1541 du 22 juin 1946，参见 http：//sgeieg. asso. fr/documents/Statut/STATUT_ NATIONAL_ DU_ PERSONNEL. pdf。

④ *Le Figaro*, le 7 juillet, 1946。转引自 *Les retraites des industries éléctriques et gazières：éléments historiques*.

榜样。

第四节　小结：碎片化——利益博弈的产物

针对二战之前法国在社会保障领域特别是建立社会保险制度时遭遇的阻力，加拿大学者史密斯（Smith）曾得出如下结论："19 世纪末 20 世纪初，法国中产阶级在人口上占有绝对优势，并与传统社会有着千丝万缕的联系。小店主、手工业者、农场主，工商业业主、政府官员及公务员构成了法国中产阶级的重要组成部分，他们对现状表示满意，崇尚自由主义而排斥国家干预。他们最不愿意扩大社会保障的开支。对于城市工人中日益上升的问题最不敏感，他们构成了社会保障制度建立过程中的巨大障碍。工业化的滞后和农业的孤立分散状态使得法国社会的停滞性特征尤为突出，在法国，社会政策的变动只有在符合既定的利益时才会受到欢迎"。[①]

史密斯的分析在一定程度上依然适用于解释战后法国普及社会保障制度的失败。二战之后，法国的社会结构并没有发生显著改变，不仅阶级对立（资产阶级、中产阶级、无产阶级）、城乡对立依然存在，阶级内部也进一步分裂（白领阶层 VS 蓝领阶层、私有部门 VS 公有部门）。不同的阶级、不同的阶层、不同的团体对福利制度有着不同的理解和理念以及从身份利益到物质利益的不同诉求[②]，要在短期内予以淡化或者消除绝非易事。正如拉罗克在为《法国社会努力的成就与不足》一书所作的结论中指出的，"全民团结在法国实现的程度十分有限"[③]，"社会领域的成就并没有为全体社会成员平等地享有，不仅在农业者、工商业工薪者和独立职业者之间存在着显著差

---

① Timlothy B. Smith, *Creating the welfare State in France, 1880 - 1940*, Montréal：Mc-Cill-Quee's University Press, 2003, p. 5. 转引自王天红《试论法国传统救济体系对现代社会保障制度的阻碍》，第 27 页。

② 正如拉括克所说的："……并非所有的人对社会保障的看法都一样而且它（社会保障）并非只包含着物质因素"。参见 Henry C. Galant, op. cit., p. 111.

③ *succes et faiblesse*, conclusion 349.

别，就是工薪者内部也存在差别，甚至差别更大：某些职业团体享有自己的、更为优惠的福利待遇，并因此比其它团体显得优越"。① 面对复杂的利益格局，决策者虽然有破旧立新、建立统一制度的强烈愿望，但愿望能否实现，在很大程度上要取决于政治格局：战后社会保障制度之所以得以建立，关键就在于左翼力量特别是工人政党和工人运动的空前强大和右翼的失势。与战前相比，这样一种政治现实使得企业主、互助会、个体劳动者等中产阶级的利益诉求不再成为政府的优先考虑。反之，赢得劳动者参与经济重建的迫切需求使劳工的利益上升至首位。换言之，如果说战前的社会保险制度在很大程度上受到雇主、个体劳动者、互助会等有产者利益左右的话，那么 1945 年的社会保障制度则是"劳工"利益强烈介入国家政治和经济生活的结果。然而如此天赐良机仅仅是昙花一现，1946 年之后，伴随着政治力量对比的再度变化——工人政党被逐出政府、中产阶级和右翼势力重返政治舞台，自雇者、雇主、互助会等中产阶级的利益再度上升为主要利益。各种反对力量彼此配合，互相支持，最终挫败了在以工薪者为主要覆盖对象的总制度框架内拓展养老制度的努力。

　　诚如拉罗克指出的："法国从来没有出现过一项全面的、目光长远的社会政策。更通常的情况是，政府在眼前的压力特别是最强大的集团的压力下屈服。而最强大的集团，和我们认为的相反，并不总是人数最多的集团，因为占人口大多数的民众是缺乏组织的。政府的努力，除极少数情况外，虽然没有进一步恶化（社会领域的）不平等，但至少反映了当代法国社会的一大特征，即某些社会和职业团体的本位主义。"② 社会保障计划本打算取消社会领域的不平等、实现全民团结，但是事实证明，"在即存的社会结构中，反对的力量大于改革的力量"。"传统观念的固守者坚持与改革相对抗"，使法国在社会领域的变革"不是渐进与持续向前的"，而是表现出"时断时续，停

---

① Pierre Laroque, Conclusion aux Suzanne Grévisse et al. , op. cit. , p. 348.

② Conclusion de Pierre Laroque, Succès et faiblesse de l'effort social français, Librairie Armand Colin, 1961, p. 349.

滞、后退和前进相交织"的特点。[1]

概言之，1945 年前后，拉罗克就是看到历史上的碎片化制度有很多弊端——效率低、成本高，不利于全民团结，才下决心对旧制度进行改造，建立一个统一的新制度。结果受到形形色色利益集团的大力阻挠，最终没能破旧立新，而是被迫在旧制度的基础上"修修补补"，致使法国社会保障制度的拓展史，不仅是一部不断碎片化的历史……而且是国家不断对制度演进特别是社保支出失去控制的历史，[2] 更是一部改革过程曲折、改革成本高昂、改革成就有限的历史（详见下文的分析）。拉罗克日后曾遗憾地感慨道："（法国的）制度和英国不同，在建立的时候没把当时的既有机构全部推倒重来。"[3]政府总是在眼前的压力特别是最强大的集团的压力下被迫屈服，因此法国从来没有出现过一项全面的、目光长远的社会政策[4]。

———————

① Op. cit. , p. 8.

② Bruno Palier, *Gouverner la sécurité sociale*, p. 134.

③ P. Laroque, *Les grands problèmes sociaux contemporains*, Paris, Institut d'études politiques, Les cours de droit, (2 tomes), 1963°1964, 转引自 Nicole Kerschen, op. cit. , p. 576.

④ Pierre Laroque, Conclusion aux Suzanne Grévisse et al, op. cit. , p. 349.

第四章　入不敷出

——法国社会保障制度的财政危机

　　1945年建立现代社会保障制度的时候，法国经济受到战争的巨大破坏，面临重建，劳动力十分匮乏，故而有充分的经济发展和就业空间。在此背景下，为防止"纯粹的财政考量妨碍社会目标的实现"，新制度的缔造者刻意回避了英国制度的"国家管理"原则，而选择了合作主义的管理方式。然而时过境迁，事情发生了戏剧性的翻转，从20世纪70年代中期起，伴随着经济从繁荣转向衰退、就业从充分转向不足，法国的福利开支不断攀升，而收入却日渐不足，收不抵支，最终导致了日益严重的亏空，不仅给国家财政造成了沉重负担，还把社会保障制度本身拉到了崩溃的边缘，由此可见新制度虽然成功地规避了"财政动机对社会目标"的损害，却走向了另一个极端：社会目标的实现在一定程度上损害了财政稳健，这恐怕是法国社会保障制度的缔造者拉罗克当初没有想到的。

　　这种局面的出现，在很大程度上跟法国的制度结构有关：在法国的制度中，林林总总的行业制度有各自的给付水平，制度刚性大，适应经济—社会环境的能力差。在经济下行、社保收入下降的情况下，国家难以从整体上调整给付水平来降低支出，最终出现赤字。正如帕利耶指出的："法国社会保障制度的拓展史，就是一部不断碎片化的历史……而且从1960年起，还是国家不断对制度演进特别是社保支出丧失控制的历史。"[1]

第一节　社会保障制度的财政危机

  法国社会保障制度在建立之后的最初十几年间，为提高国民生活水平、促进经济发展、保障社会稳定起到了积极作用。但随着时间的推移，法国的经济—社会形势发生了巨大变化，社会保障制度难以适应变化了的新国情，福利开支不断攀升，出现了日益严重的财政"窟窿"（trous）。

一　财政危机的表现

  法国建立社会保障制度的时候，正是法国经济飞速发展的黄金时代，即所谓的"辉煌的 30 年"（1945—1975 年）。在经济繁荣、就业充分的背景下，该制度整体而言运行良好，财政稳健（详见表4—1）。

表4—1　　　　　　1947—1967 年总制度收支状况　　　（单位：百万法郎）

年代	收入	年代	收入	年代	收入
1947	18399	1954	− 16538	1961	217
1948	16101	1955	− 34910	1962	764
1949	6028	1956	2200	1963	87
1950	− 26069	1957	88	1964	− 303
1951	− 34982	1958	534	1965	− 1082
1952	10160	1959	335	1966	− 2107
1953	2692	1960	50	1967	− 2328

  1950 年数据出自 *Revue française du travail*, 1949；1950—1962 年数据出自 rapports au président de la République；1963—1967 年数据出自 annuaire INSEE 1968。转引自：Bruno Palier, *Gouverner la sécurité sociale*, p. 137.

---

  [1]　Bruno Palier, op. cit. , p. 134.

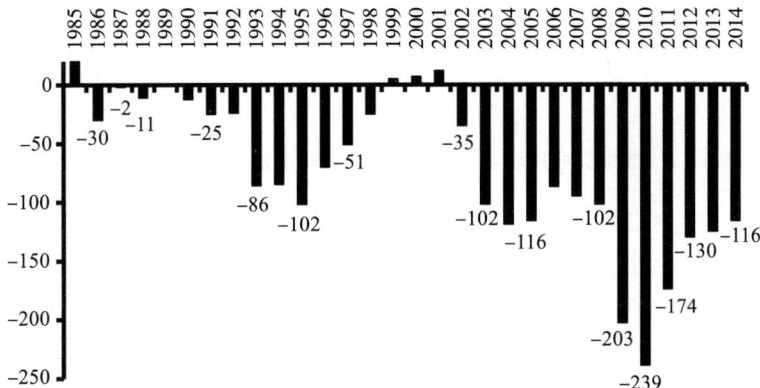

图4—1 1985—2014年法国社会保障总制度

财政状况一览表（单位：亿欧元）

资料来源：根据 INSEE 的相关统计数据汇编而成。http：//www. securite-sociale. fr/
IMG/pdf/synthese_ _ rapport-ccss_ 2014 – 2. pdf 等。

但是从 20 世纪 70 年代中后期起，法国社会保障制度赤字频现。
从 1986 年起，除 1999、2000 和 2001 这三年外[①]，连年入不敷出，赤
字滚雪球般日积月累，给国家财政造成了沉重负担（详见图4—1）。
2010 年，受 2008 年国际金融危机的影响，法国社会保障总制度的赤
字高达 239 亿欧元[②]，创历史纪录，若加上农业制度、特殊制度等其
他制度，则赤字水平更高。受此影响，法国公共财政赤字总额为
1488 亿欧元，也创了历史纪录。[③]

二 财政危机的根源

财政危机的出现主要源自以下几方面因素：

---

① 这三年分别盈余 5 亿、7 亿和 12 亿欧元。

② 《Quelle est l'évolution du déficit du régime géréral de Sécurité sociale ?》le 14 04 2014，
http：//www. vie-publique. fr/decouverte-institutions/finances-publiques/protection-sociale/grands-
domaines/quelle-est-evolution-du-deficit-du-regime-general-securite-sociale. html，最后访问日期：
2015 年 9 月 27 日。

③ 中国驻法国使馆经商处：《法国 2010 年公共财政赤字创历史最高记录》，中华人民
共和国驻法兰西共和国大使馆经济商务参赞处官网，http：//fr. mofcom. gov. cn/aarticle/
jmxw/201101/20110107364347. html。

（一）经济因素

经济因素包括两个方面，一是经济衰退，二是产业转型。

表4—2　　　法国失业率和 GDP 增长率的历史比较（1970—2014 年）　　　（％）

年代	失业率	GDP 增长率	年代	失业率	GDP 增长率	年代	失业率	GDP 增长率
1970	2.5	6.1	1991	7.8	1.0	2003	8.1	1.1
1975	3.3	-1.0	1992	8.6	1.4	2004	8.5	2.5
1980	5.1	1.7	1993	9.6	-0.9	2005	8.5	1.9
1981	6.0	0.9	1994	10.2	2.2	2006	8.4	2.2
1982	6.6	2.4	1995	9.6	2.1	2007	7.7	2.4
1983	6.94	1.2	1996	10.1	1.1	2008	7.1	0.2
1984	8.0	1.5	1997	10.3	2.2	2009	8.7	-2.6
1985	8.5	1.7	1998	9.9	3.5	2010	8.9	2
1986	8.6	2.5	1999	9.6	3.3	2011	8.8	1.7
1987	8.7	2.5	2000	8.1	3.9	2012	9.4	0
1988	8.4	4.2	2001	7.4	1.9	2013	9.8	0.3
1989	7.8	4.6	2002	7.5	1.0	2014	10.2	0.4
1990	7.6	2.6						

资料来源：Lecture：en moyenne en 2013，9，8% de la population active est au chômage au sens du BIT.

失业率数据出自 INSEE，*Taux de chômage depuis* 1975；GDP 增长率数据出自 INSEE，*enquêtes Emploi 1975 – 2013，séries longues.*（1970 年数据出自 INSEE：*Rapport économique, social et financier*，2008，Tome Ⅱ）

1. 经济衰退

自 20 世纪 70 年代中期起，法国持续了三十年的经济增长戛然而止，就此进入了一个相对衰退的时期。经济衰退的首要诱因是经济危机，首先是 1975 年的全球性经济危机，这次危机重创了法国经济，使其陷入了长期低迷。由表 4.2 可见：20 世纪 80 年代前半期，除个别年份外，法国的经济增长率一直徘徊在不足 2% 的低水平上，后半期有所好转；进入 90 年代后，情况再度恶化，经济持续低迷，整个

90 年代的平均增长率不足 2%①，1993 年甚至出现负增长，是二战以来法国最为严重的经济衰退。进入 20 世纪后，情况依然不见好转，经济增长率长期徘徊于 1%～2.5% 的低水平上。2008—2009 年爆发的全球性经济和金融危机为法国经济雪上加霜，2008 年法国经济几乎停止增长，2009 年再度出现负增长，2010 年方开始缓慢回升，但增速缓慢。2012 年法国经济零增长，再度陷入停滞。

经济的不景气直接导致了就业的困难，致使失业率持续高企。统计表明，从 20 世纪 80 年代中后期起直到 20 世纪末，法国的失业率始终高企，特别是整个 90 年代，失业率一度突破两位数，进入 20 世纪以后略有改善；2010 年以来，在全球性经济和金融危机的打击下，失业率再度攀升（详见表 4—2）。

2. 产业转型

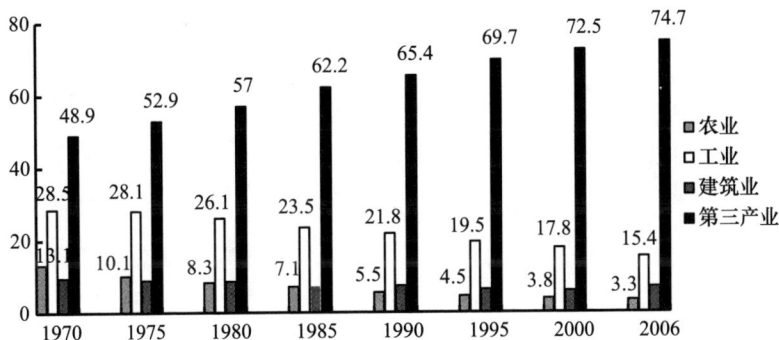

图 4—2　法国各产业就业人口比重的历史比较（1970—2006 年）
资料来源：INSEE，引自 Rapport économique, social et financier, 2008, Tome II.

从 20 世纪 70 年代起，伴随着科技的进步，法国经济开始转型，农业和传统工业产业日渐萎缩，第三产业则蓬勃发展：农业就业人口占就业总人口的比重由 1970 年的 13.1% 逐步减至 2006 年的 3.3%；工业和建筑业就业人口由 1970 年的 28.5% 和 9.5% 减至 2006 年的

---

① INSEE（法国国家统计局），*Evolution du PIB en France*，http：//www. insee. fr/fr/themes/tableau. asp? reg_ id = 0&id = 159. 最近一次访问 2011 - 5 - 10。

15.4%和6.6%。1970年，农业、工业和建筑业，即第一和第二产业的就业人口尚占就业总人口的一半，从1992年起逐渐降至不足1/3。与此形成鲜明对照的是，第三产业就业人口不断增加，1970年占就业总人口的近一半，目前已占2/3强，而且有不断增加的趋势（详见图4—2）。

伴随着一、二产业的萎缩，一些"夕阳产业"的从业者逐渐被排挤出劳动力市场——如1975—1990年，法国冶金业佣工减少了60%，纺织和制衣业减少了45%，制革业减少了44%，机械制造业减少了25%，这些行业的从业者缺乏新技能，难以适应新经济部门的要求，在得不到培训和再教育的情况下，很难重新就业；相当一部分接受传统技能教育的年轻人，如冶金、钢铁等专业的大学生或职业高中生，毕业后也沦为失业者。由此可见，产业结构的调整导致了严重的结构性失业。而结构性失业大多是长期失业，失业时间少则半年多则数年乃至数十年。在长期缺乏稳定收入来源的情况下，许多结构性失业者最终陷入赤贫。

经济衰退和产业结构的调整在社会保障领域带来了两大后果：一是增加了社保支出——用于失业补偿、职业培训和消除贫困、促进"社会融入"[①]的支出不断增加；二是减少了社保收入——失业的增加导致了缴费人数的减少。收入和支出之间不断增大的剪刀差最终导致收支失衡。如2009年法国社保支出增长迅猛，大幅度增加了4.2个百分点，其中失业保险和就业补助的增幅最为显著。与此形成鲜明对照的是，在经济危机的打击下，社保收入增幅缓慢，只微弱上涨了0.7个百分点，收不抵支，社保赤字高达178亿欧元。[②]

（二）人口因素

按照联合国的有关规定，一个国家60岁以上人口占总人口的比重超过10%或是65岁以上人口占总人口的比重超过7%就可视为进

---

① 1988年密特朗政府专门创立了用于消除赤贫的"最低社会融入收入（RMI）"制度。

② Ministère du budget des comptes publics et de la fonction publique : *Rapport sur la dépense publique et son evolution*, projet de loi de finance pour 2009.

入老龄化社会。法国国家统计局（INSEE）的统计数据表明，法国在
1970 年的时候，65 岁以上人口占总人口的比例就已高达 12.8%；从
1972 年开始，该比例超过了 13%；80 年代，65 岁以上人口占总人口
的平均比重为 13.4%；1990 年达到 14%，1995 年达到 15%，2000
年达到 16%，预计 2020 年将达到 20%，人口老龄化问题十分严重
（详见图 4—3）。在人口越来越"老"的同时，得益于医疗条件的大
幅度改善，人口的预期寿命也越来越长，在这两方面因素的共同作用
下，法国的医疗和养老负担逐步加重，医疗和养老项目亏空巨大，恶
化了整个社会保障制度的财政状况。

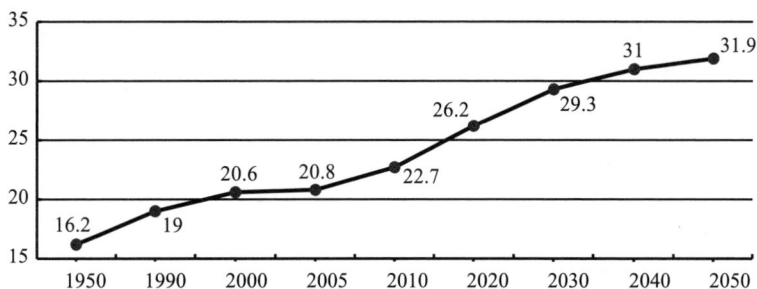

图 4—3　法国老龄人口（≥ 60 岁）的历史演变及未来发展趋势（%）

资料来源：INSEE。

（三）全球化因素

法国的社会保障制度形成于第二次世界大战之后，在当时有充分
的经济发展空间和就业空间的背景下，该制度运行良好。然而时过境
迁，特别是自 20 世纪 90 年代以来，在全球竞争日益加剧的新背景
下，同西欧其他福利国家一样，法国的社会保障制度也陷入困境。尽
管全球化不是福利国家普遍陷入困境的直接原因，但其推手作用不容
置疑，也就是说在一定程度上全球化起了推波助澜、加剧危机的作
用：法国的福利待遇在全球属于较高水平，而高福利推高了法国的劳
动力成本，高劳动力成本降低了法国企业的国际竞争力，打击了企业
特别是传统的劳动密集型企业的雇工积极性，甚至致使企业纷纷外迁

至劳动力成本相对低廉的发展中国家。如早从 20 世纪 70 年代中后期开始，法国的纺织业就开始向东南欧、非洲和东南亚地区特别是前法国殖民地国家搬迁。90 年代以后，伴随着全球化的高歌猛进，外迁的企业在种类和数量上都持续大幅增加。企业外迁导致大量人员失业，例如从 1993 至 2003 年的十年间，法国电子行业的就业岗位流失了一多半，从 50 万降至不足 25 万。高失业率直接导致了社保支出（用于失业救助）的增加和社保收入的减少（缴费人口不足），使在经济不景气和人口老龄化作用下已然收不抵支的社会保障制度进一步负债累累。为填补窟窿，国家开征了新税①，而征税的结果是进一步抬高了劳动力价格，劳动力价格的提升反过来进一步打击了企业的用工积极性，使失业人口持续增多，结果是，社会保障开支更高、收入更少，如此恶性循环，加重了法国社会保障制度的财政危机。

三 社保财政危机对国家财政的损害

社会保障制度的财政危机不仅使该制度本身难以为序，还连累了国家财政。

社会保障支出长期高居法国公共支出之首。以 2007 年为例②（详见图4—4）：2007 年法国的公共支出为 9910 亿欧元，占 GDP 的 52.4%，其中仅社保支出一项就占了 42.4%，远远高于投放于教育、防务、社会治安等领域的支出。社保支出的增加成为公共支出增加的主要因素，统计表明，从 1960—2007 年，社会保障支出从占 GDP 的

① 如 1991 年创立了以个人的所有收入（工资、养老金、失业补助等替代收入以及遗产收入等）为税基的普遍社会税（CSG）；1995 年又开征了社会债务清偿税（CRDS）。2011 年时任总统萨科奇曾尝试开征社会增值税，即降低雇主的社保特别是家庭津贴的缴费率（原因在于家庭津贴是普惠制，面向全民，不应由企业负担），同时将增值税税率提高 1.6 个百分点，弥补由此造成的社保收入损失。提高的部分被命名为"社会增值税"，该措施本预计于 2012 年 10 月 1 日起实施，但因萨科奇在 2012 年总统大选中失败而流产。

② 2007 年数据见：Ministère du budget des comptes publics et de la fonction publique：*Rapport sur la dépense publique et son evolution*，http：//www. performance-publique. gouv. fr/fileadmin/medias/documents/ressources/PLF2009/rapport_ depense_ 2009. pdf，p. 33. 最后一次访问 2011 - 5 - 11。

15%一路飙升至占 42.2%。①

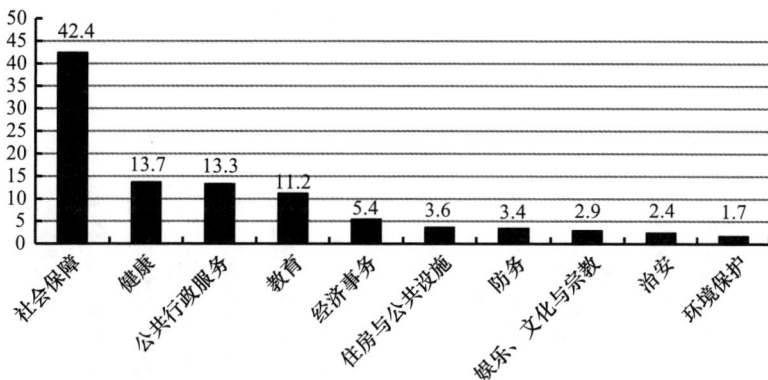

图4—4 2007年法国公共支出项目（%，按用途划分）

资料来源：Ministère du budget des comptes publics et de la fonction publique：*Rapport sur la dépense publique et son evolution*, p. 33.

公共支出开销大，经济却持续低迷，增速缓慢，不敌公共支出的增速，两者之间不断扩大的剪刀差使公共支出占 GDP 的比重不断攀升，法国政府不得不举债度日，自 1974 年以来，法国的财政预算就从未平衡过，此后，赤字问题日益严重。统计数据表明：1960 年代初，法国公共支出占 GDP 的比重为 35%，此后逐年上升，2005 年增至 53.8%。与此相伴随，赤字占 GDP 的比重也逐年上升，2009 年达到创纪录的 7.5%②，20 世纪除个别年份外，持续超出欧盟《稳定与增长公约》规定的 3% 的上限（见图 4—5）；公债占 GDP 的比重从 1978 年的 21.1%一路飙升至 2014 年的 95%，自 2003 年以来持续超出《稳定与增长公约》规定的 60% 的上限（见图 4—6），若不加以

---

① 2007—2009 年，法国社保支出占 GDP 比重为 30.6%、30.9%、和 31.8%。Ministère du travail, de l'emploi et de la santé, Ministère du budget, des comptes publics, de la fonction publique et de la réforme de l'état, Ministère des solidarités et de la cohésion sociale, *Les comptes de la protection sociale en 2009*, n° 153 - février 2011, p. 9.

② 由图 4—5 可见，在大力削减福利等减赤措施的作用下，2009 年以后赤字占 GDP 比重呈不断下降之势。

控制，2020 年将增至占 140%。[①] 高筑的债台使总理菲永在 2007 年初
入总统府时不禁惊呼：由于 25 年来预算从未平衡过，15 年来赤字不
断，政府已经破产。[②] 巨额财政赤字和公债问题的久拖难决使法国政
府屡屡受到欧盟的点名批评。

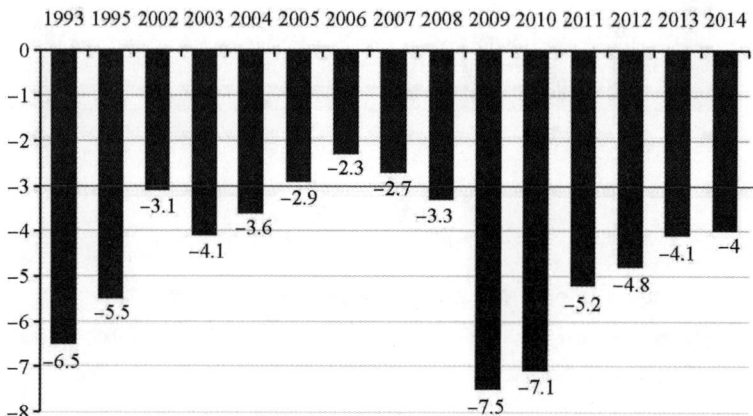

图 4—5　法国财政赤字占 GDP 比重（%）

资料来源：lafinancepourtous. com 综合 Eurostat 和 Insee 的相关数据而来。http：//
www. lafinancepourtous. com/Decryptages/Mots-de-la-finance/Deficit-et-dette-publique.

　　由此可见，高昂的社会保障支出是法国巨额财政赤字的元凶。将
法国与欧盟其他国家略作对比能更清晰地表明这一点（详见图 4—
7）：1995—2006 的 10 年间，法国的社保支出均高于原欧盟 15 国的
平均水平。2006 年，法国社保支出占 GDP 的比重为 31.1%，高于原
欧盟 15 国 27.5% 的平均水平，在欧盟 27 国中位居第一，甚至高于
以高福利著称的北欧国家——瑞典（30.7%）和丹麦（29.1%）[③]。

---

　　① "Le traitement du déficit public, priorité nationale pour l'Elysée", *Le Monde*, 20 Mai,
2010；2010 年数据出自 INSEE.

　　② 人民网：《法总理：法国已破产，无法提供大量薪水和补贴》，2007 年 9 月 25 日，
http：//world. people. com. cn/GB/1029/42356/6311847. html

　　③ 资料来源：*Comptes globaux de la protection sociale：dépenses sociales en comparaison in-
ternationale* http：//www. bfs. admin. ch/bfs/portal/fr/index/themen/13/01/blank/key/sozialaus-
gaben_ im/2000. Document. 21392. xls，最近一次访问 2014 - 4 - 5。

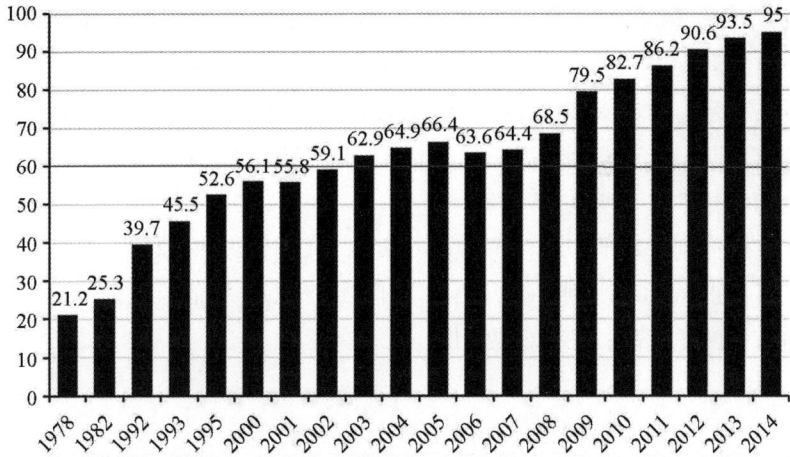

图4—6　法国公共债务占 GDP 比重（%）

资料来源：根据 INSEE 相关数据整理。

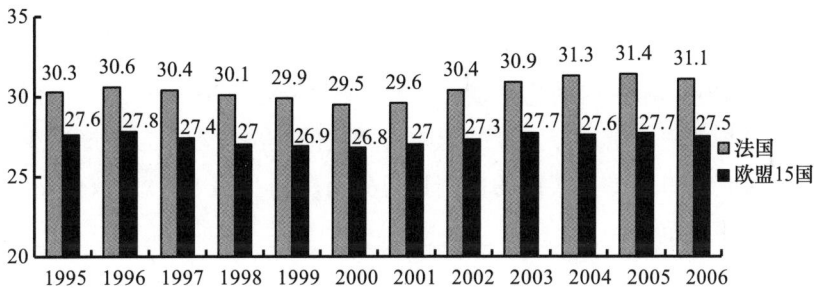

图4—7　法国社保支出占 GDP 比重：与原欧盟 15 国

平均水平比较（1995—2006）（%）

资料来源：*Comptes globaux de la protection sociale：dépenses sociales en comparaison interna-tionale.*

第二节　退休制度：财政危机的重灾区

　　法国社会保障制度由于赤字巨大而面临危机，而退休制度是其中的重灾区。以退休金为主体的养老支出是整个社会保障制度中花费最多的项目之一：2012 年，养老支出占社会保障补助总额的 45 . 6%，

占 *GDP* 的 14.3%。[①] 2012 年法国社会保障制度赤字为 270 亿欧元，其中单养老支出（其中退休金占 92.3%）一项就高达 100 亿欧元[②]，占了 1/3 余。养老支出还是整个社会保障支出中增速最快的项目之一。统计表明，从 2004 年起迄今，伴随着老年人口的不断增加，养老支出的增长率高达 4.9~6.2%。

退休制度之所以亏空巨大，主要由于以下几方面原因：一、在职人口和退休人口比例失衡；二、老年劳动者就业率低、提前退出劳动力市场的比例高；三、制度因素。

一 在职人口和退休人口比例严重失衡

同大多数欧洲国家一样，法国的退休制度以"代际团结"为基础，施行"现收现付"，即劳动人口供养退休人口，为其支付养老金。确保这样一种制度良性运行的前提是劳动人口要大大多于退休人口。但法国的现实是，一方面，受"婴儿潮"时期出生的人口陆续进入退休年龄、预期寿命不断延长[③]等因素的影响，退休人口不断增多，领取退休金的时间越来越长。另一方面受生育率不断下降、经济不景气导致失业增加等因素的影响，缴费的经济活动人口不断减少，结果缴费人口和受益人口的比例日益失衡（详见表 4.3），致使该制度日益不堪重负。

表 4 - 3　　　　　　　法国经济活动人口和退休人口之比

年代	经济活动人口/退休人口
1960	4/1
1980	2.9/1
2010	1.8/1
2020	1.5/1

---

① *Les comptes de la protection sociale en* 2009, p. 44.

② Op. cit., p. 11.

③ 1945 年法国建立社会保障制度时，人均寿命为 65 岁，如今已经高达 78 岁。

续表

年代	经济活动人口/退休人口
2050	>1.2/1

资料来源：*Les comptes de la protection sociale en 2009.*

二 老年劳动者就业率低、提前退出劳动力市场的比例高

与欧洲其他国家相比，法国老年劳动者的就业率较低、提前退出劳动力市场的比例较高，这进一步加剧了法国的财政危机。

由表4.4可见，2009年，法国55—64岁老年劳动者的就业率在欧盟27国内属于较低水平。实际退出劳动力市场的年龄低于大多数国家。造成这种状况的主要原因是法国法定退休年龄偏低——2010年改革前一直为60岁，几乎是欧盟25国中最低的，而欧盟大多数国家都是65岁（男性），[①] 法国基本上是欧盟内退休最早的国家。

造成老年劳动者就业率低和提前退出劳动力市场比例高的另一个原因是"提前退休"的存在：有关提前退休的规定出台于20世纪六七十年代，当时，受产业结构调整的影响，青年人大量失业，国家出于提高青年人就业率的考虑，用替代率优厚的养老金鼓励老年劳动者提前退出劳动力市场，以把就业岗位腾给年轻人。此外，在公务员、国营铁路公司等特殊退休制度领域，提前退休现象更是从很早以来就普遍、大量存在。

2009年法国养老金的增长率为4.0%，是近十年来增长最慢的一次。主要原因就在于，从2009年1月1日起法国收紧了提前退休的条件，使提前退休的人数从2008年的12万大幅度降至2009年的2.5万。[②] 2009和2010两年，虽然年龄在60岁及以上的人口在数量上没有改变，但总制度下离开劳动力市场的人口减少了10%余，这从反面证明了提前退休对养老制度的财政危害。

----

① 其实一开始，法国对法定退休年龄的规定也是65岁，但是20世纪80年代初，左翼密特朗政府上台后，施行了一系列包括国有化、提高福利待遇在内的"社会主义政策"，将总制度的法定退休年龄从65岁降至60岁（1983年）。

② *Les comptes de la protection sociale en* 2009，p. 34.

表4—4 　　　欧盟各国法定退休年龄、退出劳动力市场的
平均年龄与老年劳动者就业率的比较

国家	法定退休年龄（男/女）（岁）	实际退出劳动力市场年龄（男/女）2011	55—64岁就业率（%）（2009）	退休金占GDP（%）
德国	65（2012年起逐步延至67岁）	62.6/61.9	59.9	13.1
奥地利	65/60（2024—2030年男女拉齐）	62.6/62.3	41.5	15.1
比利时	65	61.2/61.9	38.7	12.1
保加利亚	63/60（计划逐步延长）	64.1	43.9	8.8
塞浦路斯	65	62.8	55.2	—
丹麦	65（2024—2027年延至67岁）	63.2/61.4	59.5	12.1
西班牙	65	61.2/63.4	44.5	10.1
爱沙尼亚	63/61.5（2016年男女拉齐）	62.6	57.2	—
芬兰	65	62.3/61.1	57.0	12.6
法国	60（从2011年7月起到2018年，逐步上调至62岁）	60.3/59.8	41.4	14.5
希腊	65/60（2013年男女拉齐）	61.3/61.6	39.4	—
匈牙利	62（2022年延至65岁）	60.1/58.7	35.8	—
爱尔兰	66	63.5/64.7	50.0	—
意大利	66/62	60.8/59.4	37.9	16.0
拉脱维亚	62（2014—2025延至65岁）	62.7	51.1	—
立陶宛	62.5/60（2026年前逐步延至65岁）	59.9	50.5	—
卢森堡	65	59.4	39.3	9.5
马耳他	61/60—65（视出生年份而定）	60.3	31.7	—
荷兰	65（2019延至66岁、2023延至67岁）	63.9/63.1	56.1	12.8
波兰	65/60（男女分别于2020年和2040年延至67岁）	61.4/57.5	36.9%	—
葡萄牙	65	62.9/62.3	47.9	14.1
捷克	65（女退休年龄随子女数量变化，从62岁至65岁不等）	61.5/59.6	47.6	

续表

国家	法定退休年龄 （男/女）（岁）	实际退出劳动 力市场年龄 （男/女）2011	55—64 岁 就业率（%） （2009）	退休金占 GDP（%）
罗马尼亚	64. 1/59. 1（2015 年男延至 65 岁， 2030 年女延至 63 岁）	65. 5/63. 2	40. 0	9. 4
英国	65/60（2020 年女性延至 65 岁， 2046 年全体延至 68 岁）	64. 1/62	56. 7	12. 5
斯洛伐克	62	60. 4/57. 5	41. 4	—
斯洛文尼亚	缴费满 15 年 65/63；满 20 年 63/ 61；满 40/38 年 58	59. 8	31. 2	10. 9
瑞典	61—67（视工作时间而定）	64. 7/64	72. 3	—

资料来源：Fondation Robert Schuman, *Les systèmes de retraites dans l'Union européenne*, 13 juillet 2012, Fondation Robert Schuman 综合 Eurostat, INSEE, OCDE 等机构的数据所得。ht-tp：//www. robert-schuman. eu/fr/doc/actualites/les-systemes-de-retraites – 04 – 06 – 10. pdf。

三 制度因素

退休制度在欧洲福利国家普遍陷入困境，不是法国一国的问题。但是法国的问题尤其突出，OECD 的相关研究报告表明，法国是 OECD 国家中退休金占 GDP 比重最高的国家之一，也是 OECD 国家中退休制度危机最为深重的国家之一[1]。之所以出现这种局面，除上述几方面因素外，从某种程度上看，还跟法国社会保障制度高度碎片化的制度形态息息相关。如前文所言，法国的退休制度支离破碎，远不是一个统一的整体，其中一些制度特别是特殊制度的退休待遇要远远好于其他制度，但其自身的财政能力又不足，常年亏空，需要来自其他制度的转移支付或国家税收等方式予以弥补，从而连累了整个退休制度并间接加剧了社会保障制度的财政危机。为尽可能详细地阐述特殊制度的问题，特另辟一节。

---

[1] Christiane Demontés et M. Dominique Leclerc：*Rapport d'Information*, p. 36.

第三节　特殊制度：退休制度的重灾区

单就养老或退休项目而言，特殊制度可以划分为以下三大类：（1）公务员制度（包括国家公务员、地方公务员和医疗系统公务员）。（2）法国国营铁路公司、法国电气—燃气公司、巴黎独立运输公司等几大公有部门制度。（3）矿工、海员等非公有部门制度。其中前两项常常被统称为公职人员制度，对应以覆盖私有部门工薪雇员为主的总制度。上述三大类制度共覆盖170万人口，其中经济活动人口56万，退休人口114万（2009年数据）①。截至2007年7月1日，② 特殊制度共覆盖全部退休人口的近1/5，仅次于总制度。然而特殊制度中的大多数都存在严重的赤字，无法依靠自身力量实现收支平衡，需要外来财政手段弥补亏空，致使特殊制度在整体上收不抵支，成了整个退休制度的大包袱。

特殊制度之所以扮演着拖后腿的角色，主要出于以下几方面原因，即这些制度是最"老"的制度、最贵的制度，同时也是赤字最多的制度。

一　最"老"的制度

特殊制度可谓法国最"老"③ 的制度。"老"有两层含义，一是"古老"，即历史悠久，二是"老化"，指人口老龄化，两者在一定程度上有着内在联系：统计数据表明，先于总制度建立的特殊制度人口

---

①　Rapport du COR, *Retraites：Perspectives actualisées à moyen et long terme en vue du rendez-vous de* 2010

②　总制度覆盖了全部退休人口的55.49%，特殊制度覆盖了18.43%，非工薪者制度（含农业非工薪者）覆盖了17.97%，农业工薪者制度覆盖了11.11%：Pierre-Edouard du Cray, "Régimes spéciaux：combien ça coûte？" *Etudes et analyses*, Septembre 2007, N°16, p. 6.

③　并不是所有的特殊制度都存在养老缴费人口和受益人口失衡的问题，比如公务员制度暂时不存在这样的问题，但是公务员制度由国家雇主负担，资金间接来自国家税收，遇到资金不足的情况靠国家提高税收就可以解决；还有一些特殊制度缴费和受益人口比例平衡，但是按照"补偿"的规定，它们的盈余被迫用来补偿其它特殊制度的赤字。因此，从整体上来看，特殊制度是收不抵支的。

老龄化现象比总制度严重得多；海员、矿工、铁路工人等出现得最早的制度人口老龄化现象最为严重。经济结构的调整是造成这种状况的主要原因：特殊制度主要覆盖能源、交通等传统行业，在 20 世纪 70 年代开始的产业结构调整中，这些行业逐渐萎缩，相关从业者不断减少，而退休人员却越积越多。我们以下列制度为例加以说明：

（一）矿工制度

采矿是法国最为古老的行业之一。但是从 20 世纪下半叶起，由于环保观念的普及和核电的大力发展，法国的采矿业不断萎缩，煤矿数量急剧减少，2004 年 4 月，法国关闭了境内最后一座煤矿，这标志着从路易十五时期兴起的法国采煤业正式退出历史舞台。与此相对应的是，矿工退休制度失去了大部分缴费人口：1950 年，矿工制度下有 40.5 万缴费人口，到 2010 年只剩下区区 6000 人。与此同时，退休金领取者却日积月累、不断增多，由 1950 年的 24 . 3 万增加到 2010 年的 33.5 万。早在 20 世纪 60 年代，矿工制度下缴费人口和退休人口的比例就开始失衡，此后每况愈下。目前该制度下的缴费人口严重不足，养老负担十分沉重：基本上是 1 个缴费人口供养 52 个受益人口（2010 年数据），而且该比例还将继续恶化（详见图 4—8）。

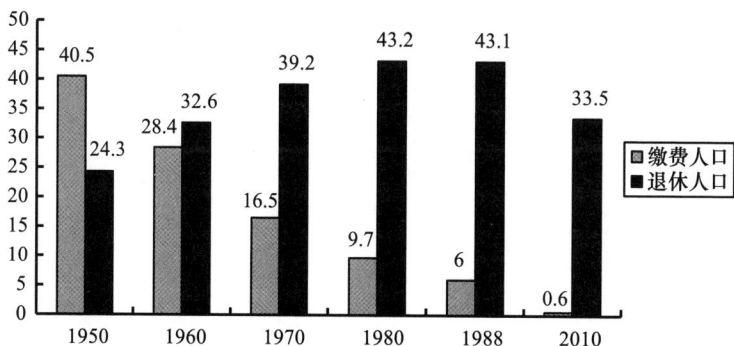

图4—8　矿工制度缴费人口和受益人口比例（单位：万人）

（二）国营铁路公司制度

铁路运输是工业化的排头兵，因此法国国营铁路公司（以下简称国铁公司）一度十分辉煌，在二战之后还在持续扩张。但是公路运输后来居上，对铁路运输构成了强有力的竞争。而且新技术的广泛应用使铁路运输手段日益现代化，从内燃机时代逐步过渡到了电气化时代。在这两方面因素的共同作用下，国铁公司的雇员数量和对雇员的需求量都持续下降，甚至有相当长的一段时间停止招聘、不再补充新雇员，以消化过剩的劳动力，结果导致国铁公司退休制度下的缴费人口和受益人口比例不断失衡：1937 年国铁公司成立之时，有缴费人口 40.1 万，退休人口 24.3 万，[①] 约合两个缴费人口供养一个退休人口；1945 年，随着铁路行业的不断发展，该制度下的缴费人口增至 43 万；如今伴随着持续不断的减员，缴费人口已剩下不足 20 万，退休人口则升至 28.5 万[②]，相当于一个缴费人口供养 1.78 个退休人口，赤字在所难免。电气—燃气公司等其他公有部门制度的情况与国铁公司类似，不再一一列举。

（三）海员制度

航海也是一个古老的行业，所以海员退休制度很早就问世了，如前文所言，它不仅是特殊制度的鼻祖，而且是法国整个社会保障制度的开端。但是在航空、铁路和公路运输等更为便捷的运输方式的强有力竞争下，法国的航海业不断畏缩，海员数量日益减少。目前，海员退休制度下的缴费人口只有 3.4 万，而受益人口却多达近 20 万，养老金收入和支出比为 1/4，资金缺口巨大。

---

①　*Les Retraites des industries électriques et gazières éléments historique*, p. 32.

②　Thierry Tauran, *Les régimes spéciaux de Sécurité sociale*, Presses Universitaires de France, 2000, p. 64.

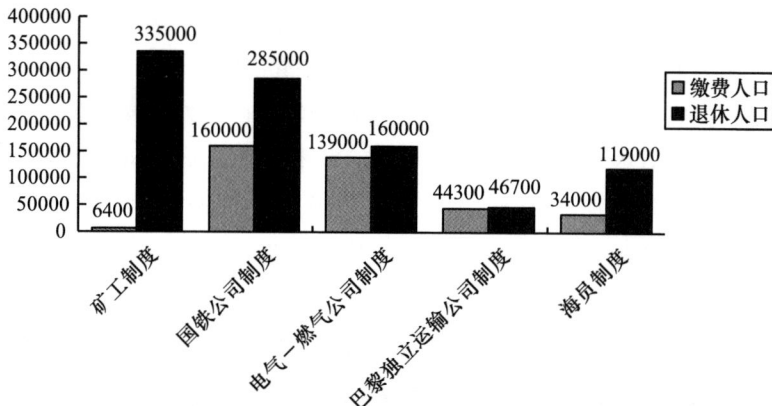

图4—9 几大特殊制度缴费人口与受益人口一览表（2010年）

资料来源：法国特殊退席制度官网：http：//www. regimesspeciaux. org/spip. php？article72.

二 最"贵"的制度

在缴费人口严重不足的同时，特殊制度却是花钱最多即最"贵"的制度，占用着大量养老资源。

前文指出，特殊制度覆盖的退休人口占退休总人口的18.4%，但特殊制度的退休金支出却高达占GDP的31.4%，其中仅公务员制度就占了21.1%（国营铁路公司、巴黎运输公司等其他特殊制度占10.3%），而退休公务员只占退休总人口的14%。[①]

特殊制度之所以"贵"，是因为与其他制度特别是总制度相比，其下的退休者特别是公务员和铁路工人、电气—燃气公司雇员等公职人员，享有下列多种福利特权，致使公有部门的养老金支出长期处于高水平。

（一）退休年龄低、缴费时间短

大多数特殊制度的法定退休年龄和总制度一样为60岁（1983年以前，总制度为65岁）。但实际上，由于"提前退休"的普遍存在，

---

① Jacaues Bourdu, " Pour sauver nos retraites : une vraie réforme ", *Etudes et Analyses*, Sauvegarde Retraites, Avril, 2010, N° 33, p. 5.

特殊制度下至少有一半的人在 60 岁以前就退休了。以法国电气—燃气公司为例：电气—燃气公司按照工作岗位的"艰苦"或"劳累"程度，把它们划分为三大类，即有害健康的岗位、外勤岗位和内勤岗位。其中只有内勤岗人员"迟至"60 岁才退休，而其他两类岗位的实际退休年龄分别是 50 岁和 55 岁，原因是这两类岗位要么较"苦"要么较"累"，因此就职于这两类岗位的人员可以提前退休。"不幸的"是"电气—燃气公司 93.7% 的雇员都就职于这两类岗位。"①，就职于内勤岗的人员屈指可数，基本上只限于行政人员，因此电气—燃气公司的大多数雇员早在 60 岁以前就退休了。最新统计数据表明，电气—燃气公司的平均退休年龄为 55 岁 8 个月，远远早于总制度。

其他国有部门制度情况类似：如法国国营铁路公司和巴黎独立运输公司制度中的司机与维修工都属于有害健康的岗位，50 岁即可退休。2005 年国铁公司的全体退休人员都是在 55 岁或不满 55 岁退休的（表 4—5），正如法国人戏称的，"进入国铁公司，您就等于选择了以高铁的速度进入退休"。②

表 4—5　实际退休年龄比较：国营铁路公司制度 VS 总制度（2005 年）

退休	国营铁路公司制度	总制度
55 岁之前退休的比例	13%	0
55 岁退休的比例	74%	0
60 岁及以前退休的比例	100%	69%
61—64 岁退休的比例	0	11%
65 岁及以上退休的比例	0	20%

资料来源：Christiane Demontés et M. Dominique Leclerc：*Rapport d'Information*，op. cit. .

公务员制度情况类似，如警察、护士等大多属于外勤岗位，在

---

① Pierre-Edouard du Cray, op. cit. , p. 7.

② Christian Arnaultm Retraites SNCF：*Cotiser peu pour partir très tôt et toucher plus*，Fondation IFRAP, juillet 2007, http：//www. ifrap. org/RETRAITES-SNCF, 60. html，最近一次访问 2013 – 04 – 17。

55 岁就可以退休。2007 年的统计数据表明，公务员中外勤人员的平均退休年龄为 55 岁 10 个月。

此外，大多数特殊制度都规定，养育三个及以上孩子的母亲工作15 年之后就可以提前退休，而总制度则没有这样慷慨的"待遇"（详见第一章表 1.3）。

自 1948 年以来，直到 2008 年，公职人员领取全额退休金的缴费年限一直是 37.5 年，甚至更低（25 年乃至 15 年），这也使得公职人员退休得更早。统计表明，公职人员的平均退休年龄在 50—59 岁之间。而总制度从 1993 年开始就将领取全额退休金的缴费年限从 37.5年提高到了 40 年，所以该制度下的私有部门雇员，尽管理论上是 60岁退休，实则普遍退休得较晚，平均退休年龄为 61.3 岁，否则就拿不到全额养老金。相应地，公职人员比私有部门雇员享受退休生活的平均时间也更长：男性平均为 26 年，女性 21 年，比私有部门分别高出 4—5 年（见表 4—6）。

表 4—6　　　　　　　　　　**特殊制度退休特权**

制度类别		规定退休年龄	实际平均退休年龄	平均退休时间
专门制度	国营铁路公司	50—60 岁	54 岁 6 个月	26 年 2 个月
	电气—燃气公司	50—60 岁	55 岁 8 个月	30 年 2 个月
	巴黎独立运输公司	50—60 岁	53 岁 6 个月	24 年 1 个月
	公务员　外勤	55 岁	55 岁 10 个月	26 年 1 个月
	公务员　内勤	60 岁		21 年 2 个月
总制度	私营工商业部门	1983 年前 65 岁 1983 年起 60 岁	61.3 岁	17 年 7 个月
"双非"制度	律师	同总制度		12 年 3 个月
农业制度	农牧场主	同总制度	75.7 岁	

资料来源：Pierre-Edouard du Cray，"Régimes spéciaux：combien ça coûte？" op. cit.．

（二）给付水平高，保障好

在退休金的给付水平上，特殊制度特别是其中的公职人员制度享有如下特权：

1. 退休金的参照标准高：公职人员退休金的参照标准是整个职业生涯的最高工资即最后 6 个月的工资，通常年终奖、职业生涯奖等奖金也包括在内；而私有部门雇员退休金的计算标准是整个职业生涯中 25 年最高工资的平均值的 50% 。参照标准的不同直接导致了退休金给付水平的差异：公职人员退休金的平均替代率为 75% 。电气—燃气公司替代率甚至高达 85% ，法兰西银行制度替代率更高，为 90% 。而私有部门雇员的退休金水平，即使加上补充退休制度，平均替代率也只有 50%—60% ，远远低于公职人员。而且早在 1993 年，私有部门雇员的退休金参照就由与工资指数挂钩改为了与物价指数挂钩。公职人员则迟至 2004 和 2008 年才做出相应改变。

2. 退休金稳定有保障：公职人员的退休金几乎从不缩水，无论遇到怎样的人口或经济危机，均会在国家的保护下免受冲击，得到百分之百的保障。原因在于，公职人员的雇主是国家，公职人员制度的财政亏空由国家雇主负责，最终是国家财政买单，这一特权早在 1953 年就形成了。统计表明，1993 年公职人员退休金的毛替代率为 75% ，15 年之后依然是 75% 。[1]相比之下，私有部门雇员的退休金则缺乏保障，给付水平起伏不定，总体上以下降为主[2]。由此产生的结果是，公职人员的退休金水平普遍高于私有部门雇员，譬如，2004 年，法国国营铁路公司雇员的年均养老金为 24000 欧元，电气—燃气公司雇员为 21000 欧元，巴黎独立运输公司为 18000 欧元；而私有工商业部门薪金雇员仅为 16000 欧元，[3] 2010 年进一步降至 14886 欧元。[4]

---

① Jacques Algarron, "La retarite des salariés : Analyse de son évolution entre générations : départs en 1993/départs en 2008", *Etudes et Analyses*, janvier 2009, N° 24, p. 1, http://www. sauvegarde-retraites. org/docs/laretraitedessalariesetsonevolutionmars09. pdf, 最近一次访问 2013 – 05 – 07。

② Ibid. .

③ *Le financement propre des régimes spéciaux ne couvre même pas la moitié des pensions versées*! http://www. sauvegarde-retraites. org/article – retraite. php? n = 454.

④ Jacaues Bourdu, op. cit. , p. 5.

（三）养老金自动继承，无限制条件

法国规定，如果养老金享有者在退休前去世，那么其养老金可以转由其配偶继承。总制度下的继承有严格的条件限制，一是家计调查，家庭收入高于一定水平则不得继承。二是年龄限制，配偶的年龄不能低于55岁，否则不得继承。总制度的养老金继承率为54%。农业制度、"双非"制度参照总制度的标准执行。公职人员制度的继承率虽然略低（50%），但是没有任何附加条件，既无须家计调查，也没有年龄限制，并且21岁以下的遗孤也有继承权。所以总体而言，公有部门享有的权益更好。统计数据表明，在总制度中，遗属（即间接权利养老金享有者）继承的养老金占养老金总额的7.4%，公有部门这一比例则高达28.7%，是前者的四倍余。如果总制度也执行和公有部门一样的继承标准，那么总制度下的间接权利养老金享有者将大幅度增加①。表4—7也表明，特殊制度中的间接权利养老金享有者人数众多，如国营铁路公司制度中的间接权力者比例高达35%。

表4—7　　　　　2010 年养老金继承者人数（单位：万人）

	国营铁路公司制度	巴黎独立运输公司制度	电气—燃气公司制度
养老金享有者总数	28.5	46.7	15.9
直接权利者	18.4	34.7	11.8
间接权利者	10.1	12	4.1

资料来源：法国特殊退席制度官网：http：//www. regimesspeciaux. org。

三 亏空最大的制度

在人口结构偏老、给付水平偏高、退休时间偏长和间接权利养老金享有者偏多这几项因素的共同作用下，特殊退休制度亏空巨大，成为退休制度的重灾区。譬如，2009 年，总制度下的退休项目赤字为72 亿欧元②，而国营铁路公司制度一项就亏空30 亿欧元。实际上，

① 保卫退休制度网站 http：//www. sauvegarde-retraites. org/article – retraite. php？ n = 567，最近一次访问 2013 – 05 – 10。

② Direction de la sécurité sociale, *Les Chiffres clés de la sécurité sociale* 2009, p. 20.

国铁公司制度一直存在着巨大的亏空,早从 2000 起,赤字就直逼 30 亿欧元。[①]

特殊制度入不敷出,主要依靠以下三种方式来实现财政平衡:

(一)国家和地方财政补贴

国家和地方财政是弥补特殊制度赤字的主要方式之一。国家财政预算在"社会保障制度及退休"的栏目下特别指出,对特殊制度的补贴是国家预算的使命之一。还有个别制度主要依靠地方财政补助,如巴黎独立运输公司主要由巴黎地区的预算负担。2007 年,国家对特殊退休制度的资助额度总计 59 亿欧元,其中最大的受益者为国营铁路公司制度(27 亿欧元),其次是国企工人退休制度(FSPOEIE,9.25 亿欧元)、海员制度(8.45 亿欧元)、巴黎独立运输公司制度(4.03 亿欧元)、参议院制度(5787 万欧元)、国民议会制度(385 万欧元)、巴黎歌剧院和法兰西剧院制度(1007 万欧元)。[②] 无论由国家财政还是地方财政出钱,负担最终都落在纳税人身上。

(二)其他制度的转移支付

按照法国社会保障法的有关规定,财政状况好、负担较轻的制度要向财政状况差、负担重的制度进行转移支付、帮助它们弥补亏空。转移支付主要发生在四大制度之间,如总制度向其他制度进行转移支付;也存在于制度内部,如特殊制度内有盈余或者赤字规模小的制度有义务资助亏空大的制度。

对特殊制度资助最多、贡献最大的是总制度(由全国工薪者养老保险基金会出资),其次是自由职业者制度(由全国自由职业者养老保险基金会出资)。2007 年,总制度对其他制度的转移支付为 48 亿欧元,几乎和它的赤字水平持平,其中很大一部分用于"救济"特殊制度。这意味着,总制度下的私有部门工薪者供养着养老保障水平高于自己的公职人员;自由职业者制度向其他制度转移支付了 4.03 亿欧元,占其保费收入的至少 1/3。特殊制度则是主要的受益

---

① http://www.ifrap.org/Regime-speciaux-malgre-la-reforme-le-deficit-sera-permanent,0905.html,最近一次访问 2013 - 05 - 07。

② 数据出自社会保障司,转引自 Pierre-Edouard du Cray, op. cit. , p. 7.

者，2007 年共接受来自其他制度的转移支付 16 亿欧元，其中矿工制度接受 9.43 亿欧元、国营铁路公司制度 2.37 亿欧元、海员制度 2.35 亿欧元，国家公共机构工人 1.3 亿欧元，等等。[1]

（三）专项税

专项税是弥补社会保障赤字的第三种方式，主要包括普遍社会捐（CSG）、社会债务清偿税（CRDS）等。普遍社会捐创立于 1991 年，税基是个人的所有收入，包括工资，养老金、失业补助等替代收入以及遗产收入等。创立之初税率为 1%，后逐步上升，2003 年达 7.5%；社会债务清偿税是 1995 年开征的，税基是所有人（赤贫人口除外）的所有收入，专门用于清偿社保债务，除此以外，专向税还包括向所有电燃气消费者（以企业消费者为主）征收的燃气输送税（CTA）等，燃气输送税主要用于"救济"电气—燃气公司制度。

三种方式无论哪一种，殊途同归，最后赤字均被转嫁到国家财政和其他法国人头上。

2007 年，在上述三种方式的共同"救济"下，特殊制度共获得 85 亿欧元的外来资助，其中，国家和地方财政补贴 59 亿欧元；其他制度贡献 16 亿欧元；专项税带来 1 亿欧元。外来资助占到特殊制度退休支出的 57.74%[2]，而自有资源只占 42%，还不足一半。由此可见特殊制度对整个退休制度、对社会保障制度乃至国家财政的拖累。更为严重的是，这并不是真实情况的确切反映，实际情况可能还要严重，因为巴黎独立运输公司、电气—燃气公司等国营企业的雇主是国家，因此其雇主的缴费常常是"虚假缴费"，实际上相关费用往往出自国家和地方财政，或者以种种方式转嫁到了消费者头上。一言以蔽之，特殊制度中逾一半的退休者靠私营工薪者制度和国家税收养活。

第四节　小结：制度碎片加重财政危机

从 20 世纪 70 年代中后期起，在经济危机导致经济衰退和失业上

---

① 本段数据出自 Pierre-Edouard du Cray, op. cit., p. 9.
② 数据出自社会保障司，转引自 Pierre-Edouard du Cray, op. cit., p. 12.

升、全球竞争加剧、人口日益老龄化等类似的经济、社会新背景下，欧洲福利国家普遍遭遇财政危机，特别是在养老制度领域。大量"缴费少、退休早、拿钱多"的退休制度碎片的存在拖了法国整个退休制度的后腿并加剧了法国"老年人口就业率低"、"提前退休比例高"的状况，使法国成为欧洲福利国家中财政问题最为突出的国家之一。从某种程度上说，制度因素虽然不是法国社会保障财政危机的根源，但是其推手作用不容忽视。换言之，制度因素在很大程度上起了"助纣为虐"的作用，恶化了危机。

本章聚焦于"特殊制度"，实际上，"农业制度"的赤字问题也相当严重：受经济转型、经济结构调整的影响，法国的农业就业人口持续减少，退休人口与在职人口的比例持续恶化，使农业制度从1963年就陷入赤字，多年来主要由总制度、"双非制度"和国家财政予以补足。而且农业制度覆盖人口众多，因此该制度的财政问题不容忽视。之所以没有研究这一碎片，是因为农业制度很少引起关注（至少在笔者所阅读的范围内），也几乎没有经历过改革。不过在2007—2008年的特殊制度改革中，就有铁路工人不服气地提出，如果改革是为了维护公平和减少赤字的话，那么为什么不改革人口形势更加糟糕的农业制度？该制度缴费很少，更拖累国家财政？[①] 可能的原因是：（1）农业制度没有提前退休、给付水平较高等福利特权，相反农业非领薪者即农牧场主的平均退休年龄高达75.7岁（2004年数据）[②]，远远高于其他制度特别是特殊制度；农业领薪者的福利待遇则类似总制度下的工商业领薪者。（2）法国是欧洲的传统农业大国，农业在法国的国民经济中占有重要地位。农业一贯受到国家的保护，农业人口特别是大农场主在法国的政治生活中具有举足轻重的作用。

---

① *Lettre ouverte d'un cheminot gréviste*, novembre 2007, http：//lmsi. net/Lettre-ouverte-d-un-cheminot.

② INSEE, http：//www. insee. fr/fr/ffc/docs_ffc/ref/agrifra07r. pdf, 最近一次访问 2013 - 4 - 23。

第五章　举步维艰

——法国社会保障制度的改革

第一节　影响福利改革的两个变量

面对日益严重的财政危机，改革成为必由之路。退休制度作为赤字的元凶之一成为改革的重点。本章就以退休制度为例来阐释法国社会保障制度的改革以及碎片化对改革的阻碍。

社会保障制度的财政危机并非法国独有，从 20 世纪 70 年代中期起，欧洲福利国家普遍遇到了大体相同的社会—经济挑战，譬如经济下行、大规模失业、人口老龄化、竞争加剧等，都需要做出适应性调整。进入 90 年代，除法国外，英国、德国、意大利等国也都陆陆续续开始改革，并且均将养老制度作为改革的首要目标。改革的方向大体相同，即福利撤退或曰削减福利。但是制度安排的差异导致了福利国家改革模式的差异，正如皮尔逊（Pierson）指出的（1996）[1]，不同的福利制度形态决定着能够动员起来反对福利改革的利益和资源，也决定着在围绕改革的政策"游戏"中谁有资格参与。帕利耶和塞吉尔（Siegel）进一步指出，在保守主义或曰俾斯麦模式的制度中，有两个变量影响着改革的路径和结果。变量 1：社会保障计划按照职业类别进行分类的程度，也就是碎片化的程度。变量 2：社会伙伴对

---

① Paul Pierson, "The New Politics of the Welfare State", *World Politics*, Vol. 48, n°1, janvier, 1996.

社会保障管理的参与程度。两者一起决定了不同的制度，其改革的路径不同、改革的难易程度不同、改革的深浅程度不同。

变量1的作用在于，碎片化的制度格局造就了比一体化程度较高的制度更多的福利利益群体：在碎片化的制度安排中，某些阶层被赋予了比其他阶层慷慨、甚至慷慨得多的福利收益，成为既得福利利益集团，他们必然反对以削减福利为目标的改革，从而增加了改革的难度。而且制度越为破碎，利益集团就越多；利益集团越多，改革就越艰难。相反，在一体化程度较高或曰福利水平较为平均的自由主义制度中，既得利益集团较少，改革的阻力也就相对较小。

变量2的作用在于，"合作主义"原则决定了福利利益集团的代表——通常是工会——参与福利决策或管理。他们作为社会政策决策过程中的行为者，拥有对于己不利的政策予以阻挠和否决的权力。相反，在自由主义模式中，社会政策的决策权集中在国家手中，社会伙伴几乎没有发言权或者发言权较小，因此干扰或对抗改革的能力也较小。经验研究也表明，保守主义模式的福利改革通常比自由主义模式更为困难。而法国福利制度的特殊性，即相对于其他保守主义模式而言更为破碎的制度安排或曰更多的制度碎片，使之在变量2与其他保守主义模式的国家大体相同的前提下，对改革产生了更多的负面影响，使改革更加艰难：在退休制度的改革上，法国一度成为欧洲的最后一个"堡垒"，长期难以攻克。

法国的制度形成之后，与制度建立之时相比，利益格局发生了显著变化。在福利制度已然建立、各阶层均得到相应保障的制度现实下，阶级之间的利益对立逐步弱化，取而代之的是新的利益对立：在合作主义原则下，工会代表受保人直接参与社保基金的管理，成为主要的福利利益代表；福利利益的对立也因此浓缩到了政府、工会和雇主三者之间，特别体现在对福利进行紧缩性改革的政府和反对改革的工会之间。工会虽然不直接参与社会政策的制订，但是按照法律规定，社会保障立法需征求社会伙伴的意见和建议，因此工会无法被规避在决策过程之外，它们手中握有政策否决权（详见图5—1）。

立法建议阶段	社保事务主管部门组成工作小组，在征求部内、专家、工会和其它利益集团意见的基础上形成法律提案，并就此提案征求其他相关部门特别是司法部和经财部的意见。	提案送交由总统、总理和全体部长参加的部长会议讨论。讨论通过后，送交行政法院审核，审核通过后再次交由部长会议审议，最终形成正式法律草案。	立法审议阶段	议会专门委员会审议：交由议会两院中的一院的相关专门委员会（国民议会的文化、家庭和社会事务委员会或参议院的社会事务委员会）审议并发表书面报告。其间将草案公开发表，利益集团和公民可将意见反馈给议员。若是社保财政草案，则直接交至国民议会审议。	全体会议审议：议员全体大会一读讨论并投票表决

合宪性审查：法律公布之前，总统、总理、国民议会议长、参议院议长、60名国民议会议员或60名参议院议员可就该法律的合宪性提交宪法委员会进行审查	提交总统，总统签署总统令并于15日内在《政府公报》上公布，使法律生效、执行	一读后，若两院意见一致，则两院在同一时间通过草案	转至另一院进行一读，以同样方式讨论并发表书面报告
	二读后，若两院意见仍不一致，总理有权组织一个由两院各7人组成的混合对等委员会对草案进行讨论，一般情况下，混委会一读即可达成一致，使草案通过。在达不成一致的情况下，政府会站在国民议会的立场上，使草案最终获得通过	二读后，若两院达成一致，则两院在同一时间通过草案	一读后，若两院无法达成一致，则进行二读。

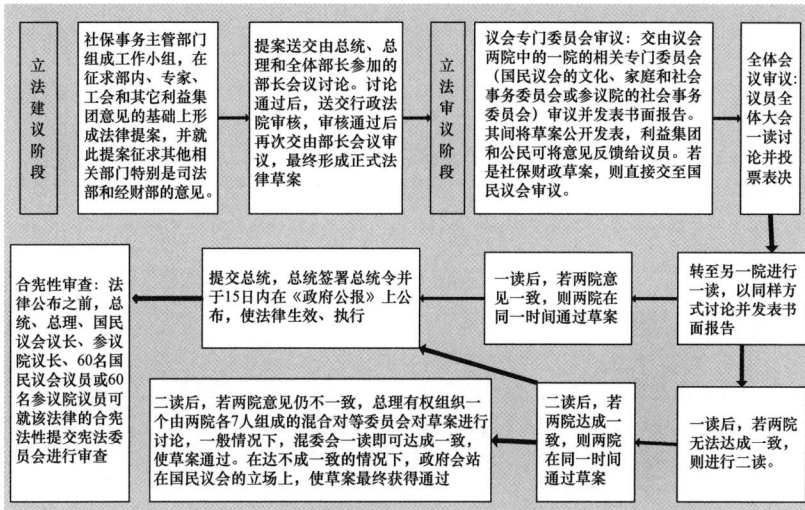

图5—1　法国的社会保障立法程序

此外，法国的工会还有如下几个不同于其他国家的特点：

第一，整体参会率低但公有部门参会率高、非经济活动人口参会率高

整体而言，法国的工会运动不断走向衰落，参会率急剧下降：20世纪40年代末，法国的工会参会率曾达到40%；50年代末降至20%左右；60和70年代略有提升，维持在25%左右的水平上；90年代末进一步降至不足10%[1]，2006年则降至不足8%。无论在哪一时期，法国的工会参会率在欧洲福利国家中基本上都排在最后一名。但是法国工会有两大特点：一是公有部门雇员的工会参会率远远高于私有部门，其中公务员和能源、运输等国有部门尤甚（详见表5-1）：2003年的统计数据表明，公有部门的平均参会率为15.35%，是私有部门的三倍，这一特点决定了特殊制度的改革远比总制度艰难。二是非经济活动人口参会率较高。工会对法国年轻人缺乏吸引力，工会成员中年轻人的比例较小，而非经济活动人口比例较高。20世纪

---

[1]　见 Dominique Labbé, *Syndicats et syndiqués en France depuis 1945*, Paris, L'harmattan, 1996, p. 132.

90 年代，这一比例高达 25%，① 在欧洲国家中仅次于意大利，② 其中大多数是养老金领取者。这一构成对养老制度的改革尤为不利。

表 5 - 1　　　　　　　**法国工会参会率（2003）**

部门	参会率%	在劳动场所的代表性%
公务员	15.1	52.7
公有企业	15.6	70.7
私有企业	5.2	31.2
全体工薪者	8.2	38.5

资料来源：T Amossé, *Mythes et réalité de la syndicalisation en France*, Premières Synthèses, n°44 - 2, octobre 2004.

第二，严重分裂但是具有极强的动员能力

在法国，受到政府承认的、具有谈判地位的工会联盟共有 5 个。这五大工联虽然在捍卫福利制度上存在一致的利益诉求，但是在意识形态领域存在着严重分歧。按照从左到右的意识形态谱系，五大工联分别是：（1）法国总工会，最早成立于 1895 年，是法国最大的两个工会联盟之一。（2）法国工人力量联盟（FO 或 CGT-FO），是 1947 年从法国总工会中分裂而成的，由当时法国总工会中的右倾改良派组成。在 20 世纪 90 年代，在少数托派分子（极左翼）的影响下，FO 的立场日趋激进。（3）法国基督教劳动者联盟，最早成立于 1919 年，以工薪白领和纺织工人为主。（4）法国民主工会联盟（CFDT），是 1964 年从法国基督教劳动者联盟中分裂而成的，由法国基督教劳动者联盟中决定放弃宗教性工会而改建世俗性工会的成员组成。它与法国总工会并列为法国目前最大的两个工会联盟。（5）法国职业工会—管理人员工会联盟（CFE-CGC），主要由薪金白领组成。

五大工联在意识形态上的对立导致他们彼此之间关系紧张，缺乏

---

① David Natali and Martin Rhodes, "Trade-offs and Veto Players：Reforming Pensions in France and Italy", *French Politics*, August 2004, Vol. 2m No. 2.

② 意大利高达 47%, op. cit. .

横向的联系和协调。并且为了争夺社保基金会的控制权而冲突不断。半个多世纪以来，除法国总工会外，五大工联没有一个能够在社保基金理事会中占据主导地位，都曾寻求和雇主集团——法国全国雇主理事会结盟，从而实现对基金会的管控：从 1960 年代末到 1980 年代末，工人力量联盟是雇主集团的主要合作伙伴，其次是基督教劳动者联盟。之后，法国民主工会联盟逐步取代工人力量联盟，成为雇主集团的主要合作者。1988 年以后，法国民主工会联盟逐步在所有重要的社保基金会如全国工薪者养老保险基金会、全国工薪者医疗保险基金会中都占据了重要位置。而工人力量联盟则在托派的影响下立场日趋激进。概括而言，法国民主工会联盟和基督教劳动者联盟的立场较为温和，倾向于与雇主和政府合作；反之，法国总工会和法国工人力量联盟的立场则较为激进。

法国的几大工会虽然弱而分裂，难以达成共识，但是具有极强的动员能力，热衷将街头作为反映政治诉求的场所，有动辄发动民众上街示威游行的传统。其他国家的工会几乎都是在谈判陷入僵局的情况下才发动罢工、游行；法国的工会则喜欢"先发制人"，常常"先上街后谈判"，给政府制造压力，以增加谈判的筹码。

在变量1——高度碎片化的养老制度格局——和变量2——公有部门参会率高、严重分裂、动员能力强、工会手握福利改革否决权——的相互作用下，法国的养老制度改革呈现出如下特点：存在改革的可能（工会的分裂为改革提供了"可乘之机"），但是改革起来十分艰难——无法一步到位，只能从最薄弱的环节突破，缺口打开之后，再一步步推进。

第二节　退休制度的改革历程

法国对社会保障制度的第一次改革是在 20 世纪 50 年代，当时执政的皮奈（Pinay）政府尝试对该制度进行税收化改革，以税代费，但遭到工会的强烈反对，最终以失败告终①，皮奈也被迫下台。从此以后，历届政府都意识到，触动工会在社会保障领域的利益是十分危险的。面对从 20 世纪 70 年代中期就开始出现的社保赤字，法国政府尽管不能袖手旁观，但是前车之鉴使任何人都不敢进行大刀阔斧的改革，唯恐落得和皮奈一样的下场，而只能退而求其次，在工会可接受的范围内进行小修小补，采取的主要措施是提高缴费率。但是微调无益于从根本上解决问题。直到进入 90 年代，在国内外双重压力下，以减少支出、增加收入为目标的结构性改革才最终提上日程。

一 巴拉迪尔改革（1993 年）

（一）改革的背景

20 世纪 90 年代初，法国经济出现了严重衰退，失业率高企，解决社保赤字问题变得紧迫起来。1991 年，法国计划总署（Commissariat général du Plan）出台了一份《关于退休制度的白皮书》（*Livre blanc sur les retraites*），指出了改革退休制度的紧迫性，白皮书指出，如果不对现行制度动大手术，那么到 2030 年，就算经济和人口形势均利好（实际情况是，法国的人口和经济状况正在不断恶化），退休金缴费率也必须从 1990 年的 18.9 % 逐步提至 30%，否则退休制度将彻底破产。而不断攀升的缴费率将进一步削弱企业的竞争力，打击就业，加剧失业，导致社会保障开支更高、收入更少，收支进一步失衡，最终使社会保障制度全面崩溃。

事实也在不断印证白皮书的推断：从 1990 到 1993 年，法国国家财政预算赤字从占 GDP 的 2.1% 升至占 6.3%，社会保障总制度赤字从约合 1 亿欧元飙升至约合 86 亿欧元，其中相当一部分来自养老制度。1993 年单养老支出一项就占了 GDP 的 12%。单靠提高缴费率已经不足以应对如此严重的危机，必须采取措施削减福利。②

1993 年，法国还面临着进入欧洲经济和货币联盟（EMU）的压

---

① 在工会看来，税收化意味着削弱它们在社会保障制度中的管理者角色。

② OECD, *Economic Outlook*, Paris, 2001.

力。经货联盟有着严格的趋同标准，加入国必须满足以下三项要求：年度财政赤字占 GDP 的比重不得超过 3%，公债占 GDP 的比重不得超过 60%，通胀率不得超过联盟内三个最低国家平均水平的 1.5%。而法国财政赤字占 GDP 的比重高达 6.5%①。为达标，法国必须削减福利、减少赤字。

在国内外双重压力下，刚上台的巴拉迪尔政府率先拉开了退休制度改革的大幕，并将改革的重点目标确定为削减支出。

（二）工会和政府的主要分歧

围绕着"减支"的目标，政府计划采取如下措施：延长领取全额养老金的缴费年限；采取旨在节约开支的养老金计算方式，即在计算养老金基数时计入更长时间内的劳动所得，以降低平均工资，从而降低养老金指数；把养老金与收入脱钩，与物价挂钩。虽然当时处于"左右共治"的政治格局下，但在社保赤字的成因上，除法共以外的所有政治派别都认可政府的观点，即"社保窟窿"（trous de sécuirité）来自支出的不断增加和收入的相对减少，因此都对政府通过削减支出来弥补亏空的做法表示支持。但是工会却不这么认为，在它们看来，社会保障制度之所以出现"窟窿"，是因为政府没有对其中的两大块——"社会保险"和"社会救助"做出明确区分，使缴费性的社会保险项目为非缴费性的社会救助项目承担了"不恰当的责任"，背了"不恰当的包袱"：在 20 世纪 60 和 70 年代，法国逐步为穷人、老人、残疾人等缺乏缴费能力的弱势群体建立了医疗保障、家庭救助、最低社会融入收入等非缴费性的救助制度。资金大多出自全国工薪者养老保险基金会、全国工薪者医疗保险基金会等社保基金会，即工薪者的社保缴费。因此工会认为，减少支出原则上是正确的，但是承担责任的应该是政府而非工人，故而强烈反对削减工人福利。它们要求政府将缴费性项目和非缴费性项目区分开来，为非缴费性的社会救助制度建立团结基金，由税收负担。正如工人力量联盟指出的："赤字是国家不恰当的财政政策的结果，如果对缴费性和非缴

---

① 见第四章 图4—5。

费性支出做出明确划分，就会有助于实现财政平衡。"

工会的上述说辞只是一个方面，事实上，工会之所以不同意政府对社保赤字成因的解释，还有更深层的原因：在与收入挂钩的社会保险领域，工会扮演着重要的管理者角色，将缴费性项目和非缴费性项目从制度和财政两个层面区分开来，意味着政府对工会管理者角色的进一步认可。

（三）工会和政府的博弈

上述分歧的存在使政府和工会难以达成共识。面对困境，巴拉迪尔政府没有强制推进改革，而是努力谋求共识：政府小心翼翼地设计了一个一揽子改革方案，包括福利的削减和向工会的妥协（如加强工会在养老制度中的管理者地位等），并于1993年4月底召集三方会议进行磋商，希望这一折中方案能够换取工会的支持。需强调指出的是，为了降低遭遇阻力的风险，巴拉迪尔政府特意绕过了工会参会率高和在退休制度领域特权多的公有部门，即特殊制度，把改革目标锁定于参会率低得多、既得利益也相对较小的私有部门，即总制度。正如法国总工会的一位专家指出的："他（巴拉迪尔）有明确的战略：利用工会之间的分歧，把改革计划锁定在了工会化程度较弱的私有部门身上。"① 三方会议之后，政府和工会并未达成共识，但政府并未因此气馁，而是继续努力，与社会伙伴频繁地进行非正式磋商，最终获得了基督教劳动者联盟和法国民主工会联盟对改革的默许。工人力量联盟和法国总工会虽仍然持反对立场，但是这两大工会中公有部门雇员占据多数，鉴于公有部门不在改革之列，而且政府也做出了一定程度的妥协，因此两大工会的斗争热情也明显降低。

政府最终实现了目标，成功推出如下改革：（1）将总制度下私企工薪雇员领取全额养老金的缴费年限从37.5岁逐步延至40岁。（2）逐步把养老金的计算标准从参照职业生涯中工资水平最高的10年延长到最高的25年，过渡期为10年。（3）逐步把退休金与收入脱钩，与物价挂钩，过渡期为5年。作为交换，工会的如下诉求得到

---

① Interview, Paris, 23/04/2001, 转引自 David Natali and Martin Rhodes, op. cit., p. 9.

了满足：国家承诺对社会救助和社会保险两类制度进行明确划分，为前者建立老年团结基金（FSV），由税收供款。这意味着国家对主要养老制度的"保险"性质的认可，也意味着对工会的社保管理者角色的认可。

由于绕过了公有部门——实际上以覆盖公有部门为主的"特殊制度"更需要改革，所以针对退休制度的第一次"大手术"远没有预想中彻底，但毕竟是迈出了十分可贵而关键的第一步，在削减福利的道路上取得了突破。时间将证明，1993 年改革功不可没：2009 年统计表明，假如没有 1993 年改革，2008 年总制度下的养老赤字将多出 3 倍。改革的另一结果是导致了总制度和特殊制度缴费年限的不公，使特殊制度存在的合法性日益不足，为日后改革特殊制度争取到了更多的民意。

二　朱佩改革（1995 年）

鉴于 1993 年改革的不彻底，1995 年，新上台的朱佩政府再次尝试改革退休制度，目标是把 1993 年改革拓展至所有未加改革的部门，特别是公有部门。

（一）改革的背景

朱佩政府改革的经济—社会背景和两年前的巴拉迪尔改革极为相似：经济继续低迷，失业率高达 9.6 %[①]；55—64 岁人口的就业率低至 41.5 %，创历史纪录。社会保障制度赤字飙升至逾 2500 亿法郎，国家财政预算赤字逾 3200 亿法郎，占国内生产总值的 5.5 %；公债达 4 万亿法郎，占国内生产总值的 52.6%[②]，离经货联盟的趋同标准依然有很大的距离。当时的法国与巴拉迪尔改革的唯一区别在于政局：巴拉迪尔改革时法国处于"左右共治"状态。[③] 而 1995 年"共

---

① 见第四章，表 4—2。

② 见第四章，图 4—5、图 4—6。

③ "左右共治"是法国政坛的一种特殊现象，指总统和总理分属左右两大不同的政治派别。迄今为止，法兰西第五共和国历史上共发生过 3 次"左右共治"：1986—1988 年、1993—1995 年、1997—2002 年。

治"局面已宣告结束，右翼政治力量一统天下，政府有比 1993 年改革时更为充分的行动自由。这一利好局面让朱佩信心倍增，他希望借 1993 年改革成功和 1995 年政局有利这两股东风，一举把养老制度彻底"拿下"。

（二）博弈的过程

朱佩改革的指导思想依然是减少社保支出、增加收入，因此拟采取的主要措施是把提高缴费年限等 1993 年改革的主要措施拓展到包括公有部门在内的所有行业。所以，1995 年改革和 1993 年改革在本质上没有区别。但是，由于改革触动的福利群体不同，加之改革者使用了不恰当的方法，结果带来了截然相反的结果。

朱佩改革触动的主要福利群体是特殊制度下的公有部门，公有部门不仅工会参会率大大高于私有部门，拥有强大的否决权，而且在养老保障领域享有很多特权，既得利益要远远大于私有部门。正如后来（1999）的《肖邦退休制度报告》[①]（*Rapport Charpin sur la retraite*）指出的，虽然巴拉迪尔改革把私有部门领取全额养老金的缴费年限延长到了 40 年，但实际上，私有部门的绝大多数受保者早在改革以前就已经达到了这个要求。也就是说，就算没有巴拉迪尔改革，总制度下的受保者在退休时也大都缴足了 40 年保费。所以正如法国民主工会联盟的一位专家指出的："那个时候（1993 年改革时）'40 年缴费'的新规定没有触犯任何人。（因为）在 1990 年代，10 个私有部门雇员中就有 7 个在达到退休年龄时已经缴纳了不止 40 年的保费"。[②]与此形成鲜明对照的是，由于退休年龄普遍偏早的缘故，公有部门退休者的缴费年限远远低于 40 年的新规定。法国总工会一位退休问题专家也指出："那个时候（1995 年改革时）在公有部门工人中，80% 的人缴费年限不足 37.5 年，（因此）1995 年的改革计划对公有部门雇员造成了直接冲击"。由此可见 1995 年改革触动的利益者要远远多于 1993 年。

---

① 1999 年法国政府作的有关退休制度的调研报告。

② Interview, Paris, 10/01/2001, 转引自 David Natali and Martin Rhodes, p. 13.

巴拉迪尔政府正是深知改革公有部门的艰难，才在 1993 刻意回避了该部门而选择了较为薄弱的利益群体——私有部门。因此，朱佩政府本应事前与工会进行充分沟通，通过适当的妥协达成共识，从而最大限度地降低改革的阻力。然而有利的政治局势和 1993 年改革的成功冲昏了朱佩的头脑，他在盲目自信下采取了错误的方式：不与社会伙伴沟通，以强制性的方式贸然推进改革：改革草案在起草和准备阶段就是暗箱操作，没有公之于众而只限于在一小撮人内部进行讨论，也没有与社会伙伴进行必要的接触和磋商。政府只在 9 月份召集过一次会议，向几大工会的主要领袖通报改革计划的主要原则，并声称公有部门不在改革之列。然而 10 月 15 日改革草案提交议会时，工会却赫然发现公有部门榜上有名。政府的"暗箱操作"和"不讲信用"顿时引爆了工会的对立情绪，释放了工会运动的全部否决权：在法国总工会的领导下，法国爆发了席卷全国的抗议浪潮，罢工、示威游行等抗议运动此起彼伏，其规模之大、持续时间之久，仅次于 1968 年的"五月风暴"①。其中，法国国营铁路公司和巴黎独立运输公司等公有部门的罢工最为激烈。在持续不断的罢工下，整个法国的交通和社会生活都陷入瘫痪。在强大的阻力面前，朱佩政府被迫放弃改革，并因改革不利而黯然下台。改革失败还带来了长期的负面后果：此后在长达近十年的时间里，没有哪届政府敢于再次触碰养老制度改革的雷区，而仅仅限于对越演越烈的社保赤字进行小修小补。

三　拉法兰改革（2003 年）

2003 年，新上台的拉法兰政府以《菲永法》（Loi Fillon）为旗帜，第三次拉开退休制度改革的大幕。

（一）改革的背景

朱佩因改革下台后，社会保障改革在法国成为禁忌，沉寂了近 10 年。拉法兰政府之所以打破沉默，外部压力再次起了至关重要的

---

① 法国"五月风暴"是 1968 年 5—6 月爆发的一场学生罢课、工人罢工的大规模群众运动，是第二次世界大战以来法国最大规模的社会运动，"五月风暴"轰动了全球并间接导致了戴高乐将军的下台。

作用：2000 年之后，法国经济再度陷入低迷，2003 年经济增长率只有1.1%，失业率却高达近两位数；2002 年公共财政赤字高达 493 亿欧元，占 GDP 的 3.1%①，创了 1995 年以来的最高纪录，并超过欧盟《稳定与增长公约》的上限，受到欧盟委员会的警告。压缩公共开支、削减赤字成为当务之急。在此背景下，拉法兰政府顶着压力、开始削减占公共开支近一半的社保开支，并且把目标锁定在社保支出的大户——养老金上。改革的主要目标依然是 1993 年、1995 年两次改革均未成功撬动的公有部门制度。改革还受到其他外部因素的推动：其一是当时席卷欧洲能源部门的自由化浪潮，在这一过程中，欧盟要求法国向国际竞争开放能源市场。为此法国必须对电气—燃气公司等国有企业进行改革，通过减轻企业的社会负担来降低生产成本，增强其国际竞争力。其二是欧盟对相关问题的关注：日益严重的人口老龄化问题使欧洲福利国家普遍陷入收不抵支的困境，不少成员国都存在严重的财政赤字问题。欧盟委员会特别指出了人口老龄化对退休制度和公共财政的危害，要求成员国采取行动拯救欧洲的社会模式，在养老制度上确保公有部门和私有部门的平衡；鉴于法国养老制度的高度碎片化特征，特别建议法国通过渐进的方式进行改革。

（二）政府和工会的博弈

在上述背景下，希拉克总统于 2003 年 1 月宣布进行退休制度改革。当时的政治格局同 1995 年相似，"左右共治"刚告结束，右翼一统天下，政府的行动不受掣肘，可谓十分有利。但是改革对象也和1995 年一样，是在工会中具有强大代表性的公有部门。因此拉法兰汲取了朱佩的教训，采取了比朱佩谨慎得多的、被媒体称作"友好"的策略。从改革草案准备阶段起，政府就摆出了公开、透明的姿态，花费数月时间与社会伙伴进行沟通与磋商。社会部长菲永利用各种场合不厌其烦地对改革内容进行描述，用密集轰炸式的方法将改革的轮廓和细节向公众和工会渗透。并且为了规避风险，有意将工会参会率最高、福利特权最多的法国国营铁路公司制度、巴黎独立运输公司制度

---

① 相关数据出处见第四章，表4—2，图4—5。

等所谓的"特殊中的特殊"制度排除在外，把改革对象聚焦在公务员身上。从 2 月到 5 月，在长达数月的时间里，决策者和社会伙伴进行了无数次正式会谈，艰难的讨价还价往往伴随着激烈的社会运动。

沿着增加收入、减少支出的传统路径，改革者计划逐步延长公务员的缴费年限，使之向总制度看齐；取消关于提前退休的一些过时规定。譬如，在既行制度下，就职"艰苦行业"的公务员从 55 岁起便可退休，但是，对所谓"艰苦职业"的界定，依旧以一个半世纪以前公务员制度始建时（1853 年）的标准为标准，海关职员、小学教师等早已和"艰苦"无源的职业居然都算作"艰苦职业"，这条老朽过时的标准为全法平添了近 36 万提前退休者。统计表明，2000 年，公务员领取全额退休金的平均年龄只有 57 岁零 8 个月，远低于私有部门。专家指出，这些荒谬过时的内容非改不可，否则法国经济将不堪重负。[①] 其他的改革设想还包括，提高罚金，加大对缴费不足者的惩罚力度；对 60 岁以后继续留在劳动力市场者予以奖励。同时为换取工会对改革方案的支持，计划提高收入低但持续缴费者的最低养老金；给予在某些条件下早于 60 岁退休（比如 14、15 岁就开始职业生涯）但缴费年限已满的人全额养老金，这一条是获得法国民主工会联盟支持的关键，因为这是法国民主工会联盟在过去 15 年间的主要诉求。

草案一经正式公布，工会便迅速做出反应：工人力量联盟和法国总工会等激进的工会组织一如既往地表示反对。出人意料的是，在 3 月份曾表示同意政府削减福利的法国民主工会联盟以"政府开出的筹码不足"为由而临阵倒戈，加入了反对阵营。为向政府施压，5 月份工会组织了第一轮抗议和罢工运动，持续时间之久和参加人数之众丝毫不逊色于 1995 年：60% 的工人、50% 的中央政府公务员都被动员起来、走上街头，抗议活动于 13 日达到高潮，巴黎有一两百万市民涌上了街头，公路、航空和市内交通陷入全面瘫痪。面对堪比 1995 年的严峻局面，政府采取了分而治之的战略，即挑选工会中的

---

① 《法国退休金制度改革路途艰难》，《光明日报》2003 年 5 月 15 日。http: // news. xinhuanet. com/newscenter/2003－05/15/content_ 870688. htm。

温和势力进行谈判：14 日，社会部长菲永与法国民主工会联盟及法国职业工会—管理人员工会联盟（CFE—CGC）领袖进行了长达逾10 小时的谈判，并进一步做出妥协，对改革的最终草案做出了达 19 处之多的修正，这一让步最终被参与谈判的工会视作"可以接受"。5 月 15 日，法国民主工会联盟及法国职业工会—管理人员工会联盟宣布支持改革，基督教劳动者联盟没有明确表态，但是停止了抗议，相当于默许。虽然法国总工会和工人力量联盟坚持反对立场并且号召继续罢工，但是罢工逐渐失去了势头并最终于 6 月中旬停止，改革法案随后于 7 月 24 日获得通过。正如《世界报》指出的：在这场博弈中，政府成功地分裂了工会，把其中的温和派从更为激进的工会领袖和工人中分裂了出来，取得了比巴拉迪尔改革时更大的共识，为推进改革铺平了道路。不过，温和派工会的妥协受到工人力量联盟和法国总工会等激进派的强烈抨击，被他们斥责为"叛徒"。温和派则强调说，妥协是为了促进退休制度走向公平并更具有可持续性。

概言之，在退休制度的改革上，几大工会的立场进一步分裂。

（三）成就与妥协

拉法兰改革的主要成果是把公务员领取全额养老金的缴费年限拉齐到向总制度下的私有部门看齐，即以每年增加一个季度的速度，从 37.5 年逐步延至 40 年。[1]

以上的成果来自政府的下列妥协：（1）原计划将公务员退休金的参照标准由原来的最后六个月工资[2]改为最后三年，改革的幅度实在是不能算大，因为私有部门经过 1993 年改革已经调整为参照整个职业生涯中收入水平最高的 25 年。但就是这样的"微调"也没能得到工会的认可，最终的结果是不但原标准得到保留，而且还加上了奖

---

[1] 该规定，自 2008 年起，公职部门将和私营部门一样，根据人均寿命指数的延长而相应地增加退休保险金的缴纳时间，以"保持工作时间与退休时间的平衡"，即实现人生的三分之二时间用于工作，三分之一用于享受退休生活的目标。按照这一理念，享受足额退休金的缴纳时间将继续延长，到 2012 年延至 41 年，2020 年延至 42 年。

[2] 这项规定使公务员为了获得更多养老金而纷纷在退休前 6 个月谋求晋升。统计表明，民事系列的公务员，无论在地方、中央还是医疗系统，在退休前获得晋升的比率均高达 15% 以上，军事系列的公务员更是高达 41%。两者都远远超过私有部门。

金，即把奖金也算在了参照标准内。（2）提高了低收入者的最低养老金，从原计划占最低工资的 75% 增到占 85%。（3）给予在 14、15、16 岁就开始职业生涯、缴费年限已满但早于 60 岁退休者全额退休金。（4）将原计划中对早于 60 岁退休但缴费年限不满者的处罚从 10 个百分点降低到 5 个百分点。（5）为公务员建立了强制性的公务员补充退休制度（RAFP），由社会伙伴共同管理，从一定程度上弥补了公务员失去的部分福利特权，也进一步加强了工会在社保制度中的管理者角色。（6）提高了雇主的退休金缴费率，为此政府受到商会组织的强烈抨击。

不过，最大的妥协在于，退休制度中享有福利特权最多的、被戏称为"特殊中的特殊"的法国国营铁路公司、巴黎独立运输公司等公有部门退休制度没有受到触动，这也是 2003 年改革得以推行的关键。正如经合组织（OECD）指出的，妥协的结果是，法国的改革很不彻底，不足以挽救法国的养老制度。事实的确如此，不仅最为"昂贵"的制度没有改革，就是公务员制度的改革也很不彻底：改革之后，公务员中 30% 的"外勤"人员依然在 55 岁甚至 50 岁之前就可以退休。但是无论如何，法国在改革的道路上又前进了一步，这是改革的主要意义。

不过拉法兰政府也为改革付出了巨大代价：支持率一路下跌，致使当政的右翼在地方议会选举中败北，拉法兰被迫提前下台。

四 菲永改革（2008 年）

2007 年，新任总统萨科齐第四次扛起了改革退休制度的大旗，并把目标瞄准了 2003 年改革的漏网之鱼——覆盖公有部门的"特殊制度"。

（一）改革的背景

2007 年，以敢想敢干著称、被喻为"拿破仑式"铁腕人物的萨科齐当选法国总统。他在选举之前就信誓旦旦地宣称要除旧立新，通过一系列改革来改善法国的经济、社会状况，带领法国走出自 20 世纪 90 年代以来的衰退，重振法兰西大国雄风。退休制度是计划改革的重要内容之一。由上文可知，经过前几轮改革后，整个退休制度只剩下了赤字最大也是最难啃的骨头——法国国营铁路公司、巴黎独立运输公司等"特殊制度"。2003 年公务员制度改革后，特殊制度"孤堡"何时攻克的问题受到各方的加倍关注，但是"一改革就下台"悲剧（2003 年拉法兰）的再度上演使继任政府变得更加谨慎，面对巨大的赤字压力始终下不了改革的决心，如 2006 年时任总理德维尔潘就宣布，特殊制度的确需要改革，但是改革的时机还不成熟。民众对萨科齐寄予了厚望，希望他改变法国政坛瞻前顾后、优柔寡断的作风，拿出魄力根除"特殊制度"的福利特权，这也是萨科齐赢得大选的重要原因。因此上台之后，萨科齐为兑现诺言、巩固执政地位，必须把特殊制度的改革提上日程。

此外，与 2003 年相似，外部压力对促进改革再次发挥了关键作用：萨科齐当选总统前后，法国公债占 GDP 比重已经连续多年超出欧元区规定的 60% 的上限，财政赤字占 GDP 比重也不达标①，并因此受到批评。欧洲央行行长特里谢毫不客气地批评"法国是欧洲'头号花钱大户'，其公共财政状况令人担忧"②。他指出法国是欧盟 27 国里公共财政开支占 GDP 比重最高的国家，要求法国严格遵守欧元区标准，尽快采取适当的改革措施，实现财政预算平衡。此外还有一个重要原因，即 2008 年下半年，法国将担任欧盟轮值主席国，如果法国不能在此之前拿出有说服力的改革措施来改善国内财政状况，则其作为轮值主席国的号召力势必受到影响。所以新总统不得不将压缩养老开支列入优先考虑。

（二）成就与妥协

2007 年 9 月，萨科齐宣布，劳工部长将和工会展开讨论，对法国国营铁路公司和巴黎独立运输公司等几大特殊制度进行改革。此言一出便毫无意外地立刻招致工会的激烈反对。在接下来的几天里，几

---

① 有关公债和赤字占 GDP 比重的数据参见第四章图 4—5、图 4—6。

② 新华网巴黎 9 月 23 日电。转引自《欧洲央行行长：法国是欧洲"头号花钱大户"》，搜狐财经新闻，http://business.sohu.com/20070924/n252329162.shtml，最后一次访问 2011－5－5。

大工联特别是法国总工会马不停蹄地动员法国国营铁路公司和巴黎独立运输公司员工举行罢工①。罢工于 10 月 18 日正式爆发，两大公司雇员的参与率高达 73%，致使巴黎和很多其他地区的交通陷入瘫痪。11 月初爆发了第二轮罢工，这一次电气—燃气公司也参与进来，罢工持续了 10 天之久，在时间上创了 1995 年改革以来的最高纪录。不过萨科齐对强大的阻力有着充分的心理准备，正如他所说的，"不用跟我说特殊制度很难改，如果不难的话，其他人早就改了"，并采取了软硬兼施的手段，一方面宣称决不放弃，誓把改革进行到底；另一方面，努力谋求与社会伙伴沟通、对话，寻求共识，并最终把几大工会召集到了谈判桌前。

　　鉴于改革的对象是几个制度，彼此在退休规定上有共性也有差别，因此讨价还价的过程远比前几次改革来得艰难。各制度都强调自己的职业特殊性，并开出了很高的筹码，政府被迫一个制度一个制度、一个企业一个企业地与工会谈判。最终经过数轮伴随着罢工、游行示威的艰苦谈判，政府再次通过妥协换取了如下的主要成就：（1）将法国国营铁路公司、巴黎独立运输公司等几大特殊制度领取全额养老金的缴费年限向着公务员制度拉齐，从 2008 年 7 月 1 日起执行。（2）养老金与工资脱钩，与物价挂钩；作为交换，每个企业都获得了以加薪为主要内容的补偿。以法国国营铁路公司为例，政府为铁路工人建立了补充退休制度；提高了铁路工人在职业生涯后期的工资水平，这意味着养老金的增加；养育三个孩子的母亲可提前退休的规定拓展至养育三个孩子的父亲，等等。

　　与前几次改革相比，2007 年改革触动的福利特权最大；在巨大的阻力面前，政府做出的妥协也十分巨大，以至于改革的成就相比而言最为有限。改革之后，几大特殊制度不仅依然保留着诸多特权——譬

---

　　① 组织罢工的积极分子还包括团结工联（solidaires，SUD）。团结工联成立于 1998 年。属于激进左派工会，是法国工联中最为激进的一个，以反对新自由主义全球化著称。需要指出的是，在这次改革中，法国总工会内部也发生了分裂：其中较为激进的工会不仅支持罢工，甚至采取了占据油库、封堵机场等过激行为。而其中的温和派则不愿意将动员升级为激烈的抗议行动。

如提前退休依然普遍存在，养老金仍然按照最后六个月的收入水平来计算等，而且还换取了额外的收益，致使"代价高昂的改革""不计一切代价的改革""几无收益的改革""失败的改革"① 等批评不绝于耳。法国国家审计署（cour des comptes）在为 2008 年度公共预算所做的预测报告中指出，"公有部门的改革成果将为零"②，因为计算表明，"改革所带来的财政收入"与"利益交换所引发的额外支出将相互抵消"。③ 2010 年，执政党议员勒克莱尔（Dominique Leclerc）提交专题研究报告指出，"特殊制度改革所带来的集体收益，最终可能被证明远比最初的、十分乐观的设想少得多"④。以法国国营铁路公司为例，2010 年国家给法国国营铁路公司制度的补贴仍然高达 31.2 亿欧元，占该制度退休金总额的 60%⑤。针对这一现象，经济学家卡于克（Pierre Cahuc）和齐尔博勃格（André Zylberberg）在题为《萨科齐失败的退休制度改革》一书中指出："实际上，改革的成本似乎并不重要，改革的根本在于带来了改变的表象。"⑥ 换言之，改了什么、是否达到了节省开支的目的并不重要，重要的是"改革"这一行动本身。回顾特殊制度的改革历程——1995 年朱佩改革以失败告终，2003 年拉法兰改革有意回避，2006 年德维尔潘宣布改革的时机还不成熟——可见，"特殊制度始终是政治权力能否通过打击'大名鼎鼎'的'既得利益'而打破法国某些阶层（改革不得）的禁忌的象征"⑦。而萨

---

① 如"Régimes spéciaux : leur réforme coûtera plus cher que prévu", *Le Figaro*, 22/12/2009；"Régimes spéciaux de retraite：très chère réforme", *La Tribune*, 10/04/2010 等。

② "Régimes spéciaux de retraite：très chère réforme", op. cit. .

③ Ibid. .

④ Dominique Leclerc, *Les Régimes sociaux et de retraite*, dans un rapport pour le projet de loi de finances 2010；转引自"Régimes spéciaux de retraite：très chère réforme".

⑤ 国民议会对针对法国国营铁路公司制度改革结果所做的报告：*Le régime spécial de retraite de la SNCF：un premier bilan de la réforme de 2008*, http：//www.senat.fr/rap/r09 - 732/r09 - 7329.html. 最近一次访问 2011 - 5 - 11。

⑥ Pierre Cahuc et André Zylberberg, *Les réformes ratées du Président Sarkozy*, Flammarion, 2009，转引自 Vincent Glad, *Régimes spéciaux：la réforme des retraites ratée de Sarkozy*, Slate 网站, Lundi 17 mai 2010, http：//www.slate.fr/story/20995/retraite-reforme-regimes-speciaux-ratee-sarkozy, 最近一次访问 2011 - 05 - 11。

⑦ "Régimes spéciaux de retraite：très chère réforme", op. cit. 。

科齐改革终于动了特殊制度的"奶酪"，突破了数十年来政府在特殊制度面前的"无能为力"和"无所作为"，哪怕只是动了一点儿、哪怕成本巨大。因此，改革的象征意义远远大于实际意义。

（三）民意的改变

需要指出的是，民意的改变是2007年特殊制度改革取得突破的一个重要原因。早在2006年，民调机构CSA就针对特殊制度改革在法国民众中进行了调查，结果表明，59%的民众对改革持支持态度，反对者只占1/3。2007年9月政府宣布开始改革后，CSA立刻（2007年9月12—13日）就同一问题再次展开调查，结果表明，支持者大幅度上升，几乎每10人中就有7名支持者，而反对者则大幅度下降（详见表5.2）。此外，在2006年的调查中，公有部门雇员中只有53%的人对改革表示支持，1年以后，这一比例大幅度上升至62%（详见表5.2）。整体而言，2007年绝大多数民意倒向政府一方，这和前几次改革时的情形大相径庭。

表5-2　　　　　　　　　　**法国民众对特殊制度改革的态度**

	2007 年	2006 年
赞成 　—完全赞成 　—比较赞成	68% —27% —41%	59%
反对 　—完全反对 　—比较反对	23% —9% —14%	32%
弃权	9%	9%
赞成者中	2007 年	2006 年
—公有部门薪金雇员	62%	53%
—私有部门薪金雇员	68%	63%

资料来源：TF1（法国电视一台），*Réforme des régimes spéciaux：2/3 des Français sont pour*，le 14 semptembre 2007①。

---

① 参见 http：//lci. tf1. fr/economie/social/2007 - 09/reforme-regimes-speciaux-francais-sont-pour - 4882689. html.

特殊制度失去民意的主要原因在于：（1）某些福利特权早已失去了存在的理由：譬如火车司机之所以在50岁即可退休，是因为在铁路退休制度创建之初，铁路运输尚处在烧煤的内燃机时代，火车司机属于"艰苦行业"。但是在现代化的今天，铁路运输早已实现电气化，火车司机实在算不得艰苦。（2）特殊制度的享有者与大多数法国人的福利差距日益拉大，合法性日渐不足：经过前几轮改革，只有法国国营铁路公司等几大特殊制度还保留着众多福利特权，被称作"特殊中的特殊"，媒体常常用"鸿沟"来渲染特殊制度下的受益者和其他法国人之间的福利差距，更何况，这些制度本身就入不敷出，要靠绝大多数福利水平比他们低得多的法国民众来养活，这自然会引起法国人的日益不满。概言之，2007年，工会失去了大多数民意的支持，无法迫使政府放弃改革。

五 萨科奇改革（2010年）和奥朗德改革（2013年）

法国在用了15年（1993—2008年）的时间将退休制度基本改革一遍，即把缴费年限提高之后，进入了第二轮改革——延长退休年龄并进一步延长缴费年限。

2010年，时任总统萨科奇第四次对退休制度进行重大改革，改革的主要措施是把全体国民的退休年龄从60岁逐步延长至62岁，领取全额养老金的年限也相应延长。

改革一如既往遇到极大的阻力并爆发了大规模的示威游行运动。改革之所以能够推行，除去萨科奇的铁腕作风外，来自欧盟的压力依然发挥了关键作用：法国财政赤字占国内生产总值的比重长期超出欧元区规定的3%的上限，是欧盟内部赤字最高的国家之一；公债自2003年首次突破欧元区规定的占GDP比重不得超过60%的红线以来，"滚雪球"般持续增加，几乎到了失控的地步。特别是受2008年全球金融危机的影响，2009年，法国赤字占GDP的比重升至创纪录的7.5%，公债升至79.5%,[1] 不断受到欧盟的点名批评。法国是

---

[1] 见第四章图4—5、图4—6。

欧盟的创始成员和核心大国，和德国并列为欧盟的领头羊和发动机，身份和地位如此重要却不带头遵守欧盟的财政纪律，减赤的急迫性可见一斑。在此背景下，萨科奇向欧盟承诺，在 2013 年把赤字降至占国内生产总值的 3%，重要措施之一便是削减巨额财政赤字的元凶——退休制度赤字。此外，特殊制度改革的成功推进给萨科奇增添了信心，使这位有着"拿破仑"美称的著名"铁腕"总统下定了誓将改革进行到底的决心。为确保法案顺利通过，政府一如既往地作了相当长的前期准备工作，通过媒体、学界等各种途径，从人口的持续老龄化（特别强调婴儿潮时期诞生的人口逐步进入退休年龄）、预期寿命的不断延长、社会保障制度财政危机的不断恶化（特别强调在全球性经济和金融危机背景下，社保巨额赤字使国家债台高筑）以及其他欧洲国家都在改革（特别以德国和英国为例，两国分别计划将退休年龄从 65 岁延长至 67 岁和 68 岁）等四个方面来不断论证改革的合法性、必要性和紧迫性，以赢得民众和工会的支持。民调表明，持续不断的宣传起到了应有的作用，50% 的民众表示理解和支持改革，尽管又有 70% 的民众矛盾地宣称还未做好思想准备。

尽管改革得以推行，但萨科奇也像所有其他改革者一样，为改革付出了沉重的代价：在 2012 年的总统选举中输给对手社会党候选人奥朗德，未能成功连任，结果这位曾被大家一致看好并报以厚望的总统成了法兰西第五共和国史上首位未获连任的总统。尽管很多法国选民并不认为奥朗德是合适的总统人选，但为了报复萨科奇而把选票投给了平淡无奇、缺乏执政经验的奥朗德先生。此外，奥朗德在竞选阶段曾承诺若当选总统，将废除延长退休年龄的法令，恢复此前的 60 岁退休，这也是他吸引选民的一个重要原因。

2012 年，社会党领袖奥朗德取代萨科奇上台执政后，面对依然不达标的财政赤字（赤字占 GDP 的 4.8%）、继续攀升的公债、欧盟的再次点名批评和要求法国改革养老制度的巨大压力，非但无法兑现承诺，废除萨科奇所通过的延长退休年龄的法令，[①] 而且为了减赤而不得不步萨科奇后尘，于 2013 年底对退休制度进行第五次重大改革，规定从 2020 年起至 2035 年，逐步将领取全额养老金的缴费年限延长至 43 年，同时逐步提高基本养老保险的缴费率。民众纷纷指责奥朗德言而无信、一上台就变卦，实则奥朗德确实是别无选择。法国的问题是结构性的，由于经济的持续下行和人口的加剧老龄化[②]，国家日渐无力承担日益增长的巨额福利开支，财政赤字巨大，特别是在 2008 年全球金融危机和随后的欧洲主权债务危机的接连打击下，法国经济增长停滞不前，失业率持续高企，公共债务从 1981 年的 22% 飙升至 2012 年的 90%[③]，债台高筑，综合国力跌出世界前五名。现实的经济社会压力不断挤压社会党政府的决策空间和手段，使奥朗德不得不步曾遭到他猛烈抨击的萨科奇的后尘，为减赤而继续紧缩福利。

不过和萨科奇一样，奥朗德为他的食言和改革付出了惨痛代价：上台后不久民意支持率就持续暴跌，执政半年时就成为法兰西第五共和国史上民意支持率下降最快的总统；退休制度改革后，其支持率已降至不足 20%，成为法兰西第五共和国史上最不受欢迎的总统；在自 2014 年以来的几次地方选举中[④]，社会党均遭遇滑铁卢，为奥朗德 2017 年竞选连任埋下了巨大隐患。

第三节　小结：法国模式 改革艰难

由以上分析可见，法国的退休制度改革极其艰难而缓慢，概括而言，有如下特点：

第一，外部力量对启动改革起着重要作用，在没有外力或外力不

---

① 为安慰失望的选民，奥朗德对该法令作出部分调整，允许部分人（入职早的员工、女工或从事艰苦职业者等）维持 60 岁退休不变。

② 相关数据参见第四章。

③ 见第四章图 4—6。

④ 社会党在三次中期选举——市镇选举（2014 年 3 月）、参议院选举（2014 年 9 月）和省议会（2015 年 3 月）选举——中接连败北。

足的情况下，由于工会"否决权"的强大，执政者往往下不了改革的决心。法国的几次改革均受到外力的推动，欧洲一体化是主要的外部推动力。

第二，在高度碎片化的制度格局中，政府难以成功协调各种利益和反对力量，改革无法一步到位，只能采取循序渐进的方式，等待时机（往往是合适的外力），各个突破。从工会参会率最低、福利特权最少的私有部门制度入手，政府不断把特殊制度下的成员孤立出来并不断削弱特殊制度的合法性，最终只剩下几个特别顽固、合法性日益不足因而支持者日渐减少的制度，从而大大减小了改革的阻力，推进了改革。不过等待的时间往往很长，由图5—2可见，从1993到2003年，法国用了10年的时间才等到合适的机会改革公务员制度，将公务员制度在缴费时间上拉至和总制度看齐；又用了5年的时间才等到机会改革法国国营铁路公司等制度，将这些制度拉至和总制度看齐。全部退休制度改革一遍，姑且不论效果如何，耗时长达15年之久。

第三，改革的成败主要取决于政府和工会之间的利益博弈，整体而言，以工会为代表的福利利益集团依然十分强大，因此在利益博弈的过程中，政府被迫不断修改筹码来换取工会的支持，结果带来筹码过高、改革不彻底或成本高昂的后果。概括而言，法国的改革若想成功或者说若想推进，必须遵循如下路径：构建共识，寻求利益交换，消除阻力。

第四，政党因素不复像制度建立之初那样发挥关键作用：1993年改革发生在"左右共治"的政治背景下，但取得了成功；1995年改革发生在右翼独大的背景下，反而以失败告终。2013年，左翼社会党主动进行削减福利的改革①并且取得成功。政党因素重要性下降的主要原因在于：工人政党——法共持续衰落，在法国政坛的地位日益边缘化，自1945—1946年之后，基本上难以进入政府。而轮流执政的左右两大派别，在社会政策上的差别日益模糊，在削减福利问题

————————

① 左翼政府主动进行紧缩社会福利的改革，这在法兰西第五共和国史上尚属首次。20世纪80年代，左翼执政时期也曾改革退休制度，但改革的方向恰好相反，将退休年龄从65岁降至60岁，即增加福利。

上达成了广泛共识。实际上，在当今的地区一体化和全球化背景下，在人口日益老龄化、经济持续下行和巨额财政赤字的巨大压力下，削减福利是大势所趋，左右两大政治派别在该问题上基本上不再有原则性的区别，有的只是方法上的区别和策略上的差异，也就是说，区别只存在于战术层面而非战略层面。换言之，经济利益的考量超越了意识形态的分歧。

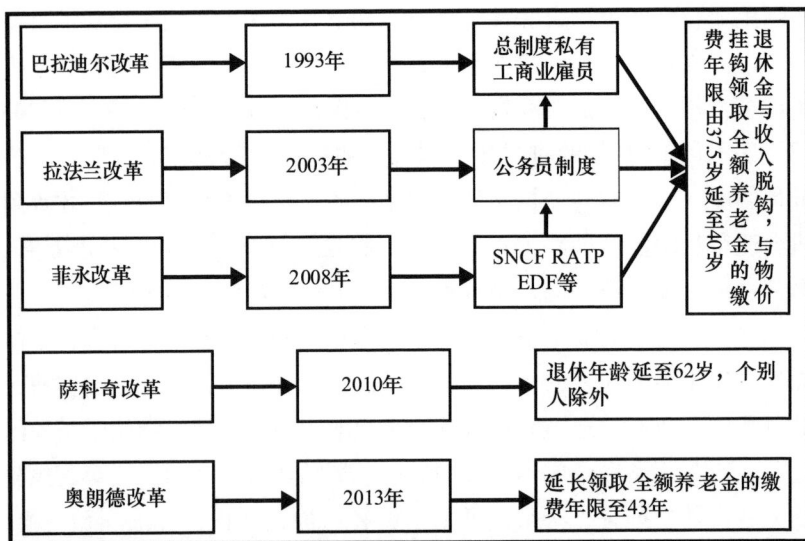

图 5—2　法国退休制度的改革历程

第五，法国模式虽然改革起来非常困难，但是改革的成功推行也说明，该制度并未僵化到不能改的地步，而是需要各个击破，逐步推进，缺口一旦打开，就会产生多米诺骨牌效应，使改革继续下去。

第六，虽然改革主要出于以削减赤字为目的的财政动机，但是也有根除福利特权、实现早在 1945 年就确立的全民福利平等的考虑。而实践表明，法国的改革似乎陷入怪圈：非但没能削弱碎片化下的社会分层，反而由于行业性补充退休制度的建立而在一定程度上强化了社会分层逻辑。

结　　论

通过前几章的介绍和利益集团角度的分析，我们可就本书重点探讨的两个问题：法国为何形成高度碎片化的福利制度形态？这样一种制度格局经历了怎样的改革并如何影响改革？得出如下结论：

一　制度成因

（一）高度碎片化的法国社会保障制度是利益博弈和政治力量博弈的结果

法国的社会保障制度具有高度的碎片化特征，该特征在制度结构、制度管理和福利待遇几方面都有鲜明的体现，并且集中表现在退休项目上。这样一种制度形态并非主动设计的结果，而是一种无奈的选择，是特定历史条件下的产物，是制度建立之时对社会保障制度持有不同理念且具有不同利益的社会各阶级、各阶层和各团体相互博弈和与政府博弈的结果，也是当时左右两大政治派别力量对比变化的结果。

第二次世界大战以前，法国在社会保障领域有过数次立法实践，并试图建立一个统一的社会保险制度，但是在雇主和城乡中产阶级的反对下，最后形成了一个碎片林立、保障人群和保障水平都十分有限的制度。

在战后或多或少带有"革命"色彩的特殊背景下：工人组织（法国总工会）和工人政党（法国共产党）空前强大，左翼政治力量掌控着国家的政治和经济生活，劳工的利益受到充分重视与伸张，右翼势力丧失了对国家事务的发言权；在共同的抵抗运动经历使法国社会暂时出现了超越阶级和意识形态分歧的空前团结的大氛围下，国家试图在改变旧制度的基础上、建立统一的社会保障新制度。然而事实是，法国的社会结构并没有发生根本性的改变，随着战争渐行渐远，社会又恢复了本来面目：不仅传统的资产阶级和无产阶级、中产阶级和无产阶级（或者说工薪者和非工薪者）、城市人口和乡村人口（或者说农业人口和工业人口）之间的利益分歧与对立依然存在，而且战前就已经初露端倪的新中产阶级和无产阶级（或者说白领工人和蓝领工人）、私企雇员和国企雇员之间的对立也得到了进一步彰显。不同的阶级、不同的阶层、不同的团体对福利制度有着不同的理念和从身份利益到物质利益的不同诉求，事实证明，它们彼此间的差别，绝非四年共同的抵抗运动经历就能够消除或者淡化的。因此，在有利的政治局势转瞬即逝——冷战爆发，共产党被驱逐出联合政府，法国总工会受到削弱——右翼势力卷土重来的背景下，雇主和新老中产阶级的利益再度上升为主要利益，代言他们利益的集团通过游行示威、议会辩论等种种途径向政府施压，最终迫使政府按照他们的利益偏好为他们量身定做了各自的制度，挫败了建立统一制度的努力。

（二）利益博弈和政治力量博弈是决定性因素，但不是唯一因素

除去利益和政治力量博弈外，在某种程度上，法国构建社会保障制度的方式也是导致该制度碎片化的原因之一。第二次世界大战以后，在左翼政治力量特别是法国共产党和法国总工会的大力推动下，法国的社会保障计划从战后法国进行经济重建亟须劳动者的参与出发，确定了从精神和物质两方面"解放工薪劳动者"和"建立社会新秩序、实现全民团结"两大目标，并结合当时国力有限、难以一步到位地覆盖全体国民的现实，选择了一条在优先覆盖工薪者的前提下逐步覆盖全体国民的、渐进的建设路径。也就是说从工薪者开始，在总制度框架内，通过一步一步地拓展，使社会保障制度从覆盖全体劳动者到覆盖全体国民，最终将所有人平等地纳入国家的羽翼下。这样一种建设方式本身就是"碎片化的"，即首先搭建了一个统一的制度框架——总制度，其次再一个群体一个群体地往框架里面添加或整

合。但是在"添加"新群体的过程中，政治力量对比发生了变化，为反对被纳入统一制度的形形色色群体提供了伸张各自利益和影响政府决策的机会与渠道，从而打断了建立统一制度的步伐。假设从一开始就在政治格局最为有利的情况下一步到位地建立一个覆盖全体国民的制度，或许会产生不一样的结果。

二　制度对改革的制约

（一）法国的制度改革起来十分艰难，无法一步到位，但并非不能改革

制度结构影响着制度的改革：在法国高度碎片化的制度格局中，一些阶层被赋予了比其他阶层慷慨的福利收益，成为既得利益集团，他们以拥有福利管理权从而拥有福利政策否决权的工会为代表，极力阻挠以削减福利为目标的改革，迫使政府通过利益交换来换取它们对改革的放行。在法国的制度中，既得福利利益集团众多，众口难调，因此政府的改革难以一步到位，只能采取循序渐进的方式，从最薄弱的环节——福利特权少、工会参会率低的总制度——入手，寻找机会（通常是合适的外力特别是欧洲统一的力量），各个突破——往往需要相当长的时间才能等到合适的时机，以渐进的方式推进改革。整体而言，以工会为代表的福利利益集团依然十分强大，因此在利益博弈的过程中，政府被迫不断修改筹码来换取工会的支持，结果带来筹码过高、改革不彻底或成本高昂的后果。

不过，法国的制度虽然改革起来非常困难，但并未僵化到不能改革的地步，而是需要逐步推进，缺口一旦打开，就会产生多米诺骨牌效应，使改革继续下去。最近的两次改革，即2010年底的萨科奇改革和2013年底的奥朗德改革就证明了这一点。也表明可见，法国在用了15年（1993—2008年）的时间将退休制度基本改革一遍之后，终于进入了第二轮改革。

（二）政党因素不再发挥主要作用

改革能否推进以及推进到何种程度，主要取决于政府和工会之间的博弈，政党因素不再发挥关键作用。在法国现代社会保障制度建立

之初，左翼政党特别是工人政党——法国共产党的强大是该制度得以建立的关键。而时过境迁、进入改革阶段之后，政党因素不复发挥关键作用。究其主要原因，在于：工人政党——法共持续衰落，在法国政坛的地位日益边缘化，自1945—1946年之后逐渐靠边站，难以对社会政策的制订施加影响。而轮流或者联合执政（左右共治时期）的左右翼两大政党，在社会政策上的差别日益模糊，在削减福利，从而缓解财政压力、挽救法国社会保障制度的必要性和迫切性上已经达成广泛共识。

附件 1

从社会保险到社会保障：
法国的历程①

皮埃尔·拉罗克
法国劳动部社会保障总司司长

　　今天的大多数国家②都已经把社会保障计划提上日程或者付诸实施。尽管如此，"社会保障"一词本身和"社会保障"观念都还是新鲜事物。1935 年，美国国会投票通过了《联邦社会保障法》（Federal Social Security Act）③，这大概是"社会保障"一词第一次获得官方身份。英国的《贝弗里奇报告》及随后在美国费城召开的国际劳工大会④则是起点，标志着社会保障观念开始在全球范围内⑤普及。

　　建立社会保障的共识和社会保障的普遍目的是两种截然相反的思

---

　　①　"De l'assurance à la sécurité sociale, l'expérience française"，发表于 *Revue Internationale du Travail*（*International Labour Review*），Vol. LVII, No. 6, June 1948. 本文节选其中的一部分。

　　②　指大多数西方国家——译注。

　　③　1929—1933 年西方资本主义世界爆发了有史以来最为严重的经济危机，美国受到的冲击最大，其经济下滑，失业率高企，社会动荡。为摆脱危机，罗斯福总统施行了以"救济""复兴"和"改革"为关键词的新政，《联邦社会保障法》就是在此背景下推出的，该法创立了失业、养老和贫困儿童救助等制度，以缓和阶级矛盾，恢复经济——译注。

　　④　1944 年 5 月，国际劳工组织在费城召开第 26 届大会，通过了《关于国际劳工组织的目标和宗旨的宣言》，简称《费城宣言》，确定了扫贫和对需要帮助者提供救护的目标和原则，并由此延伸出通过社会保障制度为人们提供医疗以及其他相应保障的概念。

　　⑤　指西方世界——译注。

潮与行动的产物：一方面，是当下盛行并迫在眉睫的在正义和道德名义之下的扫贫；另一方面，是劳动阶级为解放自身、减弱自卑感——其自卑来自对未来缺乏把握——的不懈努力。

第二次世界大战激发了人们对安全的强烈追求，具体表现在以下方面：首先要反对战争，争取安全的生存环境，这是自然而毫无疑问的。其次要抵抗所有可能对劳动者个人及家庭生活造成威胁的经济和社会风险。此外，战后一片废墟的国家还面临着经济重建，鉴于国家将不可避免地要求劳动者为重建作出额外的奉献和牺牲，所以我们必须努力团结广大劳动者。为使毁于战火的机器恢复运转并恢复战前的经济繁荣，重建可能持续若干年，这便要求让劳动者作出努力的同时给予其相应的保障，以避免出现道义问题。如果不免除劳动者对于贫困和未来的担忧，换言之，如果不给与劳动者足够的社会安全感，就不能激发他们参与重建的愿望和热情，而劳动者的积极参与是确保生产效率的前提。

虽然各国各政府建立社会保障制度的动机不同，但目标一致，即力保每一个人在任何情况下都能够为自己及家人赢得并保有一份大致体面的生活。

社会保障的内容

依据以上定义，社会保障的内容十分丰富。

第一，社会保障意味着就业安全，即必须为每一个有工作能力的男人和女人、每一个以工作为生且失去工作便衣食无着的人，提供谋生手段；必须根除失业，这反过来意味着以恰当的方式组织经济活动，避免萧条，促进各时期各地区的充分就业。还意味着组织劳动力，确保通过职业安置、引导和培训等一系列政策及时调整劳动力的供求，实现供需平衡。类似政策必须以充分就业为目标；就业对象除工薪者外，还包括手工业者、小商人、农场主等全体独立职业者。以规范小商业或保护农业生产与经营者特别是佃农为内容的法律法规在很大程度上也是社会保障的立法范畴。

第二,社会保障意味着收入安全,即确保每一位劳动者凭劳动获得足够的收入。鉴于大家反对像以往那样仅凭生产率或劳动价值来确定工资水平,而是应兼顾个人需求,因此工资政策也是社会保障的一项内容。此外,我们不能把劳动者的个人需求与其家人的需求相割裂,因此必须思考将家庭责任纳入社会保障的问题。换言之,应设立家庭津贴:任何一个劳动者,若其所得不足以养家糊口,那么就无法享有真正意义上的安全。

第三,社会保障意味着工作能力的安全,即确保劳动者依靠其唯一的生活来源——持续的"有报酬的职业活动"维生。不过我们也要保证他们在部分或全部丧失劳动能力的情况下有能力应对生存风险,所以医疗服务也应悉数列入社会保障计划,首先是治疗,其次是疾病预防以及工伤预防与救助。同理,保证劳动健康与安全、预防工伤和职业病、确保伤者恢复劳动能力等一系列事务也应列入社会保障计划。

不过无论我们如何努力,都不可能保证全体劳动者工作至辞世。最发达的劳动力政策也不可能一劳永逸地消灭失业,就像再完美无缺的医疗服务也不能一劳永逸地消灭疾病一样。而且,职业生活也有可能因各种因素而中断,如孕产等人生之喜事和不可避免的衰老或死亡。无论出于何种原因,社会保障都要在劳动者中断职业生涯期间为其提供替代收入,即一份或一系列在其重返职业生活前供他养活自己及家人的收入,从而确保其有能力应对职业生活中断后面临的风险。社会保障还要求我们为由伤病、生育等丧失劳动能力之外的因素所引发的额外支出作出补偿。实际上,当人们谈论社会保障的时候,想到的首先就是上述问题。这些问题很重要,但我们也不能就此忽略其他问题。

从这个意义上来看,社会保障具有协调与整合针对各种偶发状况的政策的作用。一项社会保障政策实则是三类政策的结合。首先是以促进充分就业为目标的经济政策。其次是全力抗击疾病的医疗政策:既包括预防措施也包括尽可能好的治疗手段,自然还包括旨在预防工伤和职业病的技术政策。第三是起纠偏作用的收入再分配政策,即鉴于未来个人及其家庭收入可能在各种因素的作用下出现波动，而对各种经济力量盲目相动的恶果加以纠正，从而确保每个个人及其家庭都获得与其实际需求相吻合的收入。

社会保险与社会保障

由上文的简述可见，社会保障观的范畴要远远大于社会保险。实际上这两个观念不应混为一谈：社会保障是目标，社会保险则是实现该目标的手段。

社会保险是过去 50 年间在全球①范围内逐步形成的，其主要表现形式是，以分立的、局部的制度为部分人群提供针对某些风险的补偿，其覆盖范围有限，通常只局限于工薪者，而且往往窄至某些特殊的职业群体。社会保险是由一个个分立的制度并行发展而来的，有的制度旨在补充工薪者在治病过程中产生的医疗费用并提供部分替代收入，弥补其因误工而损失的工资收入；有的旨在为老年或残疾人提供退休金或抚恤金，在一定程度上补足其因丧失劳动能力而蒙受的经济损失；有的旨在为失业者、工伤和职业病患者提供补偿。之所以建立这些制度，是希望把在经济和商业届长期盛行的"保险"方法拓展至社会领域。

保险当然是部分获得社会安全的一种手段。但是，其保障的"局部性"和制度的"分立""破碎"特色使其效果大打折扣。因为我们的目的是为所有以劳动为生的人们提供安全，这种感觉只有完整才真实；只有制度安排没有纰漏才真实；只有受保人切实感到保护的有效性、能够坦然面对来自明天的所有意外才真实。

而社会保障计划从本质上不同于先前早已存在的各种社会保险制度。

首先，新的社会保障计划调动了各种经济、技术和社会手段，因此它所提供的保障不会是局部而片面的，它必须面向全体人口。无论

---

① 指西方世界——译注。

是以充分就业为目标的经济政策,还是医疗服务和收入再分配制度,都不会局限于劳动者中的某些群体,而是必须拓展至一个国家的全体国民,我们甚至从"社会保障"的定义中就能洞察这一点。

同样,社会保障也绝不是一个个彼此独立、原则迥异、保障目标单一的制度的简单叠加,而是于根本上实现了普惠和统一。普惠性起源于各国最近几年的社会政策实践,这大概是社会保障制度最显著的特点。普惠性是社会保障的基本原则,无论什么人,也无论出于什么原因——失业、生病、生育也好,伤残、年老也罢,一旦丧失劳动所得,都将陷入同样的困境。所以,我们必须从社会的观点出发,认为他们最终的处境是相似的,所以对无论哪一类人群,我们都必须针对其收入损失提供补偿,必要时还要补偿一些其他额外开支。

第二,事实逐步证明,社会保障的各个部分不能彼此分立、互无联系,这一点可能更加重要。譬如以充分就业为目标的经济政策就不能和收入再分配政策相割裂,因为不仅用于再分配的收入本身在很大程度上取决于就业水平,而且充分就业的政策一旦失败,则势必要向失业者提供替代收入。此外,收入再分配的方式也会影响充分就业计划的实施。把缴费水平和生产水平相挂钩,即在经济繁荣时期向剩余所得课税从而保证在经济萧条时期有能力提供相应补偿,就可能推动经济走向平衡(这是充分就业的典型特征),避免陷入周期性的经济衰退。

同样,医疗政策和收入再分配之间的联系也是显而易见的。维持或恢复劳动能力意味着增加产出,进而增加总收入,同时从总体上减少向病残者提供的替代收入。

社会保障问题和所有政策领域的普惠性和统一性原则就是这样建立的。

从对社会保障制度及其统一性的大致介绍中可以看出,我们应从技术层面摒弃传统的保险方式。因为社会保障的关键是面向全体国民进行收入再分配,而不再局限于为某些有限的个人或群体提供针对个别风险的补偿,所以随着问题的转变,我们已没有必要再就每项风险对个人的重要性进行一对一的精确评估,也没有必要在每个人的缴费及其可能得到的收益之间算来算去，或为每个受保人量身打造精算准备金。施行彻底的社会保障计划意味着全民团结，上述的所有机制就此变为多余。从集体的角度来看，集中缴费和集中风险可以实现彼此平衡，因为较穷的项目可以和较富的项目两项抵消。补偿和受益资格等观念也随之让位于公共医疗服务和保持一定的生活水平等观念。

过去，人们常常把应对社会风险的方式划分为截然对立的两种：保险和救助。在保险方式中，劳动者需要缴费，有时候雇主和国家也要缴费；在救助方式中，补偿由政府从公共资金中拨付。从社会保障的高度来看，这一划分几乎彻底丧失了意义。因为，当人们意识到，社会安全问题应通过一项总的政策、在通盘考虑一切的计划下加以解决时，那么钱怎么花，——是维持制度的运转、支付医疗费用还是补偿工伤并提供替代收入——就变得不那么重要了；钱从哪里来——来自缴费还是公共资金——也不那么重要了。无论采取哪种方式，保险也好，救助方式也罢，国民经济都会负责兜底，问题只在于，怎样操作更便捷。在不考虑经济政策或工业运行状况的前提下，以何种方式征费从而确保整个社会保障收支平衡，在保险和救助方式中，结果都将一样，因为其中的两个主要特征没变：其一，公共服务服务于整体并由它出资；其二，政府当局对一部分国民收入进行再分配。

法国与社会保障问题

尽管很多国家都意识到，需建立社会保障制度来应对社会风险，并且开始采取相应措施，但是没有一个国家找到完美的解决方案。原因在于，要改革的东西太多，涉及范围太广，没有几年的努力根本无法实现。特别是，尽管各国有着共同的目标并就改革的基本原则达成了一致，但是各国现存的制度五花八门，代表着极为不同的应对方式，我们谨以以下两种为例加以说明：

法国社会保障计划 VS 英国社会保障计划
首先，各国均从本国国情和眼下亟须解决的问题出发来切入社会保障问题。所以,英国的社会保障计划,即到目前为止人们设计并实施的最为完善和完美的社保计划,以"打击失业"为根本重心。从该计划的方法和原则上看,它首先是一部扩大了的失业保险计划,因为它以充分就业为基本目标,所以也可以把它的整个法律安排描述为,将包括方法和机制在内的失业保险拓展至其他社会风险领域。

同样显而易见的是,与英国不同,法国的社保立法撇开了失业问题,至少是暂时未触及。法国从一个完全不同于英国的角度——人口形势——来切入社会保障问题。很多年来,法国政府在社会领域的首要关切就是出生率的急剧下降及其给国家的未来和人口结构造成的巨大压力。所以,法国的社会保障计划加倍重视家庭津贴的作用。家庭津贴政策旨在补偿儿童带给家庭的额外开支,鼓励生育。此外法国的计划还十分重视老年人问题,因为在现有人口形势下,法国的老年人口将不断增加,如何保障这部分人的生计就成为政府的当务之急,特别是货币的持续贬值吞噬了老年人的大部分储蓄,使其中的很多人陷入赤贫境地。

人口状况也是法国把健康组织、预防医学和工业安全作为主要目标的原因。长期以来,家庭津贴政策始终致力于提高儿童的数量,并取得了一定成效。用在这些额外增加且不具备生产力的儿童和已然丧失劳动能力的老人身上的支出,长期内很可能成为难以承受的负担,所以要大力增加成年劳动者的数量并提高其产出,唯有如此,方有可能保持或甚而增加经济活动人口在总人口中的比重,提高其产出,从而在一定程度上贴补用于非经济活动人口的支出。

概言之,像其他文明国家一样,建立完善的社会保障是法国的目标,它的首要努力方向是家庭救助、老年补助、抗击疾病与工伤。

现有机构

各国之所以应探索适合本国国情的社保建设之路,还在于,在任何地方,改革都是从零开始,在法国尤其如此。原因是,在"社会保障"话题出现以前的很长一段时间,法国已经活跃着一些相关机构并存在着一些涵盖个别风险的国家性制度,但是这些制度在设计上缺乏统一性。最早问世的是自愿性的互助会，它以互助保险的方式为相当一部分人口提供了涵盖疾病和老年风险的保障。随后在 19 世纪末 20 世纪初，在上述自发性保险运动发展壮大的同时，国家立法制定了免费医疗救助制度、老弱病残救助制度、多子女家庭救助制度、孕产妇救助制度等一系列救助制度，为符合条件的家庭发放津贴或补助，以弥补互助性保障的不足。之后在首个退休法案——《工农业雇员退休法案》（1910 年）以失败告终后，国家于 1930 年立法出台了一份完整的、覆盖大多数工薪者的社会保险计划，涵盖疾病、生育、伤残、老年和死亡等风险；不久后（1932 年）又通过立法把此前出自雇主自发行为的家庭津贴变成了强制性制度；1939 年进一步出台《家庭法案》，把家庭津贴的适用范围大幅度拓展到了在国外领薪的法国人。此外自 1898 年以来，法国一直存在着一个基于雇主责任原则的工伤补偿制度，在该制度中，雇主可以替自己担保，也可以由其他任何机构（通常是商业机构）作保。由此可见，在法国存在着一系列互不相干的制度安排，它们各自为政地为劳动者的社会保障发挥着作用。

1945 年法国一告解放，政府就计划参照当时流行的"社会全面发展"观，对社会保障问题进行通盘考虑，这意味着不仅要考虑当时法国的经济和人口形势，还要考虑既存的各种社会保障计划和机构，它们都曾发挥过重要作用，不容忽视。

法国社会保障计划的实施阶段

法国社会保障计划的出台经历了以下几个阶段：

第一阶段是建立机构，确保社会保障制度作为一个整体运行。1945 年 10 月 4 日，国家出台法令，规定废除先前各历史阶段遗留下来的所有社会保险金管理机构，建立一所专门的社保基金管理机构并在地方设立分支机构（面对该地区的全体家庭），形成一个管理网络。换言之，即本着"一所基金管理机构"的原则，对社会保障施行统一管理，实现行政管理的统一性。法令还规定，新机构不仅负责此前属于社会保险的一应事务，还要负责此前由商业保险公司负责的工伤和职业病赔付。概言之,即先在中央和地方两级建立相应的经办机构,搭起框架,之后再通过后续法案逐步勾勒出一幅完整而有效的社会保障计划。需提起注意的是,在过去的 150 年间为工人自发对抗社会风险发挥过有效作用的互助会并未受到取缔,相反,国家于 1945 年 10 月 19 日出台法令,对互助会进行了彻底改造:今后互助会既可以协助社保基金管理机构开展工作,参与管理,也可以拓展业务领域。

第二阶段以 1945 年 10 月 19 日法令为标志。法令对先前的社会保险立法进行了彻底改革,为提高效力而大刀阔斧地修改了先前的疾病、伤残和养老制度,并将其整合进建立中的社会保障总计划,把慢性病也纳入了社会保障。

我们可以把 1946 年 8 月 22 日法案的出台视作第三阶段。法案旨在改革家庭津贴制度,呈现出两大主要特点:其一,大幅度提高了家庭津贴的补偿力度,这表现在以下两方面,一提高了补助金额,二增设了围产津贴等新项目。其二,将家庭津贴升级为全民普惠性制度,即面向全体符合条件的国民,并一视同仁地施用相同的政策工具。

第四阶段开启于 1946 年 10 月 30 日法案,法案对劳动者的工伤和职业病立法进行了全面改革,彻底取缔了先前的雇主责任原则,转而强调工伤和职业病的"社会"特色,规定首先以预防为主,即采取一切措施防范工伤发生;其次是恢复,即尽力帮助伤者恢复劳动能力;最后才是赔偿,即在没有其他补救措施时再补偿、赔付。

在对先前的有关立法进行改革的同时,国家出台了一系列新措施:如 1946 年 10 月 24 日出台法案,创建了某些特殊制度;1946 年 5 月 22 日出台法案,为社会保障计划覆盖全体国民奠定了基础,这在以前没有实现的可能。与此同时,国家努力为个别群体制订了一些有针对性的救助措施,如为在货币贬值的打击下失去生活来源的贫困老人提供临时性救助。

在立法领域取得上述成就的同时,国家在行政管理层面也作出了不懈努力,以壮大 1946 年 6 月 1 日起生效的新机构。

接下来我们将介绍法国社会保障制度在当前的发展状况和成就,

从而向大家展示，在法国，社会保障观念是如何通过先前的社会保险制度一步一步拓展到今天的。

面向全体人口的保障

每一份社保计划都意味着，只有将全体国民悉数纳入进来计划才能有效。但这一点在法国尚未彻底实现。

自 1946 年 8 月 22 日法令以来，家庭津贴的普及已经实现。津贴面向居住在法国的所有家庭，无论国籍，也无论家庭类别——雇员家庭、雇主家庭还是独立职业者家庭[①]。不过，不同类别的家庭所享有的补助水平和性质不同，鉴于大家普遍认为个体劳动者和雇主家庭的经济状况好于雇员家庭，因此政策向后者倾斜。[②] 不过尽管给付水平不同，但管理机构是同一所。

雇员

把包括疾病、生育、伤残、养老和遗嘱保险等在内的所谓"社会保险"叫做"社会保险"其实并不恰当，工伤和职业病同理。原因在于，1945 年以前，这些项目只面向薪金雇员或收入低于一定水平的薪金雇员（这是《社会保险计划》的规定）。1945 年改革意味着把社会保险无差别地拓展至全体雇员，无论其薪酬水平（尽管缴费依然以一定水平之下的工资为基准），即对社会保险进行普及。而且，无论是在社会保险还是工伤与职业病项目领域，对"雇员"的定义都相当宽泛，所谓"雇员"，包括任何受雇者，无论性别、劳动技能、工作场所；无论受雇于一位还是几位雇主；无论薪酬的水平和

---

① 该原则只有一个例外，原因则是技术性的，即防止不道德的父母钻空子、靠发放给其用来抚养子女的津贴为生。所以，政策规定故意不工作者、即所有未从事任何有报酬的活动且无法证明自己没有能力参与此类活动者不能领取家庭津贴。不过，该原则在具体的执行过程中非常宽松，人们假定老弱病残、失业者以及养育 2 个及以上子女的女性没有能力从事有报酬的活动，并据此给予他们与劳动者同样的家庭津贴待遇。所以家庭津贴事实上为全民所享有。

② 从 1948 年 1 月 1 日起，工薪者的家庭津贴以月薪 10500 法郎为基础计算，个体劳动者只以月收入 6250 法郎为基础计算，此外个体劳动者不享受"单薪"津贴，详见下文。

性质;也无论劳动合同的形式、特点和时限。实际上,定义雇主的主要依据是一个人的经济依赖程度而非任何有关法律条文。

不过,尽管全体雇员以及处境类似者都被置于社会保障的大伞之下,但大家的待遇水平并不相同。因为我们不得不考虑 1945 年以前的制度安排。以农业劳动者为例,这一群体依然保留着自己的制度,某些其他行业群体情况类似。多个制度并存是否是好事?这与社会保障制度的基本原则是否一致?这两个问题都有待商榷。不过,考虑到上述群体的经济条件和心理反应,我们不得不对社会保障制度的基本原则作出适应性调整,我们无法忽视农业劳动者以及矿工、铁路工人等一些其他行业的劳动者希望区别对待的要求。因此尽管我们废除了先前存在的一些特殊制度,但还是被迫保留了一些待遇水平远在总制度之上的制度。不过,尽管多种制度并存带来了诸多不便,但是这些制度所牵扯的行业在很大程度上能够消化其受益者,也就是说允许他们在制度中度过整个职业生涯,上述不便可因此得到缓解。此外,我们正努力将各类制度置于统一的管理标准下,或者至少尽量缩小它们之间的差距,以便其在任何情况下都适用相似的原则,这一点可能更加重要。因此,尽管把社会保障制度拓展至全体受雇者的努力并未带来彻底的制度统一,但无论如何我们都在统一的道路上迈出了前所未有的一大步。

个体劳动者

另一方面,人口中的非工薪者仍然从整体上被排除在除家庭津贴外的整个社会保障之外。虽然受雇者的家属可以自由地享受社会保障下的各类待遇,而且目前还有一个自愿性的保险制度,暂时面向不再被强制性保险所覆盖而又希望继续享有相关保障的人群。不过整个社会保险立法仍然只适用于受雇者。也就是说,个体劳动者、雇主和无职业者被排除在外,在法国这可不是小问题,因为受雇者及类似群体只占法国总人口的近 60%,即 2100 万人口中的 1200 万。实际上,普及社会保障制度的不易在很大程度上可以从法国的社会结构中找到答案:法国社会的一大特点是存在着大量的家庭小农场、小商店、手工小作坊甚至小的工业生产单位，这极大地阻碍了社会保障制度的普及，即将最初的制度安排由工薪者拓展至其他社会成员的努力。

1946 年 5 月 22 日法令确实专门规定，将社会保障立法无一例外地拓展至全体人口，将社会保障的有关原则贯彻至尚未覆盖到的社会群体，不过上述目标要分阶段、一步一步实现：首先在工业生产指数恢复至 110 时（以 1938 年为参照，1938 年为 100）拓展养老制度，当工业生产指数升至 125 时进一步拓展其他制度。然而，受形势所迫①，国家被迫于 1946 年 9 月 13 日出台新法案，把养老保险的普及提前到 1947 年初，结果遭到强烈反对，并被迫放弃，至少在当时我们没有选择余地。来自非工薪者的反对最为强烈，特别是其中的自由职业者、手工业者和小工商业者。原因有二：其一，他们认为新制度的给付水平不符合其经济地位；其二，担心加入新制度会抹杀他们和工薪大众的区别，被无产阶级化，从而丧失优越感和他们颇为迷恋的社会地位。第二个原因恐怕更为重要。

在上述人群的抵制下，当局被迫暂停执行 1946 年 5 月 22 日法令，即暂停拓展社会保障制度，转而为非工薪阶层的老年人寻找替代救助方案：在货币贬值的持续冲击下，这部分人面临着极为严峻的生存考验。最终国家为他们出台了一项临时性救助制度，由公共开支供款，直至他们被纳入社会保障制度。

1948 年 1 月 17 日法令的出台开启了一个新阶段，尽管将社会保障制度拓展到上述阶层的问题依然没有进展，但国家为老年手工业者、工商业者、农业劳动者和自由职业者建立了老年津贴，以之取代了上述的临时性救助，同时为上述四类职业群体分别建立了各自的基金管理机构，负责筹备资金。这一过渡性措施是综合考虑两方面因素——社会保障制度的拓展和上述有关阶层的分离主义情绪——的产物，现在评价其结果为时尚早。由此可见，尽管法国努力拓展社会保

---

① 受货币贬值的冲击，很多以食利为生的老年人生活陷入困境，为这部分人提供养老保险成为当务之急，国家被迫决定提前拓展养老制度——译注。

障制度，但迄今理想和现实之间的距离仍然遥远，仍然有为数众多的群体未能成为新的社会保障立法的受益者，尽管该法曾努力整合协调先前已经存在的各类制度，但最终仍不得不允许其中的部分制度在社会保障立法之外独立存在。

附件 2

法国社会保障计划[①]

皮埃尔·拉罗克

今天世界各国[②]都在努力设计并实施社会保障计划。尽管这些计划在内容上有相似之处，实则各具特色，彼此之间差别很大。实际上，每个国家的社会保障计划都必然与本国的整个政治、经济和社会生活的主导观念息息相关，法国也不例外。所以，只有充分了解法国当前的局势及其整体的政治以及经济与社会形势，方能理解法国社会保障计划的内涵和意义。

二战结束之后，法国社会千疮百孔、百废俱兴，旧框架已打碎，需重建新秩序；重建问题不仅应从经济，也要从社会的角度来考虑。我们的社会保障计划，就诞生在这样一个全民携手同心、重建社会新秩序的背景下。

新秩序建立在与过去截然不同的新观念上，它将克服旧制度的缺陷，以全新的原则为基础。既往制度之不足首先体现在劳动者的自卑感上。劳动者之所以自卑，首先在于他们对经济生活没有发言权：他们意识到，大企业的发展把他们变成了经济生活的消极因素，处境被动，永远无法摆脱对他人的依赖；其次在于工薪者、劳动者缺乏安全

---

① Pierre Laroque, "Le Plan français de sécurité sociale", *Revue française du travail*, 1. 1946；拉罗克于 1946 年在 Centre National d'Information Economique 的讲话。

② 指西方世界——译注。

感；最后在于所有以劳动为生的人对未来没有把握。

　　所以，今天法国社会政策的目标是努力构建全新的社会秩序，这包括以下两方面含义，其一促进劳动者参与、管理经济生活，譬如一些大的经济部门的活动；其二，实现社会安全，即确保全体人口在任何情况下都有足够的收入来保障家庭生存。由此可见，安全在改善劳动者物质处境的同时还有更深的含义，它是新世界的一项基本构成要素。

一　社会保障（Sécurité sociale）的内容

　　1. 社会保障首先应为所有处于工作状态的男人和女人、所有以劳动且仅以劳动为生的人——这在各国日益成为普遍现象——提供一项有报酬的活动。它要求消灭失业，因此它以恰当的、确保充分就业的（即盎格鲁—撒克逊观念中的 full employment）经济组织方式为前提，同时以恰当的、确保劳动供给持续适应劳动需求并尽可能完美地实现供需平衡的劳动力组织方式为补充——这需借助从就业指导、职业培训到就业安置的一系列政策。

　　2. 保证每位劳动者都能从（经济）活动中获得足够收入。这意味着大力拓展社会保障的范畴，把整个工资政策纳入其中：今后工资政策的制定要兼顾经济和社会因素，即同时考虑如何满足劳动者的需求。鉴于劳动者的个人需求不可能离开其家庭需求，所以要建立家庭津贴，劳动者只有在其个人收入能够养活全家的前提下才能感受到真正的安全。

　　3. 为劳动者提供有报酬的活动的同时，还要确保他保有这份活动。为此必须做到以下几点：首先，帮助雇员反抗雇主的肆意专断，这恰恰是个难题。迄今为止，尚没有哪个国家找到真正令人满意的解决方案。其次，必须处理好以下两方面问题，即如何既确保企业负责人对企业的权威——这对企业而言必不可少，又给予劳动者足够的保障从而防止雇主滥权——这对劳动者而言必不可少。如果不能保障如上两点，就谈不上真正的安全。

此外，劳动者只有在保有劳动能力的前提下才可能保有其活动，所以社会保障还和整个医疗组织问题息息相关，其中首先是治疗、其次是疾病和伤残的预防；还和整个卫生、劳动安全以及工伤与职业病的预防和康复等息息相关。

4. 最后，还应帮助劳动者应对有报酬的活动一旦失去后的风险，这是社会保障的最后一章。

无论劳动力政策如何演进都不可能一劳永逸地消灭失业，所以我们无论怎样努力都不可能百分百地保障所有劳动者永远保有其活动；同理无论医疗政策如何完善，都不可能一劳永逸地根消灭疾病。除失业和生病外，孕产或衰老、家庭支柱的死亡等一些不可避免的其他原因也会造成职业生涯的中断。总之，无论出于什么原因，社会保障都要通过提供替代收入来帮助人们应对职业生涯中断的恶果。当人们谈论社会保障时，想到的往往是最后这些问题，不过无论这些问题如何重要，都不过是社会保障的一个方面，而且作用相对次要。

今天，法国的社会保障计划旨在与劳动力政策和工资政策——这两项政策应保证为劳动者提供有报酬的就业——一道帮助劳动者维续其劳动能力，并在必要的时候为其提供补充收入。

二 社会保障的组织方式

为实现社会保障计划，我们努力的第一个方向是建立恰当的机构。过去法国在这方面曾做出过可能比其他国家更多的努力：法国一直有着自由预防、互助和储蓄的传统，这些自愿性的措施在一定程度上起到了预防不安全因素、减少劳动者的生存风险的作用。另一方面，在最近50年间，法国曾几度进行相关立法，以期实现某些领域的社会保障，其中最为突出的是工伤立法、社会保险立法和家庭津贴立法。但是，上述行动支离破碎，每一项立法都遵循不同的原则，相互间缺乏充分的协调与整合，没有一个统一的制度。因此当我们考虑建立一个面向全民并涵盖所有不安全因素的社会保障制度时，只建立一所社保基金管理机构的方案——即把所有的相关立法整合进一个机制——就成为我们的必然选择。这么做既有技术也有政治方面的考虑：

首先是技术层面的考虑。技术统一作为社会保障制度的基本统一体现在技术和资金两方面：在技术层面，所有社保立法都要使用同样的方法，因为无论是工伤和职业病，还是医疗保险，都涉及同样的医疗问题，使用同样的医疗手段，当然我们不排除具体情况具体对待。同理在资金层面，无论是工伤、残障、养老保险还是家庭津贴，都施行现收现付制而不是四下可见的基金积累制。

需着重强调的是，除去技术层面的统一，还有基本的社会层面的统一，因为自始至终我们的目标都是为劳动者及其家庭提供保护，帮助其对抗危及生存的各种风险；所以我们应当综合考虑所有风险而非分而治之，唯有如此才能做到有效预防。此外过往经验也表明，出自不同立法的机构，其提供的服务也是支离破碎，给人们带来诸多不便。谨举一个众所周知的例子：一个工人家庭一天之内能接纳六七个之多的社会救助访问人员，盖因他们来自不同的机构。所以应当建立一所统一机构，消除这种各自为政的混乱局面。

不过，我们之所以提出"统一机构"的制度构想，除去技术动机外，还有"政治"考虑，这里我们赋予"政治"一词最高级别的含义。当前的种种社会保障机构尽管在管理方式上五花八门，但整体来看几乎都不由当事人自己管理，除去极个别例外，这一点在工伤保险领域体现得十分明显——工伤保险的本质就是"商业"。家庭津贴情况类似：迄今为止家庭津贴完全掌握在雇主手里。社会保险①在很大程度上也是同样情况——尽管法律规定各保险基金理事会应由至少一半受保人代表组成，实则基金会的活跃分子和领袖很少出自受保人阶层。

无论是我们打算制订并实施的社会保障计划，还是刚刚定义的社会政策，原则上都希望把社会保障机构交由受保人管理。这恰恰是因

---

① 指养老和医疗保险。当时的"社会保险"（sécurité sociale）只包括两部分内容，即养老保险和医疗保险。家庭政策和工伤与职业病这两项是单立的。

为，我们的社会保障计划不仅旨在改善劳动者的物质条件，更要构建新型的社会秩序，使劳动者充分承担起相应的责任。正是这一点促使我们建立一个统一的、由受保人自己管理并覆盖所有保障项目的机构。

可能人们会问，为什么不按照受保人的职业、行业或工作地等标准为他们"分门别类"地建立制度？不这么做的原因首先在于，建立多个制度和严格意义上的"安全"问题似乎毫无关系；另一方面，如果同时存在多个基金管理机构和多种机制，那么就不可能在令人满意的条件下建立一所社会保障机构。以工伤保险为例就可以说明该问题：我们不可能不为一所企业的所有劳动者设计一个工伤管理机制，因为工伤首先在于预防，而不在于也不应该在于赔付，所以我们选择由同一所机构负责监管同一家企业所有工人的劳动安全。建立单一社保基金管理机构正是为了满足技术上的这种需求。

总制度

1945 年 10 月 4 日法令对总制度的模式做了详细规定：即，在基层一级设立社会保障基金初级管理机构（caisse primaire de sécurité sociale），基层的范围可视具体情况而定，最高可以是省（département）①，当然也可以是省以下的行政区域。基层基金管理机构的组建方式应符合当地的经济现实；每个自成体系的工业中心，只要能组织起足够数量的参保人——足够的参保人是确保参保者对自己的基金管理机构感兴趣的前提——也应设立基金管理机构。因为现行的社会保险机构有一个基本缺陷，即参保人无论如何都不认为基金管理机构和自己有关。在他们看来，社会保险和其他行政事务毫无区别，如果非要找出区别的话，那么可能是它带有更多的官僚和文牍气，它收钱不少但返还不多，不大招人待见。而我们希望今后劳动者把社会保障机构视作自己的机构，亲自管理。为此，我们的机构应该

---

① 法国是由四级政府组成的中央集权制国家，1982 年以来全国自上而下划分为中央、大区（région）、省（département）和市镇（commune）四级——译注。

设置在靠近受保人的地方，每所基金管理机构都要在基层设立分支，每个企业的企业委员会都要指任一名社会保障事务代表，他负责向员工讲授相关知识，并作为社保基金管理机构与工人之间的桥梁，帮助他们准备并递交有关材料。社保机构的工作要人性化。

在基层一级，除初级基金管理机构外，至少在几年内还将设立家庭津贴管理机构（caisses d'allocations familiales）。有些不安全因素如残障、年老以及工伤导致的终身失能等无法在基层一级管理，所以还要在大区一级设立17所大区基金管理机构，负责管理上述风险。大区基金管理机构对应的"大区"与社会保险对应的"大区"相吻合。在整个架构的顶部将设立一所全国性基金管理机构，负责在其他管理机构之间调配资金并管理需在国家层面协调的基金。

上述所有机构都将把最重要的位置留给受保人即劳动者自己的代表。

在上述所有机构中，为提高机构的灵活性，只有国家一级的管理机构是公共机构，其余都是私立机构，法律身份相当于互助会。

在机构统一之外，我们还要实现缴费统一，从而大力简化雇主的缴费手续，今后他们只需缴费一次就可以覆盖所有险种。不过统一缴费不意味着缴费水平的整齐划一，因为至少在工伤保险领域还不能施行统一缴费。出于预防工伤的目的，我们应激励雇主在提防和预防工伤上下功夫，所以我们要把工伤保险的缴费水平与工伤的伤残程度挂钩。即工伤的缴费水平将继续依行业和企业的不同而不同。不过所有缴费都将同时汇入同一所机构，此后再分配给不同险种。

这样一种制度安排将大大减轻行政管理部门[①]的工作，进而显著降低国家公务人员的数量。截至目前，社会保险金的征缴与分配以及对雇主的监督等事务都是行政管理部门全权负责，今后这些事务将逐步移交给各基金管理机构，由它们自己打理。行政管理部门只保留本职工作，即监督这些机构的运作，确保其符合集体利益。

---

① 指劳动部，具体而言，即劳动部的社会保险总司，后更名为社会保障总司，参见 Henry C. Galant, *Histoire politique de la sécurité sociale française 1945 – 1952*, p. 4——译注。

特殊制度

除总制度外，我们还将保留一部分特殊制度。说实话，如果我们是在 50 年前制订社会保障计划，那么特殊制度的情况或许将和现在不同，我们会把所有人无一例外地纳入总制度。行业与行业、企业与企业之间通常都存在着一定的差别，这或许是必然而合理的，因为经济生活和社会生活一样有着无穷无尽的多样性，这和我们所追求的对所有人一视同仁地施用统一政策的做法正好相反。不过我们的设想是，为不同的群体建立不同的补充制度，以此来体现他们的差异。而总制度则是适用于所有人的基本制度。但是有些特殊制度早在总制度诞生之前就已经存在，而且其中部分制度如矿工制度、海员①制度等在国家的整个社会生活中扮演着十分重要的角色，无法废除，这些制度将继续存在下去。反之，另外一些制度已经在一定程度上丧失了继续生存的社会条件，将逐步退出历史舞台，代之以补充制度。

以上就是我们将要实现的社会保障计划的总体框架。我们所面对的，已不仅是一项简单的行政改革或是对现有机构名称的简单变更，而是深刻的结构性变革，有着巨大的政治和社会意义，其目的是把有关机构交由受保人自己管理，而此前这些机构一直掌控在雇主手中或者按照商业模式运行。

三 社会保障的实现方式

1. 在社会保障领域，我们的目标是覆盖全体国民。此前，大多数有关立法只面向工薪劳动者，因为他们的要求最迫切，社会保险法和工伤法是为他们制定的；家庭津贴立法基本上也是同样情况，尽管它也覆盖其他劳动者。今天我们计划将这些法律拓展至全体人口。

做出上述决定的原因首先在于，一方面，随着经济形势的发展，任何人都不能断言此生不遇到任何风险；另一方面，社会保障以全民

---

① 指进行过海军军籍登记的海员。

团结为前提，即在不安全因素面前，大家应携手并肩，同舟共济。全民团结既要体现在法律上也要落实到行动中。

把社会保障普及至全民的行动将在接下来的几个月内，以渐进的方式进行；普及至手工业者、商人和农业经营者的研究工作已经取得了显著进展。接下来要做的是，在几周或几个月的时间里彻底普及至全民。

2. 在拓展社会保障立法适用领域的同时，我们也致力于提高现存立法的效力。

当今世界存在着两种社会保障观，其一以英国为代表，特点是为所有人提供统一的最低保障。诞生自《贝弗里奇计划》的社保制度便是这种观念的典型代表，这种制度下的缴费和给付水平均一刀切，且只提供最低生活保障。第二种观念体现在大多数美洲国家的社保立法中。与第一种相反，在这种观念中，社会保障的给付水平取决于受保人的个人境况，与其丧失的收入相挂钩。建设中的法国制度介于上述两种模式之间。我们认为美国模式更接近社会现实，原因在于如果不将给付水平与失去的收入在一定程度上挂钩，就谈不上为劳动者提供真正的安全。不过反过来似乎也有必要设置一个给付上限，一旦收入超出上限，受保人就应通过自愿互助等途径为自己的安全埋单。所以我们的制度理念是，在一定的封顶之内将缴费与给付水平相挂钩，目前封顶额为年收入 120 万法郎，该方案为各种以自由而非强制性加入为特征的风险预防机构特别是互助会留下了十分充足的活动余地。

在上述原则内，今天我们努力的方向是改革现存的社会保障立法，充分提高其效力并填补其空白。

社会保险改革

第一项改革即社会保险制度的改革已完成并从 1 月 1 日起生效。改革的主要标志是 1945 年 10 月 19 日法令，法令大幅度改善了先前的制度，可以说，它所创建的新制度能在其所涵盖的所有领域为劳动者提供真正的安全。

首先是医疗保险领域，一方面，今后劳动者的医疗开支可由疾病保险报销，报销比例将高达80%，其余20%在多数情况下也可享受减免。同样，半薪将按照实际工资计算，以每天150法郎为上限。另一方面，1945年10月19日法令还创建了慢性病保险。此前6个月是疾病保险的上限，这显然不符合所有社会疾病和致残类疾病特别是肆虐法国的灾难性疾病——结核的实际情况。该制度创建后，慢性病的保期可长达3年。实际上，慢性病的制度基础和普通疾病不同，我们可以把短期内可痊愈的疾病视作普通风险，适用普遍性和统一性原则。慢性病则当区别对待，即视每例病例的具体情况而定。这正是立法者的愿望，按照慢性病保险的规定，每个受保人都会得到符合其个人情况的补助。

其次，鉴于残疾保险随着慢性病保险的创立而部分丧失了意义，我们对残疾保险进行了改革，今后残疾补助的给付水平不再整齐划一，而是随着残疾程度的不同而不同，在工资的30%—50%之间浮动。给付的主要依据是失能程度——是部分丧失劳动能力、彻底丧失劳动能力还是不仅丧失劳动能力而且需要他人帮助。

最后是养老保险领域。由于维希政权为创建老年劳动者津贴而彻底摧毁了原来的养老保险机制，该领域可谓百废待兴。10月19日法令重建了养老保险制度，为全体老年劳动者提供合理的养老年金，只是年金的领取年龄略晚：受法国人口形势所迫——我们的退休人口和积极劳动人口之比不断攀升，一般情况下领取全额养老金的年龄只能是65岁。不过对于特别有害健康或危险的行业，领取年龄可提前至60岁。到60岁，投保人可领取相当于最近10年平均工资40%的养老金。此外为避免养老金随着作为费基的工资的缩水而缩水，法令还规定，给付时要在充分考虑工资上涨因素的基础上重新核算基础工资，保证养老金始终和当下的工资标准相联动，由于养老制度施行现收现付制，所以此举完全可行。缴费满30年就可以领取以上述方式计算的养老金；缴费不满30年可获得和缴费水平成比例的养老金。最低养老金则始终和老年劳动者津贴持平。老年劳动者津贴的救助对象，正如大家所知，是为被社会保险制度覆盖的劳动者。

社会保障与卫生设施

以上就是刚刚生效的社会保险改革的总体安排。此外，我们在即将提供基本津贴的同时，努力将社会保障机构和国家的卫生设施状况结合起来考虑。因为社会保障机构显然不负责制定卫生政策，而是利用包括行政、财政和技术等在内的一切手段来贯彻执行有关部门的卫生政策。在接下来的几周时间里，我们将朝着该方向努力。

社会保障与家庭津贴

在上述改革之后，我们将改革家庭津贴立法，现存立法存在缺陷，有时候表现得非常明显。在接下来的三至四个月内，我们将从整体上修改有关立法，提高其效力，特别是在家庭津贴的费率变化与工资的整体变化之间建立起自动联动机制；还将进一步平衡家庭津贴支出，消除现有法律规定的一些不合理之处——比如家庭津贴费率依地区和行业的不同而在工资的4%—28%之间浮动。家庭津贴是全民性支出，理应由全体社会成员分担。提高家庭津贴的有效性还要以完善家庭津贴制度为目标，围产津贴的建立同理。

社会保障与工伤

工伤领域的改革也势在必行。现行工伤立法的指导观念是"雇主责任"原则，重点在"赔付"。我们希望将"赔偿"降到第二位，即起辅助作用。今后工伤保险立法应以预防为主，恢复安置为辅，最后才是赔付，即只有在预防和恢复措施不能彻底奏效的情况下再补偿。另外处理赔偿问题时，要注意使工伤立法的有关规定和社会保险立法相一致。此外还应大力减少并简化行政手续，确保受保人以最短的时间和最少的手续获得满意的结果。

3. 最后，在改革现存立法的同时，我们还要把社会保障拓展至尚未覆盖的领域，特别是失业领域。未来法国应像大多数国家那样建立失业保险制度。

以上内容就是我们的工作计划，您看，内容很多，计划庞大。

四　社会保障的融资方式

我们还要说说在所有社会保障制度中占据支配地位的融资问题。说实话，该问题更多是经济而非财政问题。因为我们的社保制度建立在收入再分配的基础上。这意味着要向一部分人的一部分收入征税，之后再将之分配给收入不足的那部分人。

征税手段有很多种，第一种是直接面向纳税人，这种方法在其他国家运用得十分普遍。在英国的社会保障制度即贝弗里奇制度中，就有超过50%的费用来自国家预算。法国则彻底摒弃了这种方式，个中原因有二：首先是行政管理的便利性，因为借助国家预算将不可避免地使社会政策受到纯粹财政因素的干扰和束缚，从而损害社会政策的有效性，使先前的努力化为泡影。不过还有第二个原因，即，社会保障应该是受保人自己的事业，应该建立在受保人的切实努力之上，这就是为什么我们的整个社会保障计划应该由受益人的缴费来支撑的原因。这一点与现有改革、社会政策以及社会保障计划的所有精神密不可分。尽管除受保人外，雇主也要缴费（在受保人是工薪者的情况下），而且缴费份额大大高于受益人。不过如果我们透过现象看本质，就会发现，雇主的缴费和受益者的缴费实则没有本质性区别，雇主的缴费其实就是企业的缴费，因为今天伴随着经济和社会的不断发展，劳动者日益参与到企业管理之中，在持续不断的参与下，劳动者很可能有朝一日将企业的钱当作自己的钱，把企业的缴费视作自己的缴费，在一定程度上这也是事实。所以法国社会保障制度的融资方式完全依靠受益人和企业，不向国家预算索要一分钱。

以上就是落实中的社会保障计划的大致情况。它有两大优先目标：最高的效率和最好的社会民主。我们希望为受益人提供的"安全"保障不会损害其创新精神，相反它应当把劳动者从持续困扰他们的对未来的担忧中解放出来，将劳动者与其自身利益的管理日益紧密地结合起来，从而激发他们对社会保障事务的积极参与。

　　某些人批评社会保障计划的出台过于仓促，事实上计划在出台之前经过了几个月的精心酝酿，听取了所有有关方面的意见，而且计划要用几年的时间分阶段、逐步落实，不会一蹴而就，所以批评站不住脚。在落实过程中，我们可能颠覆了官僚机构和行政部门一些懒散拖沓的传统，妨碍了某些既得利益者的利益，由此引发了某些人的"惊讶"和不满。

　　实际上，批评之后另有隐情，即某些人因循守旧，对建立社会新秩序深感不安。而我们正处在一场重大的变革中，这场变革是法国整个重建计划的一部分，是以建构新型政治和社会制度为目标的整体计划的一部分，是整个革命性计划的一部分。法国的社会保障计划是革命的一个组成部分，我们需要一场革命。社会保障计划除改善劳动者的物质生活从而改变其命运外，还是一场革命。我们对自己的使命有着充分的认识，这是一场我们希望发生且正在着力推动的革命。

《社会保障与阶级冲突》序[①]

皮埃尔·拉罗克

对大街上的路人而言，"社会保障"不过是一个庞大的、向遭遇社会风险或有一定负担的个人或家庭发放津贴、医疗费、养老金以及各种补助的机制。乍一看，人们对建立社保制度的不同反应取决于社保制度对他的影响，即，是构成了束缚还是带来了好处。实际上，更为严肃的研究表明，人们的反应有着更加深刻的动机，而且，其中部分动机往往出于无意识，社会保障是社会变化的一个基本要素。

这一点首先体现在社会保障的目标上。社会保障的目标是，根除或至少削弱相当一部分个人和家庭的不安全感。安全的不平等是导致社会差别的一项首要因素。如果说工人阶级从其诞生于工业国家的那一刻起就非常显著地区别于其他社会阶层的话，那么，原因就在于，日复一日靠劳动所得度日的工人无时无刻不被不安全感所包围。任何疾病、意外和哪怕一次解雇都会在顷刻间把他们及其家庭抛入贫困。反之，有储蓄和关系的资产阶级及拥有土地的农业生产者则似乎享有安全，即便谈不上绝对安全，但至少比工人阶级安全得多。同理，在近代法国的欠发达地区，小农业经营者和大农业经营者之间的对立也在一定程度上揭示着人们在安全感上的不平等。生物之间的区别也体

[①] 《社会保障与阶级冲突》（*Sécurité sociale et conflits des classes*），由巴黎工人出版社（Les Editions ouvrières）于 1962 年出版，是"社会关系"丛书中的一部。

现在安全层面上的不平等。

社会保障制度通过给此前缺乏安全感的个人及其家庭（无论是工人还是贫穷的小农阶层）提供帮助来削弱乃至根除导致社会分化的一大要素。法国的社会保障制度恰好建立在"储蓄因货币贬值而缩水、一部分中产者因此丧失了此前作为中产者一直享有的安全"这样一个特殊的历史时期。该巧合表明，社会保障制度能够将"安全"特权从一类人群垂直转移至另一类人群。

其次，"社会保障"的定义本身就意味着一个国家内部全体社会成员的有"组织的团结"，还意味着自 19 世纪初以来的"社会组织观念"的转变。在此前的自由主义社会里，人们的一个基本信条是个人命运取决于自身努力；社会中的每个人都要靠一己之力去争取一席之地，靠个人的防范和储蓄来应对未来可能出现的各种风险；而社会保障的基石之一是：由集体保障全体成员的福祉和安全，保障他们在任何时候都能够较为体面地生存。实现途径是有意识地对部分国民收入进行再分配。建立在这样一种原则之上的社会必然与传统的自由主义社会截然不同。

再次，社会保障制度的各机制深刻地改变了某些职业群体特别是医生和准医生的生存环境，削弱了他们的"自由"特色，推动着他们转变职业身份，或者靠向工薪者，或者不免要与公共服务部门合作。鉴于这些群体在法国社会中的重要作用，上述转变对法国社会结构本身也将产生一定影响。

法国社会保障制度采取将中央管理机构和由受保人代表组成的管理机构相结合的方式，从而诞生了一种由工会组织扮演重要角色的新型民主。这种以工会为基础的新型民主和传统的政治与行政民主并存的局面必然也将在一定程度上影响我们的社会格局。

一部分人由于社会等级发生了变化而感到昔日的优越地位受到了挑战，这自然引发了他们对社会保障的敌视。安全特权的丧失将削弱社会差别，对资产阶级的地位构成威胁，资产阶级担心"沦落"至与工薪大众为伍，被无产阶级化。对社会保障制度的反对主要表现在以下方面：某些群体抱着本位主义；中产阶级进行集体抗议，尽管其内部构成十分复杂，远非同质体。

收入再分配的相对社会化（Socialisation）及其所蕴含的"强制性团结"与雇主阶层的观念和利益构成了强烈冲突。雇主阶层迷恋自由社会原则，害怕社会领域的上述变化对"自由组织经济活动"的原则本身都构成颠覆，而法国雇主一贯的家长作风——一个世纪以来法国雇主的一项鲜明特征——强化了该倾向。准备出力甚至出点儿"大力"为雇员谋福利的雇主希望把社会保障的功劳记在自己头上并把为实现社会保障目标而建立的管理机构掌握在自己手中。他们讨厌国家以全民团结的名义迫使他们出力，尽管这点儿力微不足道。出于同样原因，长期以来出身地主和大农业主阶层的大型农业组织的领导人对社会保障也心存抗拒，反之农业工人和小微农业主则盼望建立社会保障制度。在农业领域，个人主义与任何"有组织的团结"（solidarité organisée）之间的对立更加突出，甚至有可能超过工业领域。

不过，由上述原因引发的各种冲突并不都是严格意义上的阶级对立，而是社会团体对立。每个团体都死守"本位主义"，拒绝承认人与人之间的团结互助，或者至少拒绝为团结义务担责。在工薪和非工薪人口中都存在着五花八门的退休制度，这清楚地表明，要落实社会保障的进步观念、为当时迫在眉睫的养老问题找到满意的解决方案，在法国可能比在其他地方更加困难。

医生和准医生群体对社会保障制度和技术演进带来的上述必然变化也持抵制态度。在他们眼里，放弃自由行医（自由职业）的基本原则相当于降低他们的社会等级。特别是该群体主要出自在政治和社会领域均趋保守的中产阶级，所以他们的社会阶层下降感更加强烈。

社会保障管理机构实行社会民主，这与传统的政治民主构成了冲突。一方面是依据工会名单选举产生的受保人代表，另一方面是国家整个政治生活的代表——实际是政府以国家的名义依靠议会参与管理，两者之间有着或明或暗的冲突，双方都声称代表民众的普遍利益。

上述种种冲突及其造成的动荡向我们揭示了一些深层的社会现

实，即，我们的社会正处在快速转型中，尚未实现平衡，无论是社会团体关系的调整还是经济结构和政治生活的调整都处在过渡期，目前我们还难以清楚地看到转型的结果。

尽管如此，了解冲突和冲突背后的支配因素以及社会经济的发展演进都是迫在眉睫之事。由弗朗索瓦·赛利耶（Sellier）组织、社会关系研究中心举办的研讨会对解答上述问题作出了重要贡献。

会议集中了法学家、社会学家、经济学家、公务员以及工会和社会保障机构的负责人，向人们展示了不同学科的专家和社保工作者在社会保障领域进行观点交锋和碰撞的成果。本书在会议发言讨论的基础上结集而成，力争呈现所有人的观点。它是这次会议高质量的最好体现。我们希望，为了进一步推进科研工作，也为了更好地了解当今社会问题的真正意义并为之找到解决方案，大家应更多地借鉴赛利耶先生首创的这种研究方法，该方法向大家展现了它辉煌而丰富成果。

附件 4

《法国社会保障政治史，1945—1952》序①

皮埃尔·拉罗克
国务顾问
社会保障名誉主席

1951 年初秋，哈佛大学学生亨利·葛兰在富布莱特奖学金的资助下来到法国，计划就博士论文"法国社会保障的民主问题"进行为期一年的访问研究。

在法国，以社会保障机构为主题的研究在过去乃至现在都十分罕见，从来没有人尝试从政治学的角度来探讨这些问题，因此葛兰的研究计划是雄心勃勃的。由于法国的社会保障立法和管理机构十分复杂，个人或集体对待有关问题的态度受到各种复杂心理与社会因素的支配，所以在所有了解法国社保制度的人看来，葛兰成功的难度很大。

在葛兰熟练的法语、客观执着的精神和杰出的感受能力面前，人们纷纷为他打开了方便之门，使他最终挖掘出了隐藏在态度背后的、几乎鲜为人知的深层动因。今天葛兰在克服了重重困难后给我们带来了研究成果——这篇论文。他凭借此文获得了哈佛大学的博士学位并进入斯基德莫尔学院（Skidmore College）政府管理系的领导部门。

---

① Henry C. Galant, *Histoire politique de la Sécurité sociale française*, *1945 – 1952*, Librairie Armand Colin, 1955.

当然葛兰的视角是美国人的，或许和我们的有所不同，特别是他是从政治学的角度来观察有关问题的。为便于理解这些问题，葛兰把法国在社保领域的立法演进放在法国这些年的政治演进框架内来考察，此前对相关问题的探讨往往只停留在技术和现实层面。实际上如果不通盘考虑政治、社会和历史等因素，我们就不可能找到答案。

本书的贡献很大程度上在于通过探讨"法国社会保障的民主"问题而触及社保领域某些政治辩论的核心。论题乍看之下不合常理，因为人们对一份社会保障计划的关注首先在于它带来的收益和增加的负担。通常情况下，人们都是围绕这两个方面来讨论的，并分裂为支持社会改革和支持保守分子、优先考虑社会问题和优先考虑经济需求等相互敌对的阵营。这样一份计划的分析框架——收入再分配必然会引起受益少于预期的受保人的反对。不过在法国，社会保障领域的这些基本问题从未引起过严肃的政治辩论。

个中原因很多：首先，人们已经普遍认同制订社会保障计划、对收入进行更加公平的分配、为老弱病残提供支持的必要性；其次，政治时局发挥了关键作用：法国的社会保障立法出台于1945年和1946年，当时保守势力因受到对1940年的战败①和维希政权的建立负有责任的怀疑（姑且不论真假）而衰弱。群龙无首的雇主集团同样受到削弱，被迫靠边站，丧失了对国家经济发展战略的发言权——经济发展战略由政府全权负责。此外，新出台的社会保障立法侧重家庭救助，只有恪守家庭观念的基督教保守分子和家庭政策的倡导者——雇主对此满意；而且货币贬值剥夺了老年人的一切生活来源——无论是哪个阶层的老年人都未能幸免。在这几方面因素的共同作用下，不仅没有任何人严肃地质疑立法建立社会保障的益处，而且所有政党都倾向于要求政府持续增加社会保障投入。反之，人们的争论和异议主要集中在社会保障的组织和管理形式上，即采取怎样的方式对该制度进行组织和管理；人们在该问题上的不同态度折射着法国的社会差别和

---

① 指第二次世界大战法国的战败。当时法国在纳粹德国的进攻下不到六周便投降，成立了维希傀儡政府——译注。

不同群体在社会和心理层面的对抗。争论聚焦于两个问题，即是否只建立一所社保基金管理机构以及是否施行民主管理。

"单一基金管理机构"代表的是法国社保计划的"统一性"，该方案经过了技术层面的充分论证。因为要彻底实现社会保障计划的目的，就必须以尽可能广泛的全民团结为基础。换言之，必须把全体国民和前期在社会领域的所有努力悉数纳入一所管辖机构，统一管理。唯有如此，才可能对用于社会保障的国民收入进行合理的再分配，才可能平衡用在儿童和老人、病人和失业者等不同群体身上的资金，才可能将融资方式和经济需求挂钩。同理，为简化行政手续、协调管理，我们只建立一张机构网，由网络内的机构负责管理特定辖区内的相关事宜。

除技术层面的考虑外，在 1945 和 1946 年，我们还有政治层面的考虑。今天社会保障计划的各组成项目此前是按照不同的模式分头管理的，每种模式都既有支持者也有反对者，其中工伤保险主要是商业保险公司在运作；家庭津贴由彻头彻尾的雇主联盟——补偿基金（caisse de compensation）负责；社会保险则依据受保人的行业、职业等分类标准由五花八门的机构管辖。1945 年和 1946 年，左翼政治力量占据压倒性优势，支持把保险公司和由雇主主导的、本质上服务于雇主利益的补偿基金排斥在社会保障计划之外，而且在当时的政治气候下，保险公司和补充基金也难以找到有效的政治支持。

围绕是否应按照职业、行业或保障项目等分别建立基金管理机构的斗争十分激烈。因为，至少以"互助会"和"家庭政策"为代表的——两者都集中了形形色色的基金管理机构——分头管理模式正好符合某些社会阶层的内在需求，并且反映了相当一部分民众的真实心态。在强有力的反对和劳工组织中绝大多数人对"机构统一"的力挺下，鼓吹建立多个基金的论调才逐渐平息。

尽管上述"本位主义"得到了根除，但其他"本位主义"还在苟延残喘或又出现了新的"本位主义"，而且取得了胜利。这些"本位主义"同样折射着相当一部分民众的真实心态，其存在表明工薪大众中的某些职业群体如铁路工人、矿工、煤气—燃气业员工、公务员、海员、农业劳动者等抱着自己的制度不放。这些群体在法国人谈论社会保障之前就已经有了各自的制度和相应的基金管理机构;对其中的很多人而言,其制度甚至诞生于社会保险制度问世之前。在总制度面前,这些劳动者不仅理直气壮地要求保留他们的制度优势——其实没有人对此提出质疑,而且认为其制度及基金管理机构的自成一体是其社会优越感和有别于其他阶层的体现,他们为此痴迷。而 1945 年法律要求逐步取消这些制度,代之以补充制度,只保留并加强其中最为重要的制度。

1946 年,立法者还决定将社会保障法拓展至非工薪人口,结果遭到他们的激烈反对,个中部分原因或许在于这些人害怕社保平添缴费负担,不过根本原因还在于他们拒绝和工薪大众"混编"入一个制度。结果 1948 年,国家为商人、手工业者、自由职业者等群体分别建立了有关制度和基金管理机构,遂了这些行业本位主义者的愿。因为,随着政局的演变,农业人口和中产阶级在议会中的代表性与日俱增,议会中支持他们的人自然也与日俱增。

"单一社保基金"的"兴衰成败"表明,以削弱不同群体间的福利差别与对立、将所有人团结在一个机构中从而建立一个社会保障"总制度"的社会变革,至少部分以失败告终。所以,尽管法国的社会保障计划极大地改善了法国的家庭、病人和老年人的境况,但是它的"革命"雄心,即消除或削弱不平等和社会差别,在社会领域构建有效的全民团结的努力在既存社会结构中遇到了阻力。事实表明,在既存的社会结构中,保守的力量大于改革的力量。社会保障立法的一波三折不过是这段时期以来法国整个内政演变的写照。

同样,法国社保基金的民主管理问题也很重要,尽管在该问题上反对的声音要含糊得多,因为无人不坚决声明自己支持民主管理模式,也就是说,支持社保基金部门以理事会的方式管理,而理事会中至少要有一部分受保人代表。

不过和"单一社保基金"不同的是,"民主管理"原则没有明显的技术层面的考虑。在一所社会保障机构将拓展至覆盖全民的情况下,我们可以想想,该机构和由集体管理的其他机构有何不同? 在国家、省和市镇层面选举的议会是否足以对机构进行民主监督，譬如英国？在法国，我们之所以将社保机构设计为独立自主的机构，由代表纳税人和受益人利益的代表联合管理，首先在于这些机构各有各的覆盖群体（覆盖人数不一）——这折射着某些社会团体的"本位主义"，而非面向全体人口。不过更主要的原因还在于人们对国家的不信任：人们认为，除非这些机构在代表性上更接近纳税人或受保人，否则就不能更好地为个人提供保护和满足个人利益。这表明，在法式自由观的深处始终存在着一定程度的无政府主义，这种观念在很大程度上诱导着人们反对国家和集体，视集体为敌人，最好保持警惕。

实际上"民主管理"原则本身受到了人们的一致认可。政治争论的出现主要在于人们对民主的组织和贯彻方式持有异议。

最初国家通过 1945 年 10 月 4 日法令规定，社会保障机构以理事会的方式管理，理事会中的薪金雇员代表由代表性最强的工会组织指派。1946 年指派改成了选举。表面来看二者有着显著的不同，实则区别小得多，因为选举只是不同派别的工会组织比拼实力并根据得票数重新分配席位的方式。在实际中，三大工会联合会掌握了 80% 的得票。之所以将指派改为投票（特别是比例代表制），主要是议会想打破首届理事会被主要工会联合会垄断的局面。垄断局面的形成是基督教工会几乎普遍拒绝指派代表的结果。

理事会的管理不断招致议会或舆论的批评，但是，我们普遍观察到一个奇怪现象，即，尽管批评起来头头是道，却拒绝接受合乎逻辑的整改提议。譬如，每次政府要求加强监督、减少（选举产生的）理事会的自主权时，哪怕是减少一丁点儿，都会遭到议会的反对。结果是，同一批人，头一天还在痛斥民选理事会的滥权，第二天就声称要不惜一切代价捍卫理事会相对于行政管理部门[1]和国家的独立。其实这种自相矛盾的现象不过是两种对立的思潮互相冲突的写照，更有甚者，对立的双方不是这个团体和那个团体、这个人和那个人，而是

---

① 指劳动部，具体即劳动部的社会保险总司，后更名为社会保障总司，参见 Henry C. Galant, *Histoire politique de la sécurité sociale française 1945 – 1952*, p. 4——译注。

同一群人：一方面一些保守分子反对社会保障制度但不敢言声，只好调转矛头，把枪口对准社会保障机构，挑毛拣刺聊以自慰；另一方面，这同一群人又和自己的对手出于同样憎恨国家干预和同样不信任行政管理部门的共同"目标"而走到一起。

尽管人们在"民主管理"问题上的立场，不像"单一社保基金"那样和法国内政的演变高度相关，但至少也以惊人的方式揭示了法国人的政治心态。

"民主管理"的真实后果在争论中很难得到体现。尽管人们时不时地以某桩"丑闻"为借口攻击民主管理，实则仅凭个案尚不足以对在近300家机构施行了9年的"民主管理"作出评判。特别是我们注意到，不同的基金管理机构由于人员、规模和所在地气候的不同而存在着相当大的差异。譬如，阿尔萨斯社保基金的理事会就和普罗旺斯或科西嘉的极为不同，北部或诺曼底地区的理事会就和西南部不同。不过尽管如此，我们还是能从它们在这段时期的发展中发现一些普遍规律。

在1947年首次选举以前，法国总工会几乎在所有的理事会中都占据绝对优势。法国总工会的代表整体上有活力，讲纪律，有效率，在新机构的组建上发挥了毋庸置疑的关键作用。但另一方面，个别理事会偶尔滥用了总工会的垄断地位，特别是在人事问题的处理上；还有个别理事因经验不足、追求效率，加之时局所迫，而不可避免地在工作中出现了一些违规和失误，不过这是个别现象。

在1947年和1950年的两次理事会选举中，候选人当选的主要依据不是技术优势而是社会政策计划。在新当选的理事会中，特别是在法国总工会和法国工人力量联盟（CGTFO）分裂后，有时会出现不同政治派别的工薪者代表意见相左、互相对立的现象。他们的立场逐步受到对抗情绪的支配，也逐步受控于其立场在工人大众中可能引起的反响。工会对一些问题的担心——如选举过程中选票的分配、理事会内不同派别的工薪者的联合以及和雇主等其他非工薪者的联合等——有时必然会压倒行政和财政层面的技术考虑。

此外，理事会最初的使命——建立基金管理机构——已告结束，工作逐步萎缩至机构的日常管理，其作用和以往相比不可同日而语，而有关缴费、补贴、管理等的基本规章制度均由中央政府制定。为此理事会要求国家进一步放权。另外，理事会中其他派别的工薪代表和雇主代表联合起来，把法国总工会代表一劳永逸地变成了少数派，总工会有时对此表示不满，并且退而纠结于一些与基金的日常管理无关的诉求。

不过我们不应夸大机构变化的后果，1950年选举后，大多数理事都是有一技之长的专业人士，这增加了机构管理的稳定性，尽管与前期相比机构的活力略有削弱。

尽管从整体来看，我们还无法肯定选举确实拉近了理事会和选民的距离，使劳动大众感到自己和基金会的日常管理息息相关，但是理事会作出了巨大的贡献乃至牺牲。理事会成员无私地奉献了大量宝贵时间，作了很多往往劳而无功的工作。我们仍需继续努力。另外，虽然把基金管理机构交由民选代表管理可能不如交给专门的行政机构，特别是在行政和财政方面，但是也有积极的一面，比如管理更人性化、更有弹性，这很好地弥补了非专业管理的不足。

以上便是我读完《法国社会保障政治史》（最近几年的历史）后的主要思考。亨利·葛兰先生不仅以外国人的全新视角，而且以对法国社会和心理现实的"海纳百川"的包容和理解，对法国社保制度的历史演进进行了追溯和概括，一个法国人都未必有他做得好。感谢他帮助我们更好地认识自己的制度，特别是迫使我们从最广阔的角度来思考某些问题，即使我们不完全同意他看待问题的方法。对于这些问题，我们由于身在此山中而差点不识真面目。

我们也借此机会希望由国家政治科学基金会（Fondation nationale des Sciences politiques）出版的此书带来更多独创性的研究，并引导研究人员关注此前法国政治学界很少涉足的这一社会领域。

附件 5

法国社会保障制度现状

制度结构

一 基本制度

　　法国现行社会保障制度划分为基本制度和补充制度两大支柱，基本制度是制度主体，它按照参保人的社会—职业类别，分为四大类，即总制度、农业制度、非领薪者非农业人员制度（简称"双非"制度）和特殊制度，前文已有详细论述①，此不赘述。该制度从整体上划分为养老、医疗、工伤与职业病、失业、家庭津贴五大项目，覆盖相应风险。其中总制度是最为重要的制度，覆盖了三分之二的经济活动人口和所有风险，补助额占到基本制度的 60%，其他制度只覆盖部分风险。各制度的缴费水平和保障水平存在一定程度的不同，整体而言，在养老和医疗这两个最为重要的领域，特殊制度的保障水平最高，双非制度和农业制度的保障水平较弱，相应地，这两类制度的缴费水平也较低。

　　总制度分别由全国工薪者养老保险基金会、全国工薪者医疗保险基金会、全国家庭津贴基金会和失业保障机构负责管理。详见第一章的有关图表。

---

① 详见第一章。

二 补充制度

补充制度主要体现在养老和医疗两个领域，目的是提高保障水平，弥补基本制度保障水平的不足，和基本制度一样，属于保险性质。其中补充养老保险是强制性的，并且按照不同的社会—职业类别，划分为不同的制度，如农业人员补充养老制度、工薪者补充养老制度、管理人员补充养老制度[①]等，由不同的机构负责管理，其中绝大多数是非营利性的私立机构，如互助会等。

资金

一 资金来源

法国社会保障各制度在财政上都是独立的，资金主要来自于以工资为基础征收的保费，由雇主和雇员共同缴纳。其中在养老、医疗和失业保险这三大项目中，雇主和雇员都要缴费；在工伤与职业病、家庭津贴这两大项目中，只有雇主缴费。[②] 整体而言，雇主的缴费占据多数，占缴费总额的三分之二余，这种状况一致持续到1995年。1995年以后，雇主的缴费比重不断降低，之后有所上升[③]，但仍然占据多数。2000年，雇主的缴费仍然占到社保缴费总额的70%。[④]

除社保缴费，另一个资金来源是社保专项税，其中主要是以个人

---

① 指工薪雇员中的管理人员。

② 工伤和职业病只由雇主方缴费是基于激励雇主加强预防、减少工伤的考虑。家庭津贴只由雇主方缴费则出于历史原因：早在1945年现代社会保障制度建立之前，法国的一些雇主便单方面出资建立了家庭津贴制度，为雇员提供家庭津贴，类似于工资的变形，以吸引和巩固劳动力。这一传统一直沿袭下来。

③ 原因是雇员的医疗保险缴费被 CSG 所取代。Remplacement des sotisations maladie des salariés par de la CSG.

④ 数据参见：Bruno Palier, *Gouverner la sécurité sociale : les réformes du système français de protection sociale depuis 1945*, p. 459.

收入为税基的普遍社会捐（CSG）[①]，此外还有社会债务清偿税（CRDS）[②]、自理团结税（CSA）[③] 以及为家庭津贴、养老制度等开征的以资本收入为税基的专项税。国家和地方财政也常常用其他公共税收入对社保进行补贴，由此形成了保费基础上的国家兜底体制。

表1　　　　　　　　　法国社会保障制度的资金来源

	1990 年		2010 年	
	金额（亿欧元）	占比（%）	金额（亿欧元）	占比（%）
缴费总额　其中：实际缴费　虚拟缴费[④]	2282 2019 263	80 71 9	4043 3543 500	64 56 8
社保专项税	99	3	1502	24
公共税	367	13	652	10
金融产品和其他收入	101	4	134	2
合计	2849	100	6331	100

资料来源：DREES, *Comptes de la protection sociale 2010*，转引自 Pascal Penaud et al. , *Politiques socials 2013*, Presses de Sciences Po et Dalloz, 2013, p. 136.

　　在欧洲各国的社保制度中，法国是缴费占社保经费比重最高的国

---

　　① 1990 年 10 月 30 日创立，面对居住在法国的所有个人，税基为个人的所有收入，包括工资、替代收入（养老金、失业补助等社会补贴）、遗产收入、投资收入等。创立之初，税率为 1%，后逐步上升，2004 年整体税率达 7.5%（不同的收入税率不同，如资本收入的税率为 8.2%，养老金的税率为 6.6% 等）。建立该税种有以下几个方面的背景：第一，人们的收入构成发生了变化，替代收入和资本收入等工资以外的收入在总收入中的占比不断上升。第二，某些社会保障项目经过发展，已面向全民，成为普惠型项目，如 1978 年，家庭政策实现了普惠；1999 年医疗保障实现了普惠；2013 年，普遍社会捐的 70% 用于医疗制度，其次是家庭津贴。

　　② 社会债务清偿税（contribution au remboursement de la dette sociale, CRDS），建立于 1995 年，税基基本和普遍社会税相同，税率为 0.5%，建立目的是弥补巨大的社保亏空。

　　③ 建立于 2004 年，税基为经济活动收入和资本收入，税率为 0.3%，用于救助失去自理能力的老年人。

　　④ 虚拟缴费（cotisation fictive），指由雇主直接管理的制度，目前主要指公务员制度，没有专门的机构来征缴缴费、发放补助，而是直接由国家财政列支。在统计中，将之计入"虚拟缴费"。

家，直到 1997 年，社保费始终占到社保总收入的 80% ；如果只算总制度而忽略其余小制度的话，则该比重高达 90%。不过随着普遍社会捐的不断提高，社保费占社保总收入的比重呈降势，2005 年降至 67% ，2010 年降至 64% ，2015 年进一步降至 58%[①]。反之，社保专项税的比重由 1990 年的 3% 大幅度升至 2010 年的 24% （详见表 1）。在不同的保障项目中，费税的占比也不同：如 2012 年，税收在医疗保险经费中的占比高达 50% ，在家庭津贴中的占比为 32% ，在工伤与职业病中为 4% ，在养老保险中为 9% ，在后两者中的占比呈降势。[②]

　　整体而言，法国社会保障制度在融资方式上有着较为明显的增税减费倾向，即税收在社保总收入中的占比不断增加。此外在这一过程中，工资始终是主要税基，尽管税基不断得到扩大。统计表明，1959—2009 年，以工资为税基的资金从 75% 降至 72% ，降幅只有 3 个百分点。不过着增值税的增加，以消费税为税基的税收比例有所上升。两种筹资方式——社保费和税收，表明法国社会保障制度兼有俾斯麦和贝弗里奇两种模式的特征：社保缴费代表着社会保险制度下的职业团结，税收则代表普惠性项目的全民团结。

二　资金管理

　　总制度在资金管理上施行收、支两条线制度，保费由遍布全法的百余所私营的"社会保障和家庭津贴分摊金征收联盟"（URSSAF）负责征缴，然后汇入"社会保险机构中央管理局"（ACOSS）；社会保险机构中央管理局随后分别将之拨付到"全国工薪劳动者养老保险基金会"（CNAVTS）、"全国工薪劳动者医疗保险基金会"（CNAMTS）、"全国家庭津贴基金会"（CNAF），各基金会的基层分支机构再将之汇入每个参保人的银行账户。失业保险是个例外，该险

---

　　① Direction de la sécurité sociale, Les chiffres clés de la sécurité sociale, 2014, http://www. securite-sociale. fr/IMG/pdf/chiffres_ cles_ 2015_ web. pdf.

　　② Pascal Penaud et al. , Politiques socials 2013, Presses de Sciences Po et Dalloz, 2013, p. 136.

种最初由"全国工商部门就业联盟"（UNEDIC）及其地方分支机构"工商部门就业协会"（ASSEDIC）负责管理，从 2011 年起改由社会保障和家庭津贴分摊金征收联盟负责。

主要保障项目

一　养老

养老保险是法国社会保障制度的重要内容，也是本书的论述重点，前文已经做了非常详细的论述，[①] 这里不再赘述，只补充一点：在养老保险制度之外，法国还设有一系列非缴费性的养老补助项目，用于救助养老金水平不足或者养老保险没有覆盖到的人群，这类项目主要有：（1）最低缴费保障（Minimum contributif），是为虽达到了基本养老保险所规定的缴费年限，但缴费金额不足（原因是工资水平低）从而导致养老金水平不足的退休者提供的补充养老保障。（2）老年人团结津贴（allocation de solidarité aux personnes âgées，ASPA），是为由于工资水平低和基本养老保险缴费年限不足而无法享受全额退休金的退休者提供的补充养老保障。领取条件是年满 65 岁（特殊情况下可提前至 60 岁）、定居法国、收入低于一定水平，有封顶。这项制度先前叫做最低养老金（le minimum vieilless），始建于 1956 年[②]，由基本津贴和补充津贴两部分组成，包含一系列补助项目。2006 年，国家将所有项目整合成为"老年人团结津贴"，由老年团结基金（Fonds de solidarité vieillesse）负责管理。2012 年的补助标注为单身每月 777.16 欧元，夫妻每月 1206.59 欧元[③]。（3）继承养老金（pension de réversion），指养老金享有者过世后，其养老金可部分转

---

① 养老保险的相关内容请见本书第一章和第四章。在养老、医疗、工伤与职业病、失业和家庭津贴这五类项目中，养老项目的保险特征最为显著，在私有部门工薪者的基本养老制度中（即总制度中的养老保险），以工资为费基的保费占到总收入的三分之二，在私有部门工薪者的补充养老制度中，以工资为费基的保费占到 80%。

② 成立于 1956 年，起初叫做出全民团结基金（fonds national de solidarié，FNS）。

③ http://vosdroits.service-public.fr/F245.xhtml.

由其法定配偶继承。领取资格是年满 55 岁，不过年龄限制正在逐步取消，有家计调查。

二 医疗

法国的现代医疗保障制度建立于 1945 年，经过半个多世纪的发展，目前已形成一个三层的、覆盖全民的医疗保障网络，其中第一层是强制性的基本医疗保险，第二层是补充医疗保险，第三层是全民医疗保障。

1. 基本医疗保险① （AMO）

基本医疗保险属于强制性制度，和养老保险一样，在建立之初按照职业类别划分为总制度、农业制度和独立职业者制度三项②。其中总制度覆盖了三分之二以上的参保人口，因此我们这里将重点放在总制度上。③

总制度下基本医疗保险的覆盖对象是工商业雇员及其配偶和 16 岁以下子女，或不满 20 岁的全日制在读子女或残疾子女，缴费满一定期限可享受，资金来自雇主和雇员的共同缴费。补助项目分为实物补助和现金补助。其中现金补助主要有四种：（1）病假补助，以天为单位计算，从生病的第三日算起，最长领取期限为 3 年，旨在补偿因病休造成的工资损失，有工龄要求。目前的补助标准为日工资的 50%，有封顶，封顶额为 47.65 欧元（2009 年），补助标准随物价指数定期调整。（2）生育补助，以天为计算单位，有工龄要求，有封顶，封顶额为 76.54 欧元（2009 年），在封顶内补助额为工资的 100%。补助期限依新生子女数量和已有未成年子女的数量而定。女雇员在享受生育补助的同时享有产假：待产一胎者产假为 16 周，待

---

① 医疗保险的全称是疾病—生育保险。
② 1945 年建立的社会保障总制度只覆盖工商业领域的工薪者，到 1960 年代又分别为农业劳动者和独立职业者创立了各自的制度，后两者主要覆盖医疗和养老风险，详见前文有关章节。
③ 农业劳动者和个体劳动者的医疗保险制度在创建之初覆盖和给付水平度都较弱，后逐步与总制度拉齐。

产一胎且已生育两个子女者为 26 周，待产双胞胎者为 34 周，三胞胎者为 46 周。（3）残疾抚恤（pensions d'invalidités），补助对象为未达到退休年龄、至少丧失三分之二劳动能力的参保者，有缴费年限要求，缴费年限不足者可申领社会救助性质的成年残疾人补助①。残疾抚恤的金额依残疾程度而定，整体而言为原工资水平的 30%—50%，领取者一旦达到退休年龄便丧失领取资格。（4）丧葬补助，是参保人去世后其遗属享有的一笔一次性补助。

实物补助主要有两种方式，一是报销患者的医疗费，特别是产生于医疗机构之外的费用，如在非医保协议医院就诊的诊费、药费、流动救护费、医疗设备费等。二是直接补贴医院。在整个医疗补助中，现金补助所占比重越来越少，如病假补助 2008 年只占整个医疗开支的 5%②。

医疗保险的给付水平并非 100%，为防止医疗资源的浪费，比如滥开处方等，病人自己也要承担一部分，以看一次全科医生为例，医疗保险的报销比例大约为 70%。此外，要享受医疗保险，必须按照医保流程就医。即每位参保人都必须选择一位医保签约主治医生（médecin traitant），主治医生通常是全科医生，必要的时候他再把患者介绍到给专科医生，换言之，不可直接跨过主治医生去看专科医生；只有妇科、眼科、口腔科、精神病科等几类可不经主治医生推荐而直接去就诊。从 2009 年 1 月 31 日起，所有不按医保规定就医者，只报销 40%。

法国医疗保险向重特大疾病和长期慢性病倾斜，癌症、心血管疾病、艾滋病、糖尿病等的住院治疗费几乎可以全额报销。如 2008 年，13 种长期慢性病的报销额度占到了法国医疗总开支的 58%。③ 反过来常见病的报销比例则相对较低，统计表明，15% 的法国人每年诊费不足 40 欧元，25% 不足 150 欧元，50% 不足 470 欧元（2004 年

---

①　Allocation pour adulte handicapé（AAH），属于国家财政出资的社会救助机制。

②　Bruno Palier, *La réforme des systèmes de santé*, Presses Universitaires de France, 5ᵉ édition, 2011 février, p. 33.

③　Ibid. , p. 35.

数据)①，结果导致多数人感觉缴费和给付不成比例。镶牙、配眼镜等不予报销。

2. 补充医疗保险

鉴于强制性的基本医疗保险不覆盖全部费用，国家又设立了补充医疗保险（AMC）。补充医疗保险的加入方式有两种，一种是个人或家庭自己参保，这种形式占到补充医疗保险的60%；一种是雇主以集体协商的方式集体参保并且通常由雇主和雇员共同缴费。活跃在补充医疗保险领域的主要机构是互助会、保险公司和共济会等，三者分别覆盖了59%、24%和17%的参保者。目前85%的法国人都有补充医疗保险，而这一比例在1960年仅有31%。补充保险也不能报销剩余的全部费用，报销额度为12%左右。还有7%左右（2007年数据）的费用需患者自掏腰包。②

3. 全民医疗保险

尽管建立了上述双重保护网络，但仍有一部分人口被排斥在医疗保险之外，如学生、失业者等无业人口。特别是从20世纪90年代起，伴随着失业率的攀升，失业者特别是长期失业者日益增多，成为生活困难的社会边缘群体，在此背景下国家发起了"反排斥"运动，措施之一便是建立全民医疗保险制度（couverture maladie universelle，1999年），把医疗保障拓展至全民。全民医疗保险制度划分为基本制度（CMU de base）和补充制度两种。基本制度面向全体在法国定居（居住满3个月即可）、未受任何医疗保险制度覆盖的人口，包括外国人，资金来自医疗保险基金和国家财政。有给付门槛，收入在其上者需缴费，在其下者免缴费。补充制度是为弥补基本制度的不足而建立的，主要作用是报销基本制度不予覆盖的项目，如自费药、看护费等，无须垫付，需家计调查。

上述三层网络的存在使法国的医疗保险成为一项覆盖全民的普惠

---

① Bruno Palier, *La réforme des systèmes de santé*, Presses Universitaires de France, 5ᵉ édition, 2011 février, p. 36.

② Ibid., p. 36.

性制度，即基本上实现了医疗保险制度的全覆盖。[①] 不过该制度亏空巨大，是仅次于养老制度的赤字项目：医疗保障制度建立初期，只有以职业为基础上的医疗保险，主要的资金来源是医疗保险缴费，由雇主和雇员分摊。全民医疗保险制度建立以后，随着覆盖人群由劳动人口拓展至全民，国家逐步用"税"取代了"费"，即用普遍社会捐等取代医疗保险缴费，目前在税费在整个医疗保障体系的资金来源中各占一半。

三　工伤和职业病（ATMP）

工伤和职业病的主要原则是预防，以预防为主，治疗为辅，没有专门的管理机构，在总制度中由疾病保险基金会代理，在农业制度中由农业社会互助会代管。受保人可获免费治疗，现金补助的水平要远远高于医疗保险：如总制度下的疾病津贴补助为日工资的50%，工伤和职业病的补助水平为60%—80%，此外该制度下的封顶额更高，补贴的时间也更长；若造成永久性残疾，则给予永久性的失能补助。所有这些措施都是为了激励雇主加强预防、杜绝或减少工伤与职业病。如果工伤和职业病引起参保人死亡，则其配偶及未满16岁的子女或未满20岁的在读子女可获得一笔补助。

四　家庭津贴/家庭政策

家庭津贴制度或曰家庭政策是法国社会福利的核心和一大特色，在法国现代社会保障制度建立之初，出于战后劳动力匮乏、亟须振兴人口的考虑，家庭政策成为一大侧重点。目前家庭政策的主要目标可归纳为：（1）积极影响人口发展，促进生育。（2）减轻困难家庭的子女养育负担，从而减少贫困。（3）确保所有儿童获得平等的看护、就学和就医权，从而确保儿童身心健康地成长；（4）减轻女性育儿负担，帮助并促进女性就业或保持职业生涯的持续与稳定，实现平等就业并降低失业率。

---

① 理论上如此，但是由于有给付门槛，所以依然有一部分人口未受到任何制度的覆盖。

　　法国现行家庭政策十分完备，有种类繁多、名目齐全的津贴，几乎覆盖了一个家庭从子女降生到独立成人前的各个阶段的需求，多数津贴随着家庭中子女数量的增加而递增。该制度融合了"保险"和"全民团结"两种因素。家庭政策最初是按照纯粹的保险模式来设计的，资金来自雇主的单方面缴费，由雇主、参保人以及家庭这三方面的代表共同管理，只覆盖工薪雇员，随后逐步拓展至覆盖全民，即面向所有有两个子女及以上的居住在法国的家庭，最终于1978年成为普惠性制度。目前除雇主的缴费外，家庭政策的部分资金也来自普遍社会捐。现行家庭政策的管理机构是全国家庭津贴基金会（CNAF）及其设在地区的分支机构。全部家庭津贴可划分为两大类；一类是普惠性津贴，即覆盖居住在法国的所有家庭；一类是针对性津贴，需要家计调查，只覆盖符合条件的家庭。我们可将这些津贴大致分为五类：

　　1. 家庭支持类津贴。

　　这类津贴的目的是支持家庭收入，保障一个家庭的收入和生活水平不因子女的出生而下降，主要包括：

　　（1）家庭津贴（Allocations familiales）

　　家庭津贴为普惠型，补助对象为有2个以上20岁以下子女的所有家庭，补贴额随子女数量的增加而递增。无须家计调查，津贴标准见表2。

表2　　　　　　　　　　　　　**法国家庭津贴标准**

子女数量（个）	2	3	4	4个以上每额外增加一个
补贴金额（欧元/月，2012年）	127.05	289.82	452.60	162.78

　　（2）家庭津贴（Complément familial）

　　家庭津贴补助对象为有3个3—21岁尚未工作的子女、不领取育儿津贴且收入低于一定水平的家庭；有家计调查，如果子女有学徒、实习工资等收入，则不得超过最低社会工资的55%。补助标准为无论有几个孩子，都是157.38欧元（毛收入）/月，扣除社会债务清偿税后为 156.6 欧元/月（2007 年 1 月 1 日标准）。每年 7 月 1 日进行资格审查，由 CAF 负责发放，发至符合条件的孩子降至 3 个以下时。

（3）家庭支持津贴（Allocation de soutien familial）

该津贴为普惠型，无家计调查，补助对象为无父或无母的单亲儿童，或失去双亲或双亲虽建在但不由双亲抚养的儿童。津贴标准如下：第一种情况每月可获得 89.34 欧元的补助。第二种情况每月 119.11 欧元，由 CAF 负责发放。

2. 儿童看护、抚养津贴

这类津贴旨在减轻父母的育儿负担

（1）幼儿津贴（prime d'accueil jeune enfant）

补助对象为从怀孕第五个月起至孩子 3 岁的母亲，从 2004 年起收养 3 岁以下孩子的夫妻也可享受，补助金额为每家每孩 180.62 欧元/月，头一个月递减。需家计调查。

（2）育儿津贴

普惠型。补助对象为养育 2 个以上孩子的父母（要求至少工作过两年）。补助标准分为以下几种：如果完全中止工作来看护儿童，则每月可得 484.97 欧元；如只打半工，可获 320.67 欧元；如果工作时间仅为 50% 与 80%，则获 242.51 欧元。津贴发至最小的孩子满 3 岁时为止。

（3）雇佣育儿保姆津贴

补助目的在于帮助家庭分摊育儿保姆费，津贴发放到孩子满 6 岁为止。申领者须通过省保护孕妇与婴儿局（PMI）雇佣一名有资质的育儿保姆来照顾 6 岁以下的孩子，并向社会分摊金联合征收机构（URSSAF）申报雇佣事宜。

（4）儿童居家看护津贴 AGED

补助对象为因在外工作而雇人居家照顾孩子的家庭，须向社会保障缴费和家庭津贴征收联盟申报雇佣。一个家庭不论孩子多寡，只能获得一份津贴。

（5）父母护理日津贴（Allocation journalière de presence parentale）

补助对象为有严重病患儿、严重残疾儿或事故后遗症儿童的家庭；补助目的在于方便父母定暂时脱离工作岗位或减少工作时间、定时照顾孩子，补助时间为4个月，到期后可再申请2次，但最多不超过1年。

（6）收养儿童津贴

补助对象为领养孩子且收入低于一定标准的家庭。该津贴自孩子被收养之日的后一个月起，发放21个月。补助标准为每个收养的孩子，每月获156.31欧元。

（7）开学津贴

补助对象为养育1—18岁学童、收入低于一定水平的家庭。津贴金额见表3。

表3   **开学津贴标准**

年龄	6—10岁	11—14岁	15—18岁
津贴金额（欧元/人，2012年）	356.20	375.85	388.87

3. 其他津贴

（1）住房津贴

补助对象为租房付房租或是买房付房贷、收入又低于一定水平的家庭。计发标准由家庭津贴基金会根据家庭规模及收入、住房所处街区、房租或房贷金额等来决定，有封顶。同时规定，住房面积每人不少于9平米。

（2）搬家津贴

补助对象为抚养3个及以上孩子的家庭，搬家须在怀孕4个月后及最小的孩子两岁之前；津贴标准为906.86欧元，三孩；982.43欧元，四孩；从第五个孩子起，每人加75.57欧元。或者自己搬家然后报销相关支出，由家庭津贴基金会负责。

目前，法国的家庭政策遇到一些问题并引发了如下争论：

垂直再分配还是水平再分配？缴费还是税收？保险还是救助？

法国的家庭政策兼有水平再分配和垂直再分配两种性质：普惠型的项目针对所有有孩家庭，旨在补偿因抚养子女而造成的经济损失和生活水平损失，主要由无孩家庭转移支付至有孩家庭，属于水平再分配；要求家计调查的项目旨在减少家庭贫困和不同家庭之间的收入差距，属于垂直再分配。家庭政策在创建之初属于水平再分配，但是随着时间的推移和新政策目标与工具的增加，要求家计调查的项目日渐增多，垂直再分配性质日渐突出，这日益引起人们的争论，特别是在近些年。近几年，法国经济严重衰退，国家财政捉襟见肘，在此背景下，是继续家庭政策的普惠性还是将有限的资金用在刀刃上？换言之是否应减少针对全体有孩家庭的水平分配而增加垂直分配，将家庭政策聚焦于低收入、单亲等最需要救助的贫困家庭？该问题一直是争论的焦点。

实际上，这一争论背后隐藏的是两种截然不同的政策理念，一种认为，生养子女是确保人类繁衍和劳动力再生的根本，因此应对家庭进行适当补偿，使之不因养育子女而降低生活水准，为此家庭政策应惠及所有家庭；另一种则认为，生养子女完全是个人的自由选择，属于私领域，国家对此应保持中立。家庭津贴应聚焦于最需要救助的家庭，建议取消对富裕家庭的补助。持第一种观点者反对取消普惠制，认为如果缩小救助对象，家庭政策将无以为继。因为中产阶级是家庭政策的核心，也是主要的资金供给者，只有执行普惠型的政策才能确保该政策得到中产阶级的支持，从而确保它的合法性和可持续性，也才能惠及最需要救济的贫困阶层。而失去了他们的支持，家庭政策将成为无源之水、无本之木。持第二种观点者则认为，家庭政策不应僵化教条，而应与时俱进，在经济萧条、预算紧张的时期，普惠型过强的政策难免顾此失彼，难以救助最贫困的家庭，无助于社会团结，从而与家庭政策的目标背道而驰，也易失去政治支持。他们建议在生活水平大幅度提高，而社会政策资金日显不足的今天，确保资金再分配的有效性，把津贴用于最需要的家庭，将家庭政策聚焦于"反贫困"，而对富裕家庭提供其他非现金形式的政策支持，如延长育儿假等。

从目前的趋势看，非普惠性的政策日益增多，家庭政策的目标日益缩小，但问题是，缩小到什么程度才合适？换言之，对贫困家庭的救助到什么程度才不至于丧失"非贫困家庭"的支持？从20世纪70年代起，新出台的家庭津贴日渐要求家计调查。但是这些做法始终遇到作为纳税主力的富裕阶层和中产阶级的抗议。

与垂直再分配还是水平再分配息息相关的是，是否应当将家庭政策税收化？自诞生以来，家庭政策资金主要出自雇主的缴费，但是，人们不断提出来，既然家庭政策是普惠性，那么就不应该只是企业的负担，而应该来自课税。这个问题一致争论不休，特别是自1980年代以来，左右翼都曾提议将家庭政策税收化。目前该问题依然在争论中。最新趋势是，部分减轻雇主负担，减少部分通过开征社会增值税予以补足。

五　失业

法国的失业保障制度建立于1958年，比现代社会保障制度的创建（1945—1946年）晚近10年，原因在于，1945—1946年法国建立现代社会保障制度时，面临的主要任务是经济重建，重建需要大量劳动力，而法国在战争中损失了大量青壮年人口，劳动力呈供不应求的局面，所以失业问题不在考虑之列。[①] 1958年在国家的倡议下，法国以社会伙伴即雇主和雇员集体协商的方式建立了全国性的失业保险制度。与此同时还建立了全民性的失业救济制度，用国家财政来补贴失业保险覆盖不到的失业者。1978年国家将这两项制度进行了整合并交由社会伙伴统一管理，在资金方面，则是国家出资三分之一，其余的三分之二来自雇主和雇员的共同缴费。不过由于遭到雇主的反对，1984年又恢复了失业保险和失业救济分头管理的两条线制度。

1950—1970年是法国经济高速发展的"辉煌的30年"，整体而言就业充分，失业只是零星的和暂时性的现象[②]，但此后伴随着全球

[①] 在法国的分类中，狭义的社会保障制度，即社会保险制度不包括失业制度，但我们按照国际通用做法，把失业保险划归其中。

[②] 实际上直到1970年代末，失业都被视作暂时现象，即两次就业之间的短暂停顿。

性经济危机的爆发和法国经济结构的调整，临时性失业逐步减少，反之长期性和结构性失业逐步增加，在此背景下，法国于 1967 年建立了就业促进机构——全国就业局（ANPE），并在地方建立了相应的分支机构。从此后，促进就业和救济失业相辅相成，比肩并行。

目前法国的失业保障制度沿袭了 1984 年以来的制度安排，划分为两层：第一层是失业保险制度，属于行业保险性质，由社会伙伴出资并管理。第二层是失业救济制度，属于全民团结性质，由国家出资并管理。

1. 失业保险（Régime d'assurance chômage，RAC）

失业保险是社会伙伴合作制，资金来自雇主和雇员的共同缴费，给付标准等一应事务由社会伙伴集体协商决定，协商后达成一项多年期失业保险协议，协议得到国家批准后即可生效。

失业保险的主要补助项目是再就业补助（APE），其领取和给付有着严格的规定，按照最新的协议（2014 年协议）规定，失业者以 50 岁为界，划为两档。第一档即 50 岁以内失业者的领取要求是，在过去的 28 个月内工作满 4 个月，最长可领取 24 个月；第二档即 50 岁以上失业者的领取要求是，在过去的 36 个月内工作满 4 个月，最长可领取 36 个月。50 岁以上失业者再就业的难度比较大，故再就业补助向他们倾斜。再就业补助的给付水平参照失业前的工资计算，具体规定是，从工作的最后一天算起，或者给付此前 12 个月平均日收入的57.4%，或者给付40.4% + 固定额（2012 年为 11.34 欧元）。计算方式从优，即哪一种方式算下来的给付水平高就选择哪一种。

失业保险在国家一级由全国工商业就业联合会（Unédic）负责，它在大区一级设有分支机构——全国工商就业协会（ASSEDIC），两者均属于社团性质，尽管需接受国家监督，实际上具有相当大的自主性。

2. 失业救济

失业保险的领取有时间限制，逾期便丧失资格。丧失失业保险领取资格但仍未成功就业者，有可能被纳入第二层保障网络——失业救济。失业救济由成立于 1982 年的团结基金（Fonds de solidarité）供款，资金主要来自以公务人员收入为税基的团结专项税（税率为 1%）和国家财政补贴，此外还有一小部分烟草税。其主要补助项目是团结专项补助，领取条件除失业保险已到期外，还要求在过去的 10 年间工作满 5 年，特殊情况除外，有家计调查。

表4   失业保险和失业救济制度比较

	保险制度	全民团结制度
管理方式	社会伙伴（Unédic）	国家
主要原则	保险原则 补助随工资变化 补助有时间限制	全民团结原则 有家计调查 到期可再次申请
资金来源	雇主缴费（毛工资的 4%） 雇员缴费（毛工资的 2.4%）	团结基金 1.5% 的烟草税 国家补贴
目标人群	在过去 28 个月内工作满 4 个月的失业者	过去 10 年间工作过 5 年、失业保险已到期的工薪者（特殊情况除外）
主要补贴	再就业补助（APE）	团结专项补助（ASS）
发放机构	就业管理局①（pôle emploi）	就业管理局

资料来源：Pascal Penaud et al. , *Politiques socials 2013*, Presses de Sciences Po et Dalloz, 2013, p. 365.

3. 最低社会保障制度

尽管有失业保险和失业救济的双重保护网，但仍然有一部分人被排斥在外，得不到任何保障，譬如临时工、小时工等不稳定就业者。针对这一状况，法国逐步推出了第三层保障，最低社会保障，其中以积极团结收入（revenu de solidarité active, RSA）为主，由省一级行政单位负责，面向既不满足失业保险也不满足失业救济领取条件的人员。积极团结收入是 2009 年 7 月 1 日生效的制度，实际上它是对原

---

① 即全国就业总局（ANPE），2009 年以后更名为现名。

有的最低社会融入救济（RMI）[①]、单亲津贴（API）[②] 和再就业津贴（PPE）等补助项目的整合，目的是在反贫困的同时鼓励就业。补助对象为贫困工薪者和无业者，其中主要是年轻人。领取年龄上限为25 岁，有孩者例外。津贴按季度发放，由所在市（镇）负责。

表5　　　　　　　　积极团结收入给付标准（2012 年 1 月标准）

条件	金额（欧元/月）	备注
单身无孩	475	
单身 1 孩	712	无住房救助
单身 2 孩	855	无住房救助
单身 3 孩	1045	无住房救助
单身 3 孩以上	每多 1 孩多 190，特殊情况	
夫妇无孩	712	无住房救助
夫妇 1 孩	855	无住房救助
夫妇 2 孩	997	无住房救助
夫妇 3 孩	1187	无住房救助
夫妇 3 孩以上	每多 1 孩多 190	

4. 失业保障与促进就业相结合

历史上，法国较为完善和慷慨的失业保障制度曾一度成为"懒人福利"，即失业者的"待遇"水平过高，以至于有些人宁肯领取救济也不去工作。为杜绝这种现象，鼓励就业，失业保障制度逐步摈弃以往以救济为主的做法，日益朝着激励就业的方向转变，各类补助的领取和监管日益严格并与再就业相挂钩，目前最主要的措施是 2006

---

① 最低社会融入救济建立于 1989 年，国家按最低工资的 60% 确定最低收入标准，当公民家庭收入低于这一标准时由政府提供补助，使其家庭收入达到规定标准。

② 单亲津贴原来是家庭政策下的一项补助，补助对象为收入低于一定水平的单身孕妇或单身父母。津贴标准依申请者的收入情况而定，无孩单身孕妇最多不超过 512.81 欧元/月；有一个孩子，每月不超过 683.75 欧元；两个孩子，每月不超过 854.69 欧元/月，以后每增加一个孩子，增加 170.94 欧元。

年国家立法推出的"个性化就业计划"①，该计划要求每位登记求职者和就业管理局（pôle emploi，即先前的全国就业总局）签署"个性化就业计划"协议。根据协议规定，就业管理局应为每位求职者量身定做符合其具体情况的就业计划，为其提供包括评估职业技能、开展就业培训、联系就业岗位等在内的一系列帮助——这是就业管理局的权利；并有义务为其确定期待薪酬、合同种类（长期合同还是临时合同）、优先就业的地区等。反过来，求职者必须接受并签署该计划协议：就业管理局会在求职者登记后的 15 天内为他量身订制计划并通知他去签署，该计划会在对职者的情况进行及时跟踪的基础上每 3 个月更新一次，据此为他推荐恰当的就业岗位，即和求职者的各方面情况充分相符的就业岗位，若求职者连续两次拒绝接受，则将受到有关部门的惩罚，譬如暂停乃至取消他的失业保险、失业救济等。以积极团结收入的领取者为例，他们必须在当地进行失业登记，并承诺积极寻找工作，积极团结收入的发放单位——全国家庭津贴基金会会及时将领取者的名单与国家就业管理局共享，就业管理局按照上述"个性化就业计划"协议帮助其就业。

2014 年，法国向着促进就业的方向进一步改革失业保险制度，主要内容是：（1）从 2014 年 10 月 1 日起，施行失业保险"续用权"（Droits rechargeables）制度，即失业者找到新工作时，其未用完的可领取失业赔偿金的权利可以保留，该措施旨在鼓励失业者积极寻求再就业。尽管此项改革将使国家每年额外支出 4 亿欧元，但长期看来随着人们就业观念的转变——即变消极等待救济为积极寻求就业，国家的失业保险支出将逐步下降。（2）收紧演艺界临时雇员的失业给付条件②：主要措施包括延付保险金和提高失业保险缴费率等。（3）逐步将延付保险金的措施从演艺界临时雇员拓展到其他失业给付水平较高的行业（从此前的失业 75 天内支付延至 180 天内支付）。（4）降低失业前最后一个月月薪在 2000 欧元以上的失业者的失业金。

---

① Projet personnalisé d'accès à l'emploi.
② 演艺界临时雇员的失业保险制度赤字严重，因此进行了改革。

附件 6

缩略词对照表

ACOSS Agence centrale des organismes de sécurité sociale 社会保险机构中央管理局

ASSEDIC Association pour l'emploi dans l'industrie et le commerce 工商部门就业协会

CAF Caisses d'Allocations Familiales 家庭津贴基金会

CANAM Caisse Nationale d'Assurance Maladie des Professions Indépendantes，CANAM 全国独立职业者疾病保险基金会

CANCAVA Caisse Autonome Nationale de Compensation de l'Assurance Vieillesse Artisanale 全国手工业者养老补偿独立基金会

CANSSM Caisse autonome nationale de sécurité sociale dans les mines 全国矿工社会保险自治基金会

CARCD Caisse Autonome de Retraite des Chirurgiens Dentistes 牙医独立退休基金会

CARMF Caisse autonome de retraite des médecins 医生独立退休基金会

CARPIMKO Caisse Autonome de Retraite et de Prevoyance des Infirmiers，Masseurs-Kinésithérapeutes，Pédicures – Podologues 护士、按摩师、运动疗法治疗师、足疗师独立退休基金会

CARPV Caisse autonome de retraite et de prévoyance des vétérinaires 兽医独立退休基金会

CARSAF Caisse autonome de retraite des sages-femmes 助产士独立退休基金会

CAVIMAC Caisse d'Assurance vieillesse invalidité et maladie des cultes 宗教人员养老、伤残和疾病保险基金会

CAVP Caisse d'Assurance Vieillesse des Pharmaciens 药剂师养老保险基金会

CCMSA Caisse Centrale de la Mutualité Sociale Agricole 农业社会互助制中央基金会

CFDT Confédération Française Démocratique des Travailleurs 法国民主工会联盟

CFE-CGC Confédération française de l'encadrement-Confédération générale des cadres 法国职业工会—管理人员工会联盟

CGC Confédération générale des cadres 管理人员总工会

CGCE Confédération générale des Cadres de l'Economie française 法国经济生活中的管理人员联合会

CGT Confédération Générale du Travail 法国总工会

CGPME Confédération Générale des Petites et Moyennes Entreprises 中小企业联合会

CMR Caisses mutu elles régionales 互助基金会

CNAF Caisse nationale des allocations familiales 全国家庭津贴基金会

CNAMTS Caisse Nationale de L'assurance Maladie des Travailleurs Salariés 全国工薪者医疗保险基金会

CNAVTS Caisse Nationale d'Assurance Vieillesse des Travailleurs Salariés 全国工薪者养老保险基金会

CNAVPL Caisse Nationale d'Assurance Vieillesse des Professions Libérales 全国自由职业者养老保险基金会

CNBF Caisse National Des Barreaux Français 全国律师基金会

CNCM La Comité national de Liaison et d'Action des classes moyennes 全国中产阶级联系与行动委员会

CNIEG Caisse nationale des industries électriques et gazières 全国电

气—燃气工业基金会

CNPF Conseil national du patronat français 法国全国雇主理事会

CNRACL Caisse National De Retraites Des Agents Des Collectivités Locales 地方公务员养老基金会

CNRSI Caisse nationale du Régime Social des Indépendants 独立劳动者制度全国基金会

CRAM Caisse Régionale d'Assurance Maladie 大区疾病保险基金会

CRDS Contribution de remboursement à la dette sociale 社会债务清偿税

CRPCEN Caisse de Retraite et de Prévoyance des Clercs et Employés de Notaires 神职人员与教会职员退休基金会

CRPCF Caisse de retraites du personnel de la Comédie-Française 法兰西剧院人员退休基金会

CRPN Caisse de retraite du personnel navigant 航空人员退休基金会

CSG Contribution sociale généralisée，普遍社会捐

CFTC Confédération française des travailleurs chrétiens 法国基督教劳动者联盟

CTA Contribution tarifaire d'acheminement 燃气输送税

DSS Direction de la sécurité sociale 社会保障司

EDF-GDF Electricité de France et Gaz de France 法国电气—燃气公司

ENIM Etablissement national des invalides de la marine 全国海员残疾人员管理局

FNSI Fédération nationale des syndicats d'Ingégieurs 法国工程师工会联合会

FO /CGT-FO Force Ouvrière 法国工人力量联盟

FSPOEIE Fonds spécial des pensions des ouvriers des établissements industriels de l'État 国企工人年金专门基金会

FSV Fonds de Solidarité Vieillesse 老年团结基金

MRP Mouvement républicain populaire 人民共和运动

ORGANIC Organisation Autonome Nationale de l'Industrie et du Commerce 全国工商业者自治机构

 PATP Régie Autonome des Transports parisiens 巴黎独立运输公司

 PERCO Plan d'épargne pour la retraite collectif 集体退休储蓄计划

 PERE Plan d'épargne retraite entreprise 企业退休储蓄计划

 RMI revenu minimum d'insertion 最低社会融入收入

 PRL Parti républicain de la Liberté 自由共和党

 RAFP Régime de retraite additionnelle de la fonction publique 公务员补充退休制度

 ROP Retraite ouvrières et paysannes 工农业雇员退休制度

 SAF Société des Agriculteurs de France 法国农业者协会

 SNCF Société nationale des Chemins de fer 法国国营铁路公司

 SSM Sociétés de secours minières 矿工互助会

 UCANSS Union des caisses nationales de sécurité sociale 社会保障全国基金会联盟

 UIMM Union des Industries métallurgiques et minières 冶金和煤炭工业联合会

 UNEDIC Union nationale interprofessionnelle pour l'emploi dans l'industrie et le commerce 全国工商部门就业联合会

 URSSAF Union de Recouvrement des cotisations de Sécurité Sociale et des allocations familiales 社会保障缴费和家庭津贴征收联盟

 URSSM Unions régionalesde Sécurité sociale dans les mines 矿工社会保障大区联盟

主要参考文献

（以出版年代为序）

中文论文

李培林：《法国福利体制的危机及对我国的启示》，《社会学研究》1997 年第 2 期。

周　弘：《法国的社会保障制度：危机与改革》，《世界经济》1997年第 11 期。

徐鹤森：《民主的悖论——对法国福利制度的思考》，《杭州师范学院学报》（人文社科版）2001 年 7 月。

钱运春：《法国社会保障体制的行业特点、形成原因和改革困境》，《世界经济研究》2004 年第 10 期。

郑秉文：《法国社保制度模式分析：与英德模式的比较》，《走近法兰西》，中国社会科学出版社 2005 年版。

王天红：《试论法国传统救济体系对现代社会保障制度的阻碍》，2006 年，浙江大学历史系硕士论文。

郑秉文：《法国高度碎片化的社保制度及对我国的启示》，《天津社会保险》2008 年第 3 期。

中文著作

周　弘：《福利的解析——来自欧美的启示》，上海远东出版社 1998年版。

吕一民：《法国通史》，上海社会科学出版社 2002 年版。

吴国庆：《战后法国政治史，1945—2002》（第二版），社会科学文献出版社 2004 年版。

周　弘：《福利国家向何处去》，社会科学文献出版社 2006 年版。

吴国庆：《法国政党和政党制度》，社会科学文献出版社 2008 年版。

中文译著

［法］让—雅克·迪贝卢、爱克扎维尔·普列多：《社会保障法》，蒋将元译，法律出版社 2002 年版。

［法］卡特林·米尔丝：《社会保障经济学》，郑秉文译，法律出版社 2003 年版。

［丹］考斯塔·艾斯平·安德森：《福利资本主义的三个世界》，郑秉文译，法律出版社 2003 年版。

［加］R·米什拉：《资本主义社会的福利国家》，法律出版社 2003 年版。

［英］保罗·皮尔逊：《拆散福利国家——里根、撒切尔和紧缩政治学》，舒绍福译，吉林出版集团有限责任公司 2007 年版。

外文著作

Anne-Marie Guillemard, *Le déclin du social*, Presses Universitaires de France, 1986

Bernard Gibaud, *De la mutualité à la sécurité sociale : conflits et convergences*, Préface de Pierre Laroque, les éditions ouvrières, 1986

Bruno Palier, *La Réforme des retraits*, Presses Universitaires de France, 2003

Bruno Palier, *Gouverner la sécurité soicale : les réformes du système français de protection sociale depuis 1945*, Presses Universitaires de France, 2002

Catherine Mills, *Economie de la Protection sociale*, Droit du travail et Social, 1997

C. E. R. S, *Sécurité sociale et conflits de classes*, Préface de Pierre Laroque, Les éditions ouvrières. Paris, 1962；

Dominique Labbé, *Syndicats et syndiqués en France depuis 1945*, Paris, L'harmattan, 1996,

Georges Drion et André Guionnet, *Sécurité sociale*, Presses Universitaires de France, 1983

Henri Hatzfeld, *Du paupérisme à la sécurité sociale*, 1850 – 1940, Armand Colin, 1971

Henry C. Galant, *Histoire politique de la sécurité sociale française*, 1945 – 1952, Préface de Pierre Laroque, Librairie Armand Colin, 1955

Jean-Jacques Dupeyroux et Xavier Prétot, *Droit de la Sécurité sociale*, Edition Dalloz-Sirey, 2005.

Pierre Laroque, *Au Service de l'homme et du droit, souvenir et réflexion*, Paris, Association pour l'étude de l'histoire de la sécurité sociale, 1993

Suzanne Grévisse et al, *Succès et faiblesse de l'effort social français*, Préface et conclusion de Pierre Laroque, Libraire Armand Colin, 1961

Thierry Tauran, *Les régimes spéciaux de Sécurité social*, Presses Universitaires de France, 2000

Adam D, Sheingate, *The Rise of the Agricultural Welfare State—Institutions and Interest Group Power in the United State, France and Japan*, Princeton University Press, 2001.

Camila Arza and Martin Kohli eds, *Pension Reform in Europe, Politices, Policies and outcomes*, Routledge, 2008.

Giuliano Bonoli, *The Politices of Pension Reform—Institutions and Policy Change in Western Europe*, Cambridge University Press, 2000.

P. Pierson, *Dismantling the Welfare State? Reagan, Thatcher and the Politics of Retrenchment*, Cambridge: Cambridge University Press, 2003.

Paul V. Dutton, *The Origin of French Welfare State: The Struggle for Social Reform in France* 1914 – 1947, Cambridge University Press, 2002

Pascal Penaud et al. , *Politiques socials* 2013, Presses de Sciences Po et Dalloz, 2013

Susan Pedersen, *Family dependence, and the origins of the Welfare state:*

Britain and France, 1914 – 1945, Cambridge: Cambridge University Press, 1995

Timothy B. Smith, *Creating the Welfare State in France*, 1880 – 1940, Montréal: McGill-Queen's University Presse, 2003

外文论文

Alain Beltran et Jean-Pierre Williot, *Les Retraites des industries électriques et gazières*:

Eléments historiques, Oct 2007;

Bernard Gibaud, Mutualité/sécurité sociale : un couple sous tension ", *Revue d'histoire*, 1995, Vol. 48, N° 1

F. Netter, "Les Problèmes poses par les régimes complémentaires de retraites", *Revue économique*, 1967, Vol. 18, N°2.

Gilles Pollet et Didier Renard, "Genèses et usages de l'idée paritaire dans le système de protection sociale français: Fin 19e-milieu du 20e siècle", *Revue française de science politique : La protection sociale en perspective*, 1995, Vol. 45, N° 4, August;

Giuliano Bonoli et Bruno Palier, "Entre Bismarck et Beveridge ' Crises ' de la sécurité sociale et politique (s) ", *Revue française de science politique*, 1995, Vol. 45, N° 4

Giuliano Bonoli et Bruno Palier, "Phénomènes de Path Dependence et réformes des systèmes de protection sociale", *Revue française de science politique*, 1999, Vol. 49, N° 3

J-CI. Chesnais, "L'évolution démographique des principaux régimes de retraite en France depuis 1950", *Population*, 1989, Vol. 44, N°6;

Jacques Algarron, "La retarite des salariés : Analyse de son évolution entre générations : départs en 1993/départs en 2008", *Etudes et Analyses*, janvier 2009, N°24

Jacaues Bourdu, " Pour sauver nos retraites : une vraie réforme ", *Etudes et Analyses*, Sauvegarde Retraites, Avril, 2010, N° 33

Jose Harris, "Le compromise de Beveridge: contrat et citoyenneté dans la protection sociale, 1934 – 1948 ", *Revue française de science politique*, 1995, Vol. 45, N° 4.

Laurent Caussat et Romain Roussel, *Les programmes de qualité et d'efficience et l'évaluation des politiques de Sécurité sociale*, *Informations sociales*, 2008/6 – N° 150.

Nicole Kerschen, " L'influence du rapport Beveridge sur le plan français de sécurité sociale de 1945 ", *Revue français de science politique*, 1995, Vol. 45, N°4.

Pierre Laroque, " De l'assurance à la sécurité sociale, l'expérience française ", *Revue Internationale du Travail*, volume LVII, N° 6

Pierre Laroque, " La sécurité sociale de 1944 à 1951 "

Pierre-Edouard du Cray, "Régimes spéciaux : combien ça coûte ? " *Etudes et analyses*, Septembre 2007, N°16

Saskia Carole Leidsman, *Le systèm de retraite français, correspond-il à la réalité économique et sociale de la France?* Mémoire de maîtrise, Université d'Utrecht, le 17 janvier 2007,

Daniel Béland and Toshimitsu Shinkawa, " Public and Private Policy Change: Pension Reform in Four Countries", *The Policy Studies Journal*, Vol. 35, No. 3, 2007.

Paul Pierson, "The New Politics of the Welfare State", *World Politics*, Vol. 48, n°1, janvier, 1996

David Natali and Martin Rhodes, "Trade-offs and Veto Players: Reforming Pensions in France and Italy ", *French Politics*, August 2004, Vol. 2m No. 2.

官方报告

Christian Arnaultm Retraites SNCF : *Cotiser peu pour partir très tôt et toucher plus*, Fondation IFRAP, juillet 2007,

Ministère du budget des comptes publics et de la fonction publique : *Rapport sur la dépense publique et son evolution*, *projet de loi de finance pour* 2009, 2008.

Ministère du budget des comptes publics et de la fonction publique : *Rapport sur la dépense publique et son évolution*, 2009

Rapport du COR, *Retraites* : *Perspectives actualisées à moyen et long terme en vue du rendez-vous de* 2010

Comptes globaux de la protection sociale: *dépenses sociales en comparaison internationale*, 2000

INSEE, *Rapport économique*, *social et financier*, *projet de loi de finance pour* 2008, Tome II, annexe statistique.

Ministère du travail, des relations sociales et de la solidarité, Ministère de la santé, de la jeunesse et des sports, Ministère du budget, des comptes publics et de la fonction publique, *Les chiffres clés de la sécurité sociale*, Edition 2007.

Conseil d'orientation des retraites, *Les retraites depuis* 1945. Document de travail, 2001.

OECD, *Vieillissement et politique de l'emploi—France*, 2005

Christiane Demontés et M. Dominique Leclerc (au nom de la mission d'évaluation et de contrôle de la sécurité sociale (MECSS) de la commission des affaires sociales sur le rendez-vous 2010 pour les retraites) : *Rapport d'Information*, N° 461, Sénat, session ordinaire de 2009 – 2010, http: //www. senat. fr/rap/r09 – 461 – 1/r09 – 461 – 11. pdf

Direction de l'information légale et administration, *Sécurité sociale* : *déficit* 2010 *et orientations* 2011 *prévus*, le 5 10 2010

Direction de la sécurité sociale, *Les Chiffres clés de la sécurité sociale* 2009,

OECD, *Economic Outlook*, Paris, 2001

Dominique Leclerc, *Les Régimes sociaux et de retraite*, dans un rapport pour le projet de loi de finances 2010

Le régime spécial de retraite de la SNCF : *un premier bilan de la réforme de*

2008,

网站

INSEE：http：//www. insee. fr/fr/default. asp.

Eurostat：http：//ec. europa. eu/eurostat.

http：//www. votre-pension-retraite. com/.

http：//www. regimesspeciaux. org/.

https：//www. lassuranceretraite. fr.

http：//vosdroits. service-public. fr/N20166. xhtml.

http：//www. assemblee-nationale. fr/connaissance/procedure. asp.

http：//www. senat. fr/role/fiche/procedure_ leg. html.

UNAF：http：//www. unaf. fr.

http：//www. travail-solidarite. gouv. fr/ministere/presentation-organi-
gramme/.

http：//www. assemblee-nationale. fr/12/dossiers/plfss2006. asp.

http：//www. sante-jeunesse-sports. gouv. fr/ministere/presentation-organ-
igrammes/structures/organigramme-direction-generale-sante-dgs. html.

http：//www. securite-sociale. fr/institutions/dss/dss. htm.

http：//www. travail. gouv. fr/ministere/presentation-organigramme/minis-
tre-du-travail-relations-sociales-solidarite-dispose-tant-que-besoin/dele-
gation-generale-emploi-formation-professionnelle-dgefp. html.

http//www. minefe. gouv. fr/ministere_ finances/organigramme_ minefe. htm.

AFPA Association nationale pour la formation professionnelle des adultes：
http：//www. afpa. fr/l-afpa/qui-sommes-nous. html.

http：//www. centre-inffo. fr/Le-Centre-INFFO. html.

Ministère du travail, des relations sociales, de la famille et de la solitarité：
http：//www. travail. gouv. fr/.

http：//www. sante-jeunesse-sports. gouv. fr/.

http：//www. ifrap. org/Regime-speciaux-malgre-la-reforme-le-deficit-
sera-permanent, 0905. htm.

致　谢

　　本书在写作过程中得到了欧洲所周弘研究员的大力指点和悉心帮助，特此致谢！

　　本书的大多数一手文献由巴黎的 Elise 女士和在牛津大学访学的石晓军先生无偿提供。没有这些大多出自 20 世纪四五十年代的珍贵文献，本书的研究难以顺利进行，特此向两位朋友于百忙之中给予的大力帮助表示衷心感谢！